项目管理资质认证系列

PMP®

备考一本通

杨波平　刘世涵　丁　仿　编著

中国电力出版社
CHINA ELECTRIC POWER PRESS

内 容 提 要

本书基于PMP® 考试大纲、PMBOK® 第6版和第7版的内容，以及现在比较热门的敏捷项目管理，详细解析了PMP® 考试的重点和难点，详解了PMBOK® 第6版中的商业环境和十大知识领域，介绍了敏捷方法及其与十大知识领域的关系，对PMBOK® 第7版的12条项目管理原则、8个绩效域、23个模型、56个方法、77个工件进行了详细说明，最后又配以模拟题强化训练，帮助考试强化对知识点的理解和运用。本书内容全面、解析透彻、讲练结合，是PMP® 考试的必备辅导书。

图书在版编目（CIP）数据

项目管理资质认证系列．PMP备考一本通 / 杨波平，刘世涵，丁仿编著．—北京：中国电力出版社，2022.8（2024.8重印）

ISBN 978-7-5198-6883-3

Ⅰ．①项…　Ⅱ．①杨…②刘…③丁…　Ⅲ．①项目管理－资格考试－自学参考资料　Ⅳ．①F224.5

中国版本图书馆CIP数据核字（2022）第111382号

出版发行：中国电力出版社
地　　址：北京市东城区北京站西街19号（邮政编码100005）
网　　址：http://www.cepp.sgcc.com.cn
责任编辑：李　静（1103194425@qq.com）
责任校对：黄　蓓　李　楠
装帧设计：王红柳
责任印制：钱兴根

印　　刷：中国电力出版社有限公司
版　　次：2022年8月第一版
印　　次：2024年8月北京第八次印刷
开　　本：787毫米×1092毫米　16开本
印　　张：16.75
字　　数：364千字
定　　价：58.00元

前言

当您打开这本书的时候，就意味着您在准备或者已经在备考 PMP® 这个认证了。PMP®的全称是 Project Management Professional（项目管理专业人士）。这意味着我们从考试通过的那刻起，就是做项目非常专业的人了。

为什么要成为项目管理专业人士呢？是公司升职加薪的要求，是换工作的需要，还是同事都在考我也就考了？

如果只是上面答案的一种，或许我们需要再深入一点，触摸一下 PMP® 这个认证的本质！

要把项目做专业，到底我们学什么？对我们到底有什么用？为什么企业需要这个证书？

对企业而言，随着时代的发展，从上到下，从内到外，越来越多的事情需要被当成项目来完成。如何把这些事情用最少的资源，产出更多的价值，以实现效率和效果的双重优化，是企业面临的重大课题。所以企业就迫切需要员工掌握一种方法或者理论体系，在开展工作时，能够非常系统、非常科学地进行定位和定义。定位是找到自己的工作在企业中的位置，自己跟企业中的其他部门、其他人等各种生产要素如何互动；定义是知道自己在做的是什么，将产出什么样的可交付成果。

如果我们在工作中总是出现进度拖延、信息传递不顺畅、忙于各种事后补救、工作开展犹如一团乱麻等情况，来学 PMP® 就对了！备考 PMP® 时所学的就是如何解决这些问题。这套知识给我们提供了一种如何在最少的资源的情况下产出尽可能多的价值的解决方案。从空间到时间、从思维到能力、从工具到计划，学的是五大过程组、十大知识领域，学的是 133 个工具与技术，等等，这些内容把工作时该想的、该做的都包含了，一应俱全，面面俱到。

但也正因为面面俱到，内容很多，导致当大家备考时拿到《PMBOK® 指南》这本大部头书，感觉如看天书！所以本书基于我们多年的培训经验及对 PMP® 考试的把握，对内容进行了精简，把重点知识进行了归类整理，也对知识进行了逻辑梳理，以便大家能更好地理解知识之间的关系（特别是《PMBOK® 指南》第 6 版、第 7 版及敏捷之间的关系），针对 PMP® 考试特别适用。

既然翻开这个书要备考 PMP®，那就一次考过吧！随着时光的流逝，当您成为高管，成为技术专家，甚至自己开始创业时，相信您会在处理事情、解决问题时，想到且用到在备考 PMP®时学到的这套知识体系的内容，那也就意味着不管是工作还是生活，人生不止，项目管理不会停……

在本书的编写过程中，我们会为一段精彩的文字而欣喜，为一段不通畅的段落而纠结，为一幅稍欠逻辑的图表而苦恼。我们在一起，被项目管理的知识所抚慰，被培训师这个身份所温暖，为推广项目管理这个理想而坚持。

目 录

1 PMP®认证概述

1.1 PMI®

（美国）项目管理协会（Project Management Institute，PMI）是全球领先的专业项目管理协会，是先进的项目管理思想的引领者。其提供的产品包括全球公认的标准、认证、在线课程、思想领导力、工具、数字出版物和社区。PMI 成立于 1969 年，于 2004 年在中国设立代表处。2008 年年底，在相关政府部门的大力支持下，PMI（中国）正式成立。

PMI®推出的主要认证包括 PMP®（Project Management Professional，项目管理专业人士）认证，PMI-ACP®（Agile Certified Practitioner，敏捷项目管理专业人士）认证，PMI-PBA®（Professional in Business Analysis，商业分析专业人士）认证，分别于 1999 年、2015 年、2016 年由国家外国专家局引入国内举行考试。

1.2 PMP®

PMP®由 PMI 于 1984 年推出。这个认证是目前全世界最受欢迎的项目管理领域的权威认证之一。需要学习的内容来自《项目管理知识体系指南》(以下简称《PMBOK®指南》)。

本指南为了保持旺盛的生命力，根据时代的变化，平均每 4 年修订一次，从 1996 年推出第 1 版以来，2018 年已经修订到第 6 版。每次修订之后，考纲也随之变化。特别是 2019 年的新版考纲中提道：在考试中约一半的内容将体现项目管理中的预测法，另一半将体现敏捷方法或混合方法。预测法、敏捷方法和混合方法将体现在上文所列的三个领域之中，而非孤立地用于任何特定的领域或任务。

随着《PMBOK®指南》第 7 版的更新，为了符合最新敏捷方法的行业应用和最佳实践，PMP®考试更新了相关内容以反映这一点，并纳入敏捷方法。新的 PMP®认证考试包括三个关键方法，即预测（瀑布）方法、敏捷方法及混合方法。新的 PMP®考试改变主要分为以下三点。

(1) 预测方法和敏捷方法各占一半，即 50%的预测（瀑布）方法、50%的敏捷方法，以及混合方法。

(2) 考核目标重新划分为三个领域，即业务环境（8%），人员（42%），过程（50%）。

(3) 测试 35 个任务和 133 个知识点。

所以本书的内容也针对 PMP®考试中商业分析、敏捷方法和混合方法部分。

获得 PMP®认证所需具备的条件见表 1-1。

表 1-1　　获得 PMP®认证所需具备的条件

工作经验	本科及以上学历：6 年内，至少具有 4500 小时的项目管理经验； 本科以下学历：8 年内，至少具有 7500 小时的项目管理经验
学习证明	35 小时以上项目管理培训经历（官方认证培训机构出具证明）
考试形式	中英文对照，230 分钟，180 道题，包括单选题和多选题，多选题将说明需选择几个正确选项。答对约 65%即可获得证书

1.3 PMP®新版考纲介绍

在 PMP®认证考试推出的 2019 年新版考纲中，不再使用五大过程组（启动、规划、执行、监控、收尾）进行评分。考核目标重新划分为三个领域，即业务环境（8%题量）、人员（42%题量）、过程（50%题量）。测试的 35 个任务参考表 1-2。

表 1-2　　PMP®新版（2019 年）考纲

知识域	任务（基本职责）
业务环境	1. 规划和管理项目的合规性 2. 评估并交付项目利益和价值 3. 评估并应对外部业务环境变化对范围的影响 4. 为组织变更提供支持
人员	1. 管理冲突 2. 领导团队 3. 支持团队绩效 4. 向团队成员和相关方授权 5. 确保团队成员/相关方完成适当培训 6. 建设团队 7. 解决和消除团队面临的障碍、妨碍和阻碍 8. 谈判确定项目协议 9. 与相关方协作 10. 凝聚共识

续表

知识域	任务（基本职责）
人员	11. 让虚拟团队参与进来并为其提供支持 12. 定义团队的基本规则 13. 指导有关的相关方 14. 运用情商提升团队绩效
过程	1. 执行需要紧急交付商业价值的项目 2. 管理沟通 3. 评估和管理风险 4. 让相关方参与进来 5. 规划并管理预算和资源 6. 规划和管理进度计划 7. 规划和管理产品/可交付成果的质量 8. 规划和管理范围 9. 整合项目规划活动 10. 管理项目变更 11. 规划和管理采购 12. 管理项目工件 13. 确定适当的项目方法论/方法和实践 14. 制定项目治理结构 15. 管理项目问题 16. 确保进行知识交流，使项目得以持续开展 17. 规划和管理项目/阶段的收尾或过渡工作

1.4 PMP® 考试的知识图谱

考取 PMP® 需要学习的内容越来越多，包括商业分析、敏捷方法、《PMBOK® 指南》第 6 版、《PMBOK® 指南》第 7 版，它们都包括哪些内容？它们之间的关系又如何？本章会先站在一个高屋建瓴的视角，以时间为轴，概述 2022 年开始的 PMP® 考试需要学习的知识框架。而框架中具体的内容会在后续章节详细阐述。

2019 年新版考纲公布，2022 年《PMBOK® 指南》第 7 版上市，PMP® 考试所涉及的内容越来越多，从传统最经典的五大过程组、十大知识领域，到绩效、原则、敏捷方法的加入，再到商业分析的导入，知识越复杂，越需要对内容进行有效的归类和框架的搭建。

下面就把这些考试涉及的内容进行归类总结。

首先，第 2 章学习的是《PMBOK® 指南》第 6 版的内容，《PMBOK® 指南》第 6 版主要以指导传统预测型项目而构建，是以五大过程组（启动、规划、执行、监控、收尾），十大知识领域（整合、范围、进度、成本、质量、资源、沟通、风险、采购、相关方），

49 个过程为主的项目管理知识框架（见图 1-1）。这是最经典的项目管理内容，可以非常具体地指导项目的工作开展。这部分内容在 PMP® 考试中占的比重最大。

项目管理过程				
启动	规划	执行	监控	收尾
制定项目章程	制订项目管理计划	指导与管理项目工作 管理项目知识	监控项目工作 实施整体变更控制	结束项目或阶段
	规划范围管理 收集需求 定义范围 创建WBS		确认范围 控制范围	
	规划进度管理 定义活动 排列活动顺序 估算活动持续时间 制订进度计划		控制进度	
	规划成本管理 估算成本 制定预算		控制成本	
	规划质量管理	管理质量	控制质量	
	规划资源管理 估算资源	获取资源 建设团队 管理团队	控制资源	
	规划沟通管理	管理沟通	监督沟通	
	规划风险管理 识别风险 实施定性风险分析 实施定量风险分析 规划风险应对	实施风险应对	监督风险	
	规划采购管理	实施采购	控制采购	
识别相关方	规划相关方参与	管理相关方参与	监督相关方参与	

图 1-1　以 49 个过程为主的项目管理知识框架

时代在进步，对项目管理专业人士的要求当然也会百尺竿头更进一步，不再只是把项目做好作为项目成功的标准，还需要参与项目的商业分析、价值交付，且能针对不同项目选择更合适的开发方法，这就意味着项目经理要了解商业分析和敏捷开发方法的内容。

基于此，需要学习的项目管理知识就更多，必须从项目的启动再往前移，从商业分析开始，了解项目一开始需要开展的合规性分析和商业论证等内容，这是第 2 章第 2.2 节“商业环境分析”里学习的内容。在商业分析之后，对不同项目选择不同的开发方法，传统项目会采用预测型方法，敏捷型项目则会选择敏捷方法，第 4 章学习的就是敏捷方法的内容。当然实践中也有很多项目会将敏捷方法和预测方法融合使用，框架如图 1-2 所示。

项目管理过程						
商业分析	项目开发方法选型	启动	规划	执行	监控	收尾
合规性分析 商业论证	预测型	制定项目章程	制订项目 管理计划	指导与管理项目工作 管理项目知识	监控项目工作 实施整体变更控制	结束项目或阶段
			规划范围管理 收集需求 定义范围 创建WBS		确认范围 控制范围	
			规划进度管理 定义活动 排列活动顺序 估算活动持续时间 制订进度计划		控制进度	
			规划成本管理 估算成本 制定预算		控制成本	
			规划质量管理	管理质量	控制质量	
			规划资源管理 估算资源	获取资源 建设团队 管理团队	控制资源	
			规划沟通管理	管理沟通	监督沟通	
			规划风险管理 识别风险 实施定性风险分析 实施定量风险分析 规划风险应对	实施风险应对	监督风险	
			规划采购管理	实施采购	控制采购	
		识别相关方	规划相关方参与	管理相关方参与	监督相关方参与	
	敏捷型	工作协议 物理环境准备 项目管理环境准备	编写并估算用户故事 梳理待办事项列表 制订发布计划	迭代①计划会 每日站会 迭代评审会 迭代回顾会		发布收尾 项目收尾

图 1-2 基于预测方法和敏捷方法的项目管理知识框架

再进一步，《PMBOK®指南》第 7 版出现，本次改版是因为项目面临的环境越来越复杂，第 6 版中提到的五大过程组、十大知识领域已经无法解决所有项目面临的问题，为了让这套项目管理知识体系能适用于任何项目（不管是传统项目还是敏捷项目），能为更多的项目从业者提供帮助（不管是项目经理还是其他项目相关方），就需要把项目管理的知识从第 6 版的告知如何做（49 个过程），演进到只描述能适用于任何项目的项目管理原则和理念，所以《PMBOK®指南》第 7 版中只有原则、绩效域等概要性的描述内容，而这些与之前的项目管理内容五大过程组和十大知识领域是密切相关的，参考图 1-3，十二大原则指导着项目管理的具体工作，八大绩效域与具体的工作互为保障支撑。第 3 章学习的是《PMBOK®指南》第 7 版的内容。

从下一章开始，将分别对《PMBOK®指南》第 6 版、第 7 版、敏捷相关知识进行阐述。

① 英文为 Sprint，有的译为“冲刺”，本书除模拟题外统一称为“迭代”。

《PMBOK®指南》第7版项目管理十二大原则				
与人相关	有效的干系人参与	成为勤勉、尊重和关心他人的管理者	展现领导力行为	营造协作的团队环境
与事相关	聚焦于价值	根据环境进行裁剪	将质量融入过程和可交付物中	优化风险应对
系统思考	识别、评估和响应系统交互	拥抱适应性和韧性	驾驭复杂性	为实现预期的未来状态而驱动变革

指导行为

		项目管理过程				
商业分析	项目开发方法选型	启动	规划	执行	监控	收尾
		制定项目章程	制订项目管理计划	指导与管理项目工作 管理项目知识	监控项目工作 实施整体变更控制	结束项目或阶段
合规性分析 商业论证	预测型		规划范围管理 收集需求 定义范围 创建WBS		确认范围 控制范围	
			规划进度管理 定义活动 排列活动顺序 估算活动持续时间 制订进度计划		控制进度	
			规划成本管理 估算成本 制定预算		控制成本	
			规划质量管理	管理质量	控制质量	
			规划资源管理 估算资源	获取资源 建设团队 管理团队	控制资源	
			规划沟通管理	管理沟通	监督沟通	
			规划风险管理 识别风险 实施定性风险分析 实施定量风险分析 规划风险应对	实施风险应对	监督风险	
			规划采购管理	实施采购	控制采购	
		识别相关方	规划相关方参与	管理相关方参与	监督相关方参与	
	敏捷型	工作协议 物理环境准备 项目管理环境准备	编写并估算用户故事 梳理待办事项列表 制订发布计划	迭代计划会 每日站会 迭代评审会 迭代回顾会		发布收尾 项目收尾

保障实施

八大绩效域	干系人	团队	开发方法和生命周期	规划	项目工作	交付	测量	不确定性

图 1-3 《PMBOK®指南》第 6 版与第 7 版的联系

2 《PMBOK®指南》第6版详解

《PMBOK®指南》从1996年推出第一版以来，2017年已经修订到第6版，收录了项目管理知识体系中被普遍认可为“良好实践”的那一部分，内容博大精深，项目及项目管理的基本概念、项目在组织中的内外部环境（项目组合、项目集、事业环境因素、组织过程资产等）、项目经理、项目管理的整个逻辑框架（五大过程组、十大知识领域）都有详细的介绍。

本书的编写以考试为目的，只对重要知识点进行详细介绍。第2.1节将《PMBOK®指南》第6版的前3章合并介绍。第2.2节将介绍在项目启动之前需进行的商业环境分析的知识。第2.3～2.12节将介绍项目管理的十大知识领域。

2.1 项目管理基本概念

项目是什么？项目管理是什么？项目管理有什么用？

相信每个准备考PMP®的朋友都或多或少地思考过这几个问题。虽然可能无法准确定义，但至少都能描述上一两句。“万事皆项目”是项目管理界一个深入人心、通俗易懂的对项目的定义。说明项目并不孤立存在，它存在于人的社会属性中，在人与人之间，在企业之中，无处不在。

本节主要介绍项目相关的基本概念，帮助理解前文中提到的三个问题。内容主要引用《PMBOK®指南》第6版的前三章，即“引论”“项目运行环境”“项目经理的角色”。

2.1.1 项目、项目集、项目组合

- 项目：项目是为了创造独特的产品、服务或成果而进行的临时性工作。
  - 项目成果具有独特性：在整个项目过程或阶段中，项目不断地产生各种有形的或无形的可交付成果（如企业研发的产品），这些成果具有独特性与可验证性，项目通过最终的可交付成果帮助组织实现某些特定的目标（如通过新产品提升企业的竞争力）。
  - 项目具有临时性：项目具有明确的起点和终点（如一个项目的开始日期和终止日期），项目可能因为各种因素（如组织战略方向的变化、外部市场环境的变化等）

而提前终止，提前终止属于项目临时性的特例。

- 项目具有渐进明细性：项目的独特性决定了项目往往在开始的时候是不明确的，所以需要在过程中通过不断地掌握更多的信息来反复验证项目的可行性以确定下一步的计划，最终体现的方式为：将近期的工作详细规划，而对于远期的工作做粗略计划并根据需要随时调整和细化。
- 项目驱动组织进行变革：从商业的角度来讲，项目是为了推动组织从当前的一种状态转变成将来的另一种状态，从而实现变更。例如：通过学习 PMP®认证相关知识把你的能力从当前水平提升到未来更高的水平。
- 项目创造商业价值：即项目最终需要通过可交付成果实现组织的战略目标，需要为组织创造价值或效率。如通过获得 PMP®证书，获得职位的升迁，从而提升收入水平。
- 项目启动的背景：组织可能为了响应如下几种因素而启动项目：
  - 为了符合法律法规的要求。
  - 为了满足相关方的需求。
  - 为了进行业务或技术变革。
  - 为了创造或改进产品与服务。

- 项目集：一组相互关联且被协调管理的项目、项目集的集合，以便获得分别管理所无法获得的利益。
  - 特点：强调相互关系性、强调 1+1>2 的利益收益。
- 项目组合：为实现组织的战略目标而组合在一起统一管理的项目、项目集、子项目组合和运营工作。
  - 特点：强调战略目标，统一管理的项目之间可以没有任何联系。
- 项目、项目集、项目组合与运营的关系如图 2-1 所示。

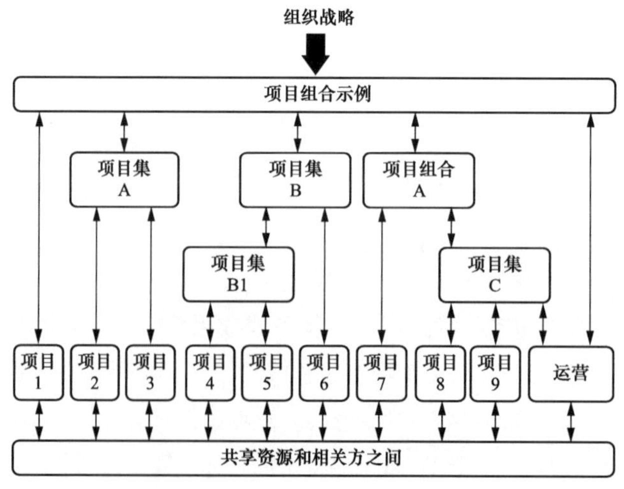

图 2-1　项目、项目集、项目组合与运营的关系

2.1.2 项目管理、项目集管理、项目组合管理

- 项目管理：将知识、技能、工具与技术应用到项目活动，满足项目的要求的过程。项目是组织要做的一件事，那项目管理就是如何把这件事做好。有效的项目管理被视为组织的战略能力，主要体现在：
  - 可以有效地将项目成果与业务目标进行关联。
  - 更有效地展开市场竞争。
  - 实现组织的可持续发展。
  - 调整项目管理计划，应对商业环境的改变给项目带来的影响，确保项目成功。
- 项目集管理：在项目集中应用知识、技能与原则来实现项目集目标，以获得单个项目单独管理所无法获得的收益。主要包括：
  - 基于战略方向调整项目或项目集的目标。
  - 管理项目之间的依赖关系，以实现利益最大。
  - 统一协调管理项目集中各项目的风险、问题、变更、制约因素与冲突。
  - 为项目集中各个项目分配预算，确保项目集与项目目标的实现。
- 项目组合管理：为了实现组织的战略目标而对一个或多个项目组合进行统一管理。主要包括：
  - 指导组织的投资决策，确保项目组合符合组织战略。
  - 为实现组织战略目标选择和优化项目、项目集形成最佳项目组合。
  - 提升组织实现预期投资回报的可能性。
  - 对所有项目组合的组成部分进行统一的资源、资金、风险的管理。

2.1.3 运营管理、战略管理及组织级项目管理

- 运营管理：运营管理可以对比项目管理进行理解，项目管理强调的是输出成果或服务，运营强调的是对项目所产生的成果或服务的持续运作。例如，通过项目研发出一款手机属于项目管理过程，手机进入市场后的生产、销售、售后服务等一系列的过程属于运营管理。项目与运营在整个产品生命周期中的不同时点交叉，例如：
  - 产品运营能力不足时，需要启动新项目，实现运营到项目的转移。
  - 产品开发或改造完毕后，需要进入运营过程，实现项目到运营的转移。
- 战略管理：旨在确定组织的长期发展方向和战略目标，并将战略目标与管理方法结合起来的一项工作，项目、项目集、项目组合、运营最终都需要服务于组织战略目标，例如：
  - 项目组合对项目或项目集进行选择或排优先级，确保与组织的战略目标一致。
  - 项目集通过协调项目之间的依赖关系，从而实现最大化的项目集收益。

◆ 项目管理实现项目目标，完成项目成果的交付。

◆ 运营管理通过项目交付的成果产生商业价值最终实现组织战略。

• 组织级项目管理：为实现战略目标而整合项目组合、项目集、项目管理与组织驱动因素的框架。

◆ 通过对项目组合、项目集、项目进行系统化的管理，使它们符合组织的战略目标。

◆ 通过把项目、项目集和项目组合管理的原则和实践与组织驱动因素联系起来，从而提升组织能力。

• 战略管理、组合管理、项目集管理、项目管理、运营管理的关系对比见表 2-1。

表 2-1　战略管理、组合管理、项目集管理、项目管理、运营管理的关系对比

条目	战略管理	组合管理	项目集管理	项目管理	运营管理
定义	将战略目标与管理方法结合以实现组织目标	统一协调管理一组项目或其他工作	协调管理一系列相互关联的项目	运用工具、方法、技能实现项目目标	通过项目成果的运营为组织产生效益
要点	强调组织战略目标的实现	强调项目的选择与优先级，强调与战略目标的一致性	强调项目间的相互关联性，强调整体收益最大化	强调结果的独特性，强调临时的特征	强调结果的相似性，强调效率与持续性
结束点	不强调结束时间	无明确的结束时间	有明确的结束时间	有明确的结束时间	无明确的结束时间

• 战略、组合管理、项目集管理、项目管理、运营的相互作用如图 2-2 所示。

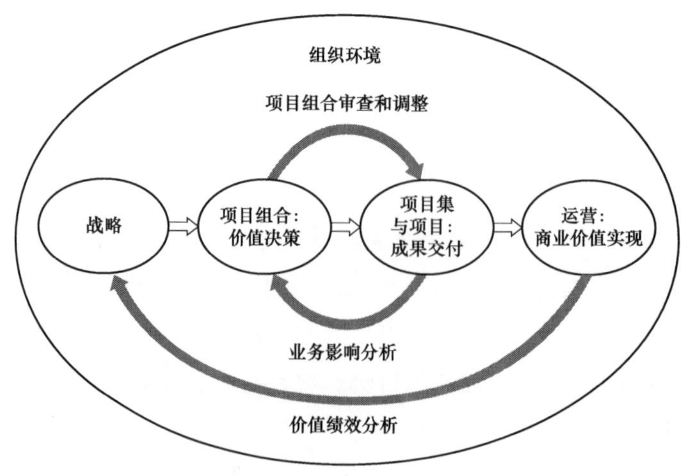

图 2-2　战略、组合管理、项目集管理、项目管理、运营的相互作用

2.1.4 项目生命周期、项目阶段与开发生命周期

- 项目生命周期：从项目开始到项目结束所经历的一系列阶段的集合，如学习PMP®相关的项目从启动到结束的阶段可分为：论证学习理由、明确学习需求、定义学习方法、学习、测试、通过考试、总结经验。这一系列阶段构成了一个完整的项目生命周期。
- 项目阶段：一组具有逻辑关系的项目活动的集合，在每个阶段结束点会交付阶段的成果。如在上述学习阶段，中间要执行一系列活动，如上课、看书、做题等。
- 阶段关口：在阶段的结束点会设置阶段关口，用于评估当前阶段交付的成果与绩效、同时评估项目是否进入下一个阶段。
  - 如果项目正常且继续符合组织目标，则继续进入下一阶段。
  - 如果项目有问题但继续符合组织目标，则调整后再进入下一个阶段。
  - 如果项目不再符合组织目标，则提前终止项目。
- 开发生命周期：在项目生命周期中可能会涉及产品的开发，与产品开发有关的阶段的集合（一个产品从无到有的过程）称为开发生命周期。常见的开发生命周期如下：
  - 预测型生命周期：又称瀑布模型，在早期阶段就确定好项目的范围、时间及成本目标，提前编制好计划并遵循计划完成目标，在生命周期中严格地控制变更。比如修建大楼，必须先出完图纸详细评审后，再按照细节要求修建，所有工作全部完成后一次性交付，如图 2-3 所示。

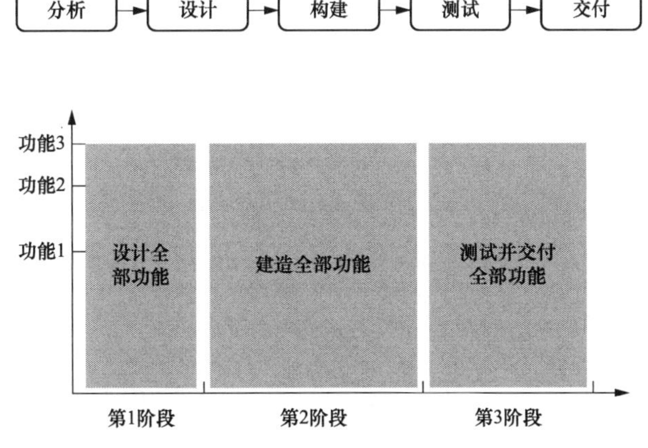

图 2-3 预测型生命周期

- 迭代型生命周期：确定目标，并通过在过程中开展重复的工作来不断地迭代改进产品的功能。比如画一幅画，先构图、画轮廓，再画细节，每个迭代不停地反馈、修改到满意再进入下一个迭代，等所有迭代完成一次性交付。

- 增量型生命周期：通过在整个生命周期中确定预定的时间段，并在每个时间段交付可用的增量功能。比如修建大楼，先修好一间房屋交付并反馈调整，再修下一间房屋，不断地增量交付。关于迭代型和增量型生命周期对比如图 2-4 所示。

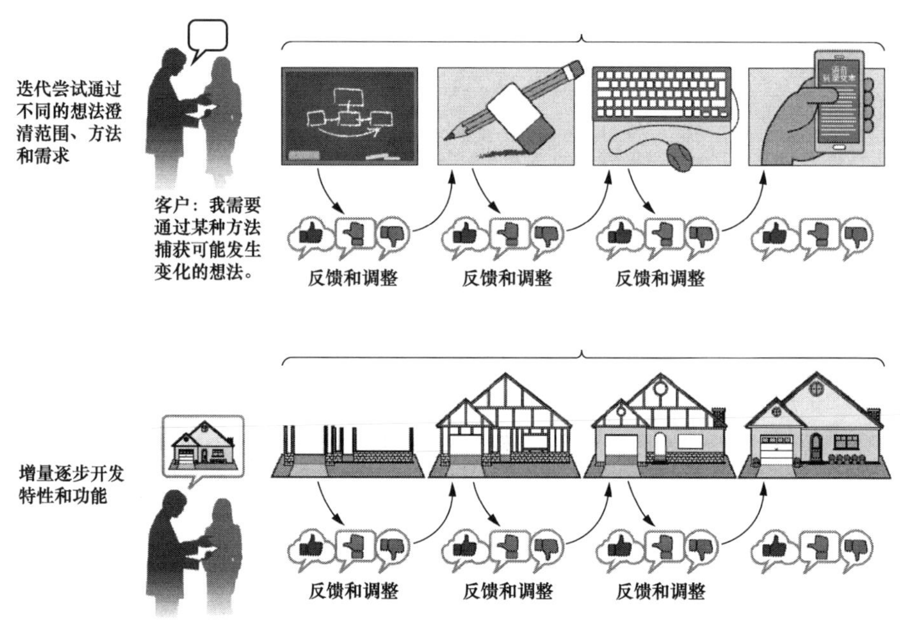

图 2-4　迭代与增量的不同（来自《PMBOK®指南》第 7 版）

- 适应型生命周期：具备了迭代和增量的特征，在不断地开发产品增量的同时进行持续的迭代改进。
- 混合型生命周期：预测生命周期与适应型生命周期的混合。几种常见开发生命周期的比较见表 2-2。

表 2-2　几类开发生命周期的区别

条目	预测型	迭代型	增量型	适应型
关注点	遵循计划、控制变更	不断地持续改进	不断地增加功能	价值驱动、响应变化、持续改进
交付方式	批量交付	批量交付	频繁交付	频繁交付
工作方式	整个项目执行一次	反复执行至确定	一个增量执行一次	反复执行至确定
适用场景	需求明确、技术明确	需求明确、技术不明确	需求不明确、技术明确	需求不明确、环境变化快

2.1.5　五大过程组、十大知识领域与 49 个过程

- 五大过程组：是指为实现项目的待定目标而对项目管理过程的逻辑分组。

- ◆ 启动过程组：定义一个新的项目或一个新阶段，授权开始项目或阶段的一组过程。
- ◆ 规划过程组：明确项目范围、优化目标，为实现项目目标制订行动方案的一组过程。
- ◆ 执行过程组：完成项目管理计划中确定的工作，以满足项目要求的一组过程。
- ◆ 监控过程组：跟踪、审查、调整项目的进展与绩效，识别问题、发起变更并解决问题以确保项目满足计划要求的一组过程。
- ◆ 收尾过程组：正式完成项目或阶段所执行的过程。

- 十大知识领域：对项目过程按整合管理、范围管理、进度管理、成本管理、质量管理、资源管理、沟通管理、风险管理、采购管理、相关方管理进行领域划分，此部分详见本章后面的各个小节。
- 49 个过程：49 个过程与五大过程组及十大知识领域的关系见表 2-3。

表 2-3　五大过程组、十大知识领域、49 个过程（来自《PMBOK® 指南》第 6 版）

知识领域	项目管理过程组				
	启动	规划	执行	监控	收尾
项目整合管理	制定项目章程	制订项目管理计划	指导与管理项目工作 管理项目知识	监控项目工作 实施整体变更控制	结束项目或阶段
项目范围管理		规划范围管理 收集需求 定义范围 创建 WBS		确认范围 控制范围	
项目进度管理		规划进度管理 定义活动 排列活动顺序 估算活动持续时间 制订进度计划		控制进度	
项目成本管理		规划成本管理 估算成本 制定预算		控制成本	
项目质量管理		规划质量管理	管理质量	控制质量	
项目资源管理		规划资源管理 估算资源	获取资源 建设团队 管理团队	控制资源	
项目沟通管理		规划沟通管理	管理沟通	监督沟通	

续表

知识领域	项目管理过程组				
	启动	规划	执行	监控	收尾
项目风险管理		规划风险管理 识别风险 实施定性风险分析 实施定量风险分析 规划风险应对	实施风险应对	监督风险	
项目采购管理		规划采购管理	实施采购	控制采购	
项目相关方管理	识别相关方	规划相关方参与	管理相关方参与	监督相关方参与	

- 裁剪：项目管理方法是通用的，但在不同的行业所需要的具体的工具、方法、技术或模板存在差异，需要根据项目的特性选择适合当前项目管理的工具或方法。关于裁剪详见后面《PMBOK®指南》第 7 版的内容。

2.1.6 项目运行的环境

1. 事业环境因素

事业环境因素是指项目团队不能控制的，对项目产生影响或限制的各种内部或外部因素。

- 组织内部的环境因素包括：
  - 组织文化、组织结构与治理框架。如组织的价值观、组织的制度与层级关系等。
  - 资源情况及基础设施情况。如现有设施、设备的情况，现有人员的技能水平情况等。
  - 信息技术软件。如在线的信息化系统、配置管理系统、工作授权系统等。
- 组织外部的环境因素包括：
  - 市场条件与经济环境。如市场占有率、竞争对手情况、国内国际经济形势等。
  - 社会文化、政治因素。如某地区的政治氛围、道德与文化风格等。
  - 法律法规与行业标准。如行业质量标准、ISO 质量体系、劳动法、商标法、垄断法等。
  - 商业数据库。如行业风险评估报告、商业调查报告等。

2. 组织过程资产

组织过程资产是项目执行组织内部特有的流程、方法、经验教训知识库等，可用于帮助项目成功的任何资产。主要分为两类：

- 过程、政策和程序：组织用于执行项目工作的流程与程序。如项目管理的方法

（阶段的划分，风险、变更或问题的处理流程、项目收尾的流程等）与模板（合同、计划、章程等模板）。

- 组织知识库：组织用于存取信息的知识库。如经验教训知识库、过往项目的历史数据（历史成本、进度数据，缺陷、变更、风险数据等）、各种项目档案、在线的问题检索系统与学习系统等。

关于事业环境因素与组织过程资产的比较，参考表 2-4。

表 2-4　　事业环境因素与组织过程资产的比较

事业环境因素	组织过程资产
团队不可控制、只能接受 影响或限制项目运行 存在于组织内部或组织外部	团队可控制、可选择 帮助项目运行 只存在于组织内部

3. 组织系统

组织中的多种因素相互影响形成复杂的系统，而项目在组织系统中运行，受组织内部或外部各种环境因素的影响。

- 系统由组件（人）、组件属性（人的职位等）、组件关系（人的汇报关系）构成。
- 影响系统复杂性的因素主要包括：治理框架、管理要素、组织结构类型。

- 组织系统的原则如下：
  - 系统是动态的。系统会随着外部环境的变化随时做出调整。
  - 系统是能优化的。系统根据需要可以优化组织架构、增加或裁撤部门等。
  - 组件是能优化的。系统根据需要可能调整人员结构、增加或减少员工等。
  - 系统及其组件不能同时优化。理想环境下不能同时优化，避免过度优化。
  - 系统呈现非线性的响应。不同的人，用同样的输入、同样的工具方法，可能得到的结果不一样。
- 组织治理框架。治理可以理解为管理的管理，强调为管理过程制定框架、标准或流程，譬如公司治理，就是指公司的高层制定公司的管理制度与流程，交由中层管理者进行公司的管理；项目治理可以理解为 PMO 为项目管理制定标准、框架、流程，交由项目经理进行项目管理。
- 管理要素。为了做好管理工作，组织必须关注的 16 个管理要素，即如何运用这些要素管理好组织及组织中的人。
  - 根据员工的专业技能做好工作分工。
  - 组织授予员工合理的工作职权。
  - 定义明确的工作职责。
  - 定义有效的行动纪律。
  - 统一命令，一项活动只听命于一位领导。

- 统一方向，用一份计划去指导工作开展。
- 组织的总体目标优先于个人目标。
- 给员工支付合理的薪酬。
- 有效地整合资源并优化使用。
- 建立团队间畅通的沟通渠道。
- 在正确的时间让正确的人使用正确的材料做正确的事情。
- 公正、平等地对待所有员工。
- 明确的工作职位保障，人员的调整要慎重。
- 确保员工在工作场所的安全。
- 允许任何员工参与计划和实施，强调主观能动性。
- 开展团队建设，保持员工士气。

• 组织结构类型包括以下几类：
  - 有机型：又称简约型，小规模的团队，通力合作并肩作战完成一个项目。此组织中没有上下级关系，大家群体决策。
  - 职能型：按部门划分的组织结构，譬如技术部、开发部、采购部，所有的人员对部门经理负责，职能经理集权。
  - 矩阵型：成员按职能部门划分，同时又承担着项目的工作，团队成员既听命于职能经理又听命于项目负责人。弱矩阵中没有指派项目经理，往往由协调员负责简单的项目协调工作，没有实际的权力；平衡矩阵中指派了项目经理，项目经理往往也是兼职的角色，理论上来讲项目经理可以和职能经理权利均衡；在强矩阵中，项目经理全职，权力超过职能经理。
  - 项目型：成立独立的项目小组，成员全职服务于项目工作。
  - 虚拟型：团队成员彼此不见面或少见面，通过在线的方式远程协作。
  - 混合型：同时选择几种方式（职能型、项目型、矩阵型等）开展项目工作。
  - 项目管理办公室（Project Management Office，PMO）：对与项目相关的治理过程进行标准化，并促进资源、方法论、工具和技术共享的一种组织结构。PMO的主要作用：一是为服务于组织战略目标而提出建议、做出决策，启动或终止项目等；二是为项目经理提供相应的支持与帮助，如培训、辅导、监督、定义方法与标准、提供模板与程序、协调资源等。常见的PMO类型有三种：
    - 支持型：担当顾问的角色，向项目提供模板、最佳实践、培训等支持工作；对项目没有控制权。
    - 控制型：除了给项目提供支持，还通过各种手段要求项目服从，如要求遵守流程与制度等；对项目有中等控制权。
    - 指令型：直接管理和控制项目，项目经理由PMO指定并向其报告；对项目有很高的控制权。

表 2-5 仅列出了考试中常见的三类组织结构的特征对比。

表 2-5　　三类组织结构的特征对比

条目	职能式	矩阵式	项目式
特征	成员按职能部门划分，有明确的上级	成员按职能划分，但需要同时兼职承担项目工作，无明确上级	成员集中到项目组，有明确的上级
权力	职能经理集权	项目经理与职能经理分权	项目经理集权
优点	专注于技术工作同时兼顾项目	有利于跨部门的协作、资源能最大化利用	项目经理控制资源，快速响应项目需求
缺点	不重视项目目标	团队管理难度大、沟通复杂	缺少纪律、资源浪费
适用	单一技术专业领域的小型项目	需要跨部门协作的项目	战略优先级高、工期要求高的项目

2.1.7　项目经理的角色

项目经理是由执行组织委派，领导团队实现项目目标的个人，项目经理一般从项目启动时开始参与项目，直到项目结束。为了更好地管理项目目标并服务于组织目标，项目经理需要：

- 在项目启动之前就参与评估和分析活动，以推进组织战略目标的实现。
- 协助项目商业分析、商业论证过程以明确项目对组织战略目标的意义。
- 项目经理带领具有不同技能和专业知识的成员，协作完成项目目标。
- 项目经理不需要精通于各项技术，但需要有全面的业务知识和整合能力。

1. 项目经理的影响力范围

- 项目经理对项目的影响力：项目经理领导团队直接服务于项目目标。
    - 充当相关方之间的协调者（发起人与团队、或其他相关方间）。
    - 在项目中平衡各相关方之间的利益或目标冲突。
- 项目经理对组织的影响力：项目在组织中运行，影响组织也受组织的影响。
    - 确保项目目标与组织目标的一致性。
    - 与组织中的其他项目竞争资源、明确优先级。
    - 寻求职能经理的帮助，为项目分配资源，并与之紧密合作。
- 项目经理对行业的影响力：项目经理要时刻关注所处行业的最新动向，以确定对项目的影响或价值。
    - 关注新的行业标准与规定以确定对项目的影响。
    - 了解行业涌现的新技术或方法并加以利用。
    - 了解行业的最新发展趋势以判断项目的可行性。

- 项目经理对专业学科的影响力：项目经理要保持学习新的专业知识，以服务于项目目标。
  - 参加各类培训或学习提升专业水平。
  - 参与专业人士的交流分享获得知识与经验。
- 项目经理跨领域的影响力：项目经理应该宣传和推广项目管理知识，以促进项目管理知识的体系的完善和改进。

2. 项目经理的胜任力

经 PMI 研究分析，项目管理专业人士需要具备的三种能力分别为工作方式、影响力技能、商业敏锐度，这三类一起构成了 PMI 人才三角®，如图 2-5 所示。

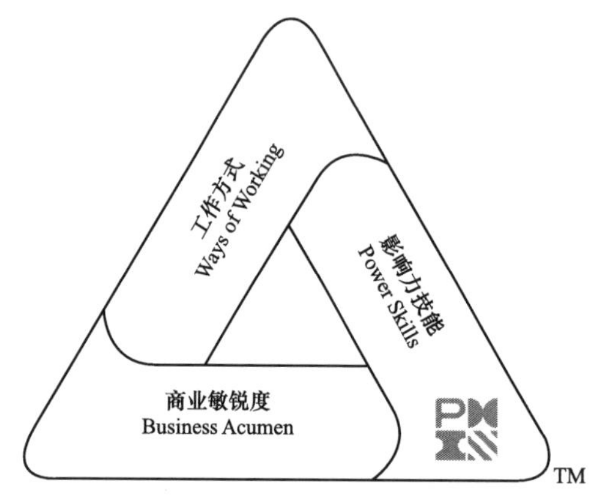

图 2-5　PMI 人才三角®

- 工作方式：掌握多样性、创造性的方法来完成任何工作。比如：
  - 开发方法包括预测、敏捷、设计思维或其他有待开发的新实践。
  - 关注项目目标、管理项目关键要素（如范围、进度、成本、质量）。
  - 按项目的特征选择适合的工具、模板与方法。
- 商业敏锐度：在理解影响组织或行业的许多因素的同时，做出良好判断和快速决策的能力。比如：
  - 理解组织的愿景、目的与目标并向相关方传达必要的信息。
  - 分析市场环境与市场条件，确保项目目标与组织目标的一致性。
  - 评估项目的风险、商业价值与市场效益。
  - 了解到项目如何与更广泛的组织战略和全球趋势相结合，实现高效和有效的决策。
- 影响力技能：在项目中能够施加影响、激发改变，并建立关系的能力。
  - 影响力技能包括沟通能力、创新思维、目标导向和移情能力。
    - 沟通能力：项目经理大部分的工作时间都是在处理沟通与人际交往，而沟通能力包含表达能力、倾听能力和设计能力。
    - 创新思维：突破既有经验的局限，打破常规，在前人理论和实践基础上寻找超越的思想活动方法。
    - 目标导向：领导者排除走向目标的障碍，使项目顺利达到目标。在此过程中，给予职工满足多种多样需要的机会。
    - 移情能力：设身处地理解他人感受的一种能力。
  - 领导与管理："领导"与"管理"是密不可分的，项目经理在管理项目的过程中既要充当领导者又要充当管理者。他们的主要品质包括：有远见、积极乐观、善于合作、管理关系和冲突、有效沟通、尊重他人、诚信正直、称赞他人、终身学习等。

- 领导强调激励，管理强调控制。
- 领导强调方向，管理强调方法。
- 领导对人，管理对事。
- 领导强调做正确的事，管理强调正确地做事。

- 领导风格：项目经理可基于个人的偏好及项目或团队的特征选择不同的领导风格，详见表 2-6。

表 2-6　　领导风格

领导风格	特征	适用场景
放任型	团队自主决策、自我设定目标	敏捷组织、成熟团队
交易型	根据成果的交付给予报酬或奖励	临时团队、短期项目
服务型	扫除障碍、提供服务、为他人着想	敏捷组织、领导者层级低
变革型	鼓舞与激励、促进创造与创新	团队具有自我挑战意愿
魅力型	以身作则、热情洋溢、充满自信	领导者拥有一定地位
交互型	混合型，结合交易、变革和魅力	

- 政治与权力：项目经理需要通过了解组织的运行方式、理解组织的政治与文化，并通过合理地运用权力实现项目的目标，常见的权力类型见表 2-7。

表 2-7　　权力种类

分类	权力	描述
职位权力	奖励	对团队成员给予精神或物质奖励的权力，如发奖金
	处罚	对团队成员进行纪律处分的权力，如罚款、扣绩效
	施压	强制团队成员执行某项指令的权力
人身权力	专家	专业能力，在某个行业或领域具备很丰富的经验
	参考	获得别人的尊重与认可，愿意以之为榜样
	魅力	外表散发的吸引力，如看上去友善、具有亲和力
人际关系	关系	人际交往能力，如善于处理各种上下级关系
	迎合	通过迎合别人的喜好、奉承等方法获得别人的关注
	说服	通过讲道理、运用令人信服的理由或观点获得别人的支持
	愧疚	强加给别人的责任，如道德绑架
	回避	拒绝参与活动或拒绝接受任务的权力
其他权力	信息	掌握别人掌握不了的信息，如生意人通过信息权力来赚取利润
	情境	在紧急情况下快速反应的能力，如危机公关

3. 项目经理执行整合

项目运行于一个复杂的组织系统，系统受到组织内部或外部的各种因素影响，从而面临各种冲突或矛盾，所以项目经理需要通过整合的技能来平衡这些冲突或矛盾。

- 在过程层面做整合：项目管理通过协调一系列过程或活动来实现项目目标，过程之间的关系错综复杂，项目经理需要协调这些过程之间的关系。譬如客户提出一项新功能，直接影响的是范围目标，但同时会影响进度、成本、质量，甚至带来风险，所以需要统一地协调以实现整体目标。
- 在认知层面做整合：项目管理的方法有很多，而且这些方法也在不断地更新与进步，项目经理需要不断地学习并整合新的知识，提升各种技能，并将其应用于项目中，以服务于项目目标。
- 在背景层面做整合：项目环境复杂且变化不断，这些新的变化会对项目的目标或项目管理的过程产生积极或消极的影响，项目经理需要整合这些信息，以便更好地服务于项目目标。

2.1.8 练习题

1. 组织中经常出现项目资源冲突，一个多阶段项目的项目经理最有可能面临的人员问题发生在什么时候？

   A. 项目收尾阶段　B. 项目执行阶段　C. 项目交界点上　D. 项目会议期间

2. 组织战略规划通过什么来影响项目？（多选，两项）

   A. 对项目的优先级排序　B. 对项目的规模大小
   C. 对项目的管理方法　D. 对项目经理的任命方式
   E. 项目与组织战略目标的关联性

3. 某公司建立了一个项目管理办公室（PMO），用于协调和管理其众多项目。公司的PMO提出了一个具体的项目组织和建议，并作为标准在全公司实施。该组织结构的特点是设置了享有中高级权利（包括控制项目预算）的全职项目经理和全职管理人员。PMO提出了何种组织结构？

   A. 强矩阵型　B. 弱矩阵型　C. 项目型　D. 职能型

4. 每个组织都为实现某些目标而从事某些项目与运营工作。下列关于项目与运营的说法，不正确的是哪一项？

   A. 项目和运营都受制于有限的资源
   B. 运营是持续不断和重复进行的，而项目是临时性的、独特的
   C. 项目与运营都需要被规划、执行和控制
   D. 运营是项目生命周期收尾阶段的重要工作之一

5. 项目管理的一个很重要的概念就是在主要的项目阶段结束之际举行评审，这种评审的目的不包括哪个？

A. 阶段审查　　B. 标杆参照

C. 项目可行性分析　　D. 项目提前终止决策

6. 为了确保项目得到执行组织最大限度的支持，项目经理应该怎么做？

A. 编制良好的沟通计划

B. 把项目需求与执行组织的战略联系在一起

C. 把项目需求与高级管理者的个人需求联系在一起

D. 在项目计划中规定将如何进行团队建设

7. 一家公司希望将项目的选择模型存储在计算机数据库中，以作为新项目的依据，这家公司在更新什么？

A. 项目管理信息系统　　B. 组织过程资产

C. 事业环境因素　　D. 商业数据库

8. 项目经理在组织中应该充分地运用各种权力来保证项目的成功，项目经理的权力辐射范围包括哪些？

A. 项目内、组织内、行业内、专业内、行业外（跨领域）

B. 项目内、组织内、行业内、专业内

C. 项目经理只对项目及组织目标负责

D. 项目经理只负责完成项目目标

9. 项目执行过程中，经常出现问题，小李收集了大量问题，去寻求技术经理的帮助及建议，然而技术经理并未理会小李的问题，下列说法错误的是？（多选，两项）

A. 小李应该动用正式权力解决问题

B. 小李应该运用人关系权力

C. 小李可以展示个人魅力

D. 小李应该要求自己的领导与技术经理沟通

10. 项目一个里程碑已经完成，明天就是付款日。一个客户发来邮件投诉项目结果不符合预期，项目经理小李急忙赶到客户现场了解了客户的问题，并顺利获得了付款。小李表现出来的是什么权力？

A. 人格魅力　　B. 说服力　　C. 参照权力　　D. 情境权力

答案及解析

1. 解析：答案 C。考点“项目管理基本知识”。常识问题，C 选项中的项目交界点即阶段与阶段过渡，也就是阶段关口，此过程人员在过渡过程中可能会流失；A 选项，无须担心人员问题；B 选项，组建完团队后，资源理论上应该处于稳定状态；D 选项解释同 C 选项。

2. 解析：答案 A、E。考点“组织战略与项目的关系”。组织的战略规划是为了组织的战略目标，而项目最终要服务于组织战略，故需要从收益、风险、市场等各方面综合考评项目，以确定项目的优先级。B 选项是无关选项；C 选项强调项目经理裁剪；D 选项强调章程的作用。

3. 解析：答案 A。考点“组织结构”。《PMBOK®指南》第 6 版表 2-1 在强矩阵型组织中设置了享有中高级权利（包括控制项目预算）的全职项目经理和全职管理人员。注意：项目型组织享有的权力是高到几乎全部。

4. 解析：答案 D。考点“项目与运营”。大方向这样理解：项目做完交给运营团队，项目可以在收尾阶段转向运营，但不是项目内的工作。

5. 解析：答案 B。考点“项目阶段”。阶段末评审的时点可称为阶段关口、里程碑、阶段审查、阶段门或关键决策点，主要目的是确定项目是否还与组织战略相匹配，以决定项目是继续还是需要调整方向，甚至是提前终止。B 选项只是项目管理中的一个工具。

6. 解析：答案 B。考点“战略与项目”。组织为什么要支持项目经理？因为需要通过项目为组织创造价值，即实现组织的战略。组织通过项目从当前状态变成未来状态，而需求是项目的根本。

7. 解析：答案 B。考点“组织过程资产”。组织过程资产包括来自任何（或所有）项目执行组织，可用于执行或治理项目的任何工作、实践或知识。过程资产还包括组织的知识库（如经验教训和历史信息），以及完成的进度计划、风险数据和挣值数据等。在项目全过程中，项目团队成员可以对组织过程资产进行必要的更新和补充。组织过程资产可分成以下两大类：过程、政策与程序；组织知识库。

8. 解析：答案 A。考点“项目经理”。项目经理的影响力范围分为 5 个层面，详见《PMBOK®指南》第 6 版第 53 页。

9. 解析：答案 A、D。考点“项目经理”。根据题意小李应该在弱矩阵下工作，弱矩阵下没有太多正式权力，故 A 选项不适合使用。另外，有问题应该自行解决，故 D 选项不合理。

10. 解析：答案 D。考点“项目经理的权力种类”。情景权力：紧急情况处理问题的能力。人格魅力强调的是外表散发的一种能让别人乐于接受的魅力。参照权力强调的是内在的魅力，譬如以身作则、公平公正，让人愿意跟随的一种权力。

2.2 商业环境分析

基于第 2.1 节的学习，我们已经对项目管理的基本概念有基础的认知，接下来就将正式进入一个项目开展的完整过程，以深入地理解项目管理的具体流程。

在项目开始之前首先需要进行商业环境分析，通过项目合规性的分析以确保项目能够合规合法，通过商业论证来确保项目能够符合组织的战略目标并为组织创造商业价值，接下来将通过项目合规性、商业论证和效益管理三个部分来了解商业环境分析过程。

2.2.1 项目合规性

项目合规性是指项目的开展必须符合相关的法律、规则、标准的要求，合规要求来自多个方面，主要分为内部合规与外部合规两类。

- 内部合规是指符合项目/组织内部的管理制度、规则或要求。
- 外部合规是指符合组织外部的法律、法规或标准等。

1. 不合规的影响

项目在前期启动阶段要开展可行性分析，而最重要的部分就是确保项目的合规性，项目是在合规的基础之上帮助组织实现目标或创造价值，如果项目出现不合规的情况将会给组织带来巨大的负面影响，例如：

- 相关方满意度降低：组织内部的项目管理不合规会导致项目管理过程混乱，甚至影响成果的交付，最终导致客户或其他相关方的不满。
- 给组织带来经济损失：项目最终的成果不满足相关标准最终可能会被市场淘汰甚至产生经济赔偿责任。
- 给组织带来法律隐患：一些特定的成果如果未满足行业标准，可能会带来相应的安全事故，最终可能让组织或发起人承担法律责任。

2. 如何管理合规性

合规性管理从项目启动开始，持续贯串项目过程至项目结束，项目所有的相关方都应该参与合规性的管理，主要分成如下步骤：

- 识别项目合规性要求。内部：制度、流程；外部：政治、法律、环境、文化等。
- 分析不合规的后果。如经济损失、法律责任等。
- 分析不合规的原因。如认知偏差或短期利益驱使。
- 制定有效管理合规性措施。如列入项目计划、指派责任人、定义检查机制等。
- 开展合规性检查。如业务部门、内部合规部门、第三方审计组织、政府机构等。

2.2.2 商业论证

在项目管理过程中，第一个过程是制定项目章程。而项目章程的制定需要一个重要的输入，那就是商业论证。经论证后，如果项目是可行的，才会授权组织动用资源，正式开展这个项目。而商业论证，就是商业分析中重要的一环。商业论证通常由任何负责商业分析工作的人执行，比如商业分析师、需求分析师或项目经理等。

由于 PMP® 考试只需要商业论证这一模块，所以本书只着重介绍商业论证这一过程。制定商业论证过程包括如下 6 个过程。

（1）识别问题或机会：识别待解决的问题或面临的机会。

例如：假设你所在的公司主营业务是线下教育培训，但由于疫情的影响及互联网的冲击，导致企业经营难以维持下去，这就是企业面临的问题。

（2）评估当前状态：分析当前环境以了解组织内外部的状态，确定问题或机会原因。

例如：你通过 SWOT 分析了自身的情况，并通过鱼骨图等工具分析到其中之一的主要原因是没有线上教育业务导致，这是组织目前的运营状态，同时也是导致企业难以经营的原因。

（3）确定将来状态：确定现有能力的差距，以及为了达到所期望的状态而需要提出变更的过程。

例如：你通过标杆对照、卡诺分析等工具，确定了开展线上教育业务所必须进行的一系列的改变（如培养线上业务人才、调整获客方式、开发线上业务平台等）。

（4）确定解决方案和提供建议：分析和检查可能的解决方案最终满足商业目标，并确定最佳方案。

例如：接下来你通过标杆对照等技术，确定了达成线上教育业务的不同方案（如自主开发在线教育 App、使用第三方平台、外包在线教育业务等），并综合分析和对比了不同方案的优点和缺点，最终选择了一个最优的方案（自主开发 App）。

（5）引导产品路线图开发：支持产品路线图开发过程（在高层次上描述了产品在项目组合、项目集或项目中的发布交付过程）。

例如：接下来你通过召集不同部门的人员，通过用户故事地图的方式，梳理了整个产品的路线图，确定了接下来的产品规划（如整个产品历时 2 年，分为 4 个版本上线，每个版本具有的功能及上线时间等）。

（6）组合商业论证：把需要评估和商业分析过程的信息进行综合，得到一份商业论证。

例如：最终你把以上所有的分析过程、文档及数据等打包整理，按照一定的框架格式汇总成一份文件（如包含了组织的商业需要、目的与目标、产品所具备的主要功能、产品整体规划、成本与收益、风险与对策等），这份文件经过批准就成为正式的商业论证。

至此，商业论证的工作到此完毕，批准的商业论证将进入制定项目章程过程，作为制定项目章程的主要依据。这 6 个步骤的工作内容详细解释如下。

1. 识别问题或机会

本过程是识别组织目前面临的业务问题或寻找组织可能的业务机会的过程。项目可能是基于组织存在的某些问题或者需要抓住的某些机会而启动，所以首先需要清晰地理解问题或机会，使得解决方案满足商业需要。

本过程的主要输出：

- 商业需要：基于现有的问题或机会，推动组织变化的动力，描述了为什么要进行组织变更、为什么需要启动新的项目。
- 情境说明书：通过场景化的描述组织目前面临的问题或机会，以及问题或机会可能给组织带来的影响，以支持商业需要。

本过程的主要工具：

- 标杆对照：与行业内一流的组织所取得的成果进行比较，以识别需要改进的地方。
- 竞争分析：识别和分析竞争对手的优势或弱点，从而找出未被满足的客户需求，以开发新的产品填补空缺或找到新的市场机会。
- 文件分析：通过分析现有文档并识别与需求相关的信息，来挖掘需求，如商业计划书、市场文献、行业前沿报告等。
- 市场分析：获取和分析市场特征和条件，用于组织决策并支持战略规划，如市场规模、行业趋势、潜在客户情况、产品竞争力、产品分销渠道等。

2. 评估当前状态

本过程是基于上一个过程中识别出来的问题或机会，分析评估组织当前环境，了解导致问题或机会的根本原因，以分析组织当前运营能力水平的过程。可以从组织架构、组织文化、公司的政策制度、组织的商业架构与经营模式、资源水平、资本能力等方面对组织当前的状态进行综合评估。

本过程的主要输出：

- 当前状态评估：对组织当前的运营模式、经营水平或组织的初始状态的描述。

本过程的常用工具：

- 根本原因分析：寻找问题的根本原因，如鱼骨图、关联图、五问法（5-why）。
- SWOT 分析：对组织的优势（Strengths）、劣势（Weaknesses）、机会（Opportunities）、威胁（Threats）进行逐个分析，以调查组织内外部的情境。

3. 确定将来状态

本过程是基于组织当前存在的问题或者需要抓住的机会、分析现状、确定现有能力中存在的差距，以及为了达到所期望的状态而需要做出的一系列变更的过程。在商业论证过程中，将此过程定义为确定将来状态。

本过程的主要输出：

- 商业目的和目标：确定组织希望通过项目或项目集交付的商业价值，商业价值必须与组织的战略目标和方向保持一致。
- 所需能力和特性：确定组织为了达到将来的运营水平，所需要提升的组织能力或需要增加的产品功能。

本过程的常用工具：

- 卡诺分析：以分析用户需求对用户满意度的影响为基础，体现了产品性能和用户满意度之间的非线性关系。主要包括基本需求、期望需求、兴奋需求、无差异需求及反向需求，具体内容可参考第 4 章第 4.5.3 节卡诺分析。
- 过程流：描述了商业过程和相关方与这些过程交互的方式，并作为讨论将来状态所需的起点。

4. 确定解决方案和提供建议

本过程是运用各种分析技术来检查各种可能的解决方案，验证解决方案的可行性，并根据组织的目的和目标，选择最优的解决方案的过程。

本过程的主要输出：

- 可行性研究结果：通过可行性分析而得出的项目是否值得投资的结果。
- 推荐的解决方案选项：为满足商业需要而确定的最佳行动方案，以及选择该方案的理由。

本过程常用工具：

通常采用成本效益分析技术或估价技术进行财务可行性分析：

- 净现值（Net Present Value，NPV）：预期收益的未来价值，考虑未来收益、通胀及收益率。NPV 可以洞察投资是否会带来价值，NPV 越高，方案所预期提供的价值就越大。NPV＝未来报酬的总现值（各年收入折算成现值后的总和）－初始投资。NPV＞0，值得投资；NPV＜0，不值得投资。

每年的资金现值计算公式：现值＝现金流/(1＋折现率)^n（n 表示投资年限）。

例如：某项目投资 20000 元，第一年收入 15000 元，第二年收回 12000 元，若每年的折现率均为 0.1，如何判断项目是否值得投资。

第一年收入 15000 元的现值：15000/(1＋0.1)^1＝13636；

第二年收入 12000 元的现值：12000/(1＋0.1)^2＝9917；

NPV＝(第一年的现值＋第二年的现值)－原始投资＝(13636＋9917)－20000＝3553；

结论：NPV＝3553＞0，故项目值得投资。

- 内部收益率（Internal Rate of Return，IRR）：项目投资的预计年收益率。指项目在整个计算期内各年净现金流量的净现值等于零时的折现率。IRR 是测量成本回报的指标 IRR 值越高，解决方案的预期回报就越高。
- 投资回收期（Payback Period，PBP）：从项目投资日起至收回投资所需时间。PBP 越短，越值得投资（譬如 A、B 两个项目，分别投资 3 万元，A 项目回收期为 2 年，B 项目回收期为 3 年，则选 A 项目）。
- 投资回报率（Return on Investment，ROI）：ROI＝年平均利润/总投资成本。ROI 值越高，越值得投资。

例如：某项目投资 20000 元，5 年产生的总收益为 30000 元；

　　则总利润为 10000 元，年平均利润为 10000/5＝2000 元；

　　ROI＝年均利润/总投资，即 2000/20000＝10％。

- 效益成本比（Benefit Cost Ratio，BCR）：用于确立拟定项目成本与效益之间关系的比率。公式为：BCR＝总效益/拟投入成本。BCR 越大越好，且 BCR＞1 才值得投资。

接上面 ROI 的案例，BCR＝30000/20000＝1.5。

本过程的主要活动：

- 确定可行选项：哪些解决方案（项目）是企业应当考虑的最佳选项。
- 进行可行性分析：考虑所选方案的可行性，如制约因素、假设与风险、运营与技术可行性、时间成本可行性等。
- 定义初步产品范围：定义高层级的产品范围，确定解决方案需要交付的成果。
- 推荐最可行的选项：在多个可行的选项中，选择一个最优的解决方案。

5. 引导产品路线图开发

本过程是描述高层级产品计划以及交付顺序，在相关方之间达成对可交付成果的共同期望，并基于商业目的和目标及组织实现目标所需要交付的能力或产品功能，得出产品路线图的过程。

- 产品路线图提供了产品功能的高层级视图，以及交付这些功能的顺序和时间。
- 产品路线图定义了产品的具体功能计划在哪些项目或项目的哪个阶段迭代交付。
- 产品路线图提供了对产品的愿景，以及随着时间的推移，产品如何支持组织战略目标或商业目的的实现。
- 产品路线图中通常会包含：战略信息、项目组合、项目集、举措、产品愿景、成功标准、市场力量、产品发布、特性、时间线。

6. 组合商业论证

本过程是对上述各过程中得出的信息进行整合与评估，确定项目或项目集是否值得继续开展的过程。为项目提供了文档化的项目经济可行性研究，确立了项目需要交付的效益的有效性，提供了确立项目目标所需的关键信息，并作为制定项目章程的主要输入。

本过程的主要输出：

- 产品范围：高层次的产品范围描述，直接进入章程成为整体的项目范围目标。
- 商业论证：明确做项目的理由，为组织的商业目的与项目之间建立桥梁。包含：
  - 问题/机会：组织目前需要解决什么问题或者需要抓住什么机会。
  - 情境分析：通过分析组织现有能力与所需能力之间的差距，描述推荐的解决方案如何解决差距，并支持组织的商业目的和目标的实现。
  - 建议：给出每个潜在的可选解决方案的可行性分析结果，对解决方案做出优先级排序，并给出对每个解决方案推荐或不推荐的理由。
  - 评价：定义具体的效益测量指标，以衡量解决方案对效益的实现情况。

在多阶段项目中，可以定期评审商业论证，以确保项目始终朝着实现商业效益的发展方向进行。在项目早期阶段，由发起组织定期评审商业论证，并在项目启动之前批准商业论证。

2.2.3 效益管理

项目的成功最终取决于使用其输出时所产生的效益（计划内的或计划外的）。因此，需要确保项目的每个人在全过程中（从启动到收尾）都专注于实现创建该项目所带来的效益。确保效益的关键在于始终将推动关键项目决策的行动融入项目流程中，以检查并确保团队专注于效益的交付，而不仅仅是在预算内按时完成项目工作。

效益管理计划

在商业分析过程，组织会通过需要评估明确组织的业务需要定义出商业论证，其中包含具体的组织战略目标、商业价值及成本效益分析数据，需要定义效益管理计划来确保效益的实现，包括定义效益的实现方式、时间，以及如何核实商业价值得以实现的具体测量指标。具体内容如下：

- 目标效益：预计通过项目可以为组织创造的价值。
- 战略一致性：确保项目目标效益与组织战略目标的一致性。
- 实现效益的时限：不同阶段的效益目标及实现方式，如短期效益、中期效益或长期效益。
- 效益责任人：用于在整个时限内负责监督、记录、报告效益实现情况的责任人。
- 测量指标：确定项目效益或组织商业价值实现的评估标准。
- 假设：实现效益的假设条件。
- 风险：实现效益过程可能出现的不确定性因素。

2.2.4 练习题

1. A项目NPV值为2000，B项目NPV值为5000，C项目ROI为0.9，D项目回收期为1年，应该推荐企业选择哪个项目？

   A. A项目　　B. B项目　　C. C项目　　D. D项目

2. 关于商业价值的描述不正确的是？

   A. 是指组织所从事业务的整体价值，包括全部的有形价值和无形价值。

   B. 为了在组织战略和商业价值之间架起桥梁

   C. 综合应用项目管理、项目集管理、项目组合管理

   D. 是项目启动的背景

3. 项目失败的很大一部分原因是需求的变更，商业文件主要强调需求管理，关于商业论证的说法错误的是？

   A. 商业分析师与项目经理合作，以确保项目的需求符合组织的战略目标

   B. 项目经理需要对商业论证过程负责

   C. 商业论证主要分析组织的业务需要，组织的现状与差距并制订解决方案来解决问题

   D. 商业论证需要有效的效益评估方法来确保项目成功

4. 商业论证中，对于每个评估的可行性和影响中，不属于可行性范围的是哪个？

   A. 运营可行性　　B. 评估因素　　C. 时间可行性　　D. 解决方案可行性

5. ATOM公司正在进行一项关于柔性LED屏开发的商业分析，并已完成需要分析的工

作，此时苹果公司将 ATOM 公司收购了，此时，该项目下一步将？

A. 保持原规划继续进行　　B. 被发起人终止

C. 收集母公司重要相关方的需要　　D. 重新回顾之前作过的需要评估和决策

6. 商业论证的价值点，说法不确定的是？

A. 探索商业问题或机会的本质，确定了其根本原因或获得成功的贡献因素，呈现有助于完整建议的各个方面

B. 无法控制不清晰的产品范围，避免范围蔓延

C. 帮助应对缺少相关方的支撑不得不取消一个项目的风险

D. 避免解决方案和商业需要不匹配而使最终产品没有得到使用的情况

7. 商业分析师刚刚完成了评估组织当前状态的工作，将生成以下哪个可交付成果？

A. 情境说明书　　B. 可行的解决方案选项

C. 组织能力差距　　D. 商业论证

8. 关于项目与项目集中的商业分析师从事需要评估的工作，以下哪项是至关重要的？

A. 商业分析师与相关方一起仔细考虑商业问题与机会

B. 项目经理与商业分析师一起合作，而商业分析师承担主要责任

C. 商业分析师与项目经理一起构想整个项目计划

D. 项目经理通过项目章程授权商业分析师开展商业分析工作

9. 一家公司开发出新电商平台，获得了新的分块市场，当政府发布一系列规定时一切都进展得很好，商业分析人员应该怎么做？

A. 评估这一系列新规定是否与商业案例一致

B. 评估这一变更对项目形成的影响

C. 拿到管理层对这些新规定的签字

D. 检查跟踪矩阵，找出受影响的用户用例

10. 你的赞助商已经要求对构建新软件系统所需的成本进行评估，你不确定新系统是否会给公司带来价值，为解释你的顾虑应该？

A. 草拟一个解决方案范围和商业案例

B. 记录下要求，假设及局限性

C. 制订一个商业分析计划，显示出所需要的时间来引出需求

D. 告诉项目经理这不是一个好主意

答案及解析

1. 解析：答案 B。考点“商业分析：财务指标”。选择项目的财务指标首选 NPV，NPV 值大于 0 说明一定赚钱。另外，动态指标优于静态指标（NPV 与 IRR 属于动态指标、ROI/BCR/回收期属于静态指标），在选择的时候首先考虑动态指标。

2. 解析：答案 D。考点“商业价值”。商业价值定义为从商业运作中获得的可量化净效益。效益可以是有形的、无形的或两者兼有之。在商业分析中，商业价值被视为回报，即以某种投入换取时间、资金、货物或无形的回报。D 选项，项目启动的背景主要有符合法规、满足相关方需求、创造或修复成果、执行业务战略等。

3. 解析：答案 B。考点“商业论证的责任人”。项目经理在商业论证过程中提供建议，不负最终责任。

4. 解析：答案 D。考点“商业论证”。评估每个选项的可行性及对组织的影响。5 种可行性：①运营可行性：符合商业需要的程度，如何融入组织及后续运营可行性；②技术/系统可行性：技术能力是否可以支持方案；③成本效益可行性：成本和效益的初步高层级可行性估算；④时间可行性：是否能在时间约束前交付；⑤评估因素：评估可行性因素确定选项对目标的贡献度。

5. 解析：答案 D。考点“商业论证作用”。如果外部环境的变化影响或冲击了正在进行的项目，商业分析师需要重新回顾之前做过的需要评估和决策。

6. 解析：答案 B。组合商业论证的价值点：①探索商业问题或机会的本质，确定了其根本原因或获得成功的贡献因素，呈现有助于完整建议的各个方面；②控制不清晰的产品范围，避免范围蔓延；③帮助应对缺少相关方的支撑不得不取消一个项目的风险；④避免解决方案和商业需要不匹配而使最终产品没有得到使用的情况。

7. 解析：答案 C。组织能力差距描述了组织解决情境所需要能力与当前情境之间的差距，这个可交付成果所对应的活动是“评估组织的当前状态”。

8. 解析：答案 A。商业分析师从启发信息开始来发现必要的数据以全面识别问题或机会。

9. 解析：答案 A。重新评估法律法规政策对当前项目的影响。

10. 解析：答案 A。题干中明确“不确定新系统是否会给公司带来价值”，此时进行商业论证可找到此项的解释。

2.3 项目整合管理

项目整合管理是指对项目管理的其他知识领域与过程，以及项目管理中的所有工作与活动进行统一协调管理，以平衡各项目过程、目标及各项目管理要素之间的关系，实现整体利益最大化的过程。

- 项目本身及项目所处的内外部环境均具有复杂性，于是项目的目标之间、相关方之间、工作之间及项目之间甚至是与环境之间均存在各种各样的问题或矛盾，所以需要通过整合去协调。
- 整个整合的过程由项目经理负责，整合的责任不能被授权或转移出去，整合的责任是项目经理的最终责任。
- 对于越复杂的项目，就越重视整合管理的作用，可以通过整合来确保项目目标的实现、完整全面地编制计划、合理地利用并创造项目知识、有效地管理绩效及变更、顺利地完成项目的收尾或阶段的过渡等。

2.3.1 制定项目章程

本过程是编写一份正式批准项目并授权项目经理在项目活动中使用组织资源的文件的过程。项目章程一般是由项目经理编写，报发起人审批签字，标志着项目的正式启动。表2-8为本过程的重点输入、重点工具/技术、重点输出。

表 2-8　制定项目章程过程的重点输入、重点工具/技术、重点输出

重点输入	重点工具/技术	重点输出
• 商业论证 • 协议	• 启动会议（Initiating Meeting）	• 项目章程 • 假设日志

1. 重点输入与输出①

- 输入——商业论证：商业论证判断项目是否有价值。例如：判断考 PMP® 是否有价值，从而决定是否要参加考试，就可理解为商业论证的内容。
- 输入——协议：当项目是由外部客户发起时，协议通常以合同的形式出现，也有可能是意向书、口头协议、电子邮件等形式。
- 输出——项目章程：最重要的输出，标志着项目的正式开始。它记录了关于项目和项目预期交付的产品、服务或成果的高层级信息。

项目章程的内容参考表 2-9。

表 2-9　项目章程的内容

分类	具体内容
Why	项目的目的
What	可测量的项目目标和相关的成功标准； 高层级需求； 高层级项目描述、边界定义，以及主要可交付成果

① 关于本书中的输入、工具、输出的编写逻辑及学习说明如下：
- 在《PMBOK® 指南》第 6 版中，共涉及 100 多个工具及 60 多个输入、输出，这些工具与输入、输出分布在 49 个过程中，而大部分的工具与输入、输出都是重复且相似的，为了简化大家的学习过程，在每个过程中，我们只摘取了在本过程相对重要的工具与输入、输出来进行解读。且重复出现的内容，后续一般不再解读。
- 不用全部背下来，只需要记住每个过程主要的工具与输入、输出，具体哪些是主要的，需要基于对 49 个过程的理解。
- 当理解了每个过程的意思，就会明白这个过程具体要干什么，也就能明白本过程主要的输出，然后基于需要得到的输出来推导并理解输入（如“收集需求”过程是为了记录相关方的需要与期望的过程，所以就需要输出“需求文件”，而为了得到“需求文件”，你就必须基于一份完整的“相关方登记册”，以便于获得相关方的需求）。

续表

分类	具体内容
When	总体里程碑进度计划
Who	关键相关方名单； 委派的项目经理及其职责和职权； 发起人或其他批准项目章程的人员的姓名和职权
How	整体项目风险； 项目成功标准； 项目退出标准等
How Much	预先批准的财务资源

项目章程的作用如下：

- ○ 明确项目在组织中的地位，在项目的需求方与执行方之间建立联系。
- ○ 授权项目经理使用组织资源。

- 输出——假设日志：记录整个项目生命周期中的所有假设条件和制约因素。比如：做计划时认为活动能按时完成是一种假设条件，项目成果要符合国家的相关法律法规是一种制约因素，假设条件会随着项目的开展渐进明细。

2. 重点工具

本过程的工具并不具有独特性（意味着后续很多过程都会使用，包括专家判断、引导、会议等）。所有工具的使用在本过程是为了与关键相关方就项目目标、成功标准、主要可交付成果、高层级需求等达成共识。

- 工具——启动会议：本过程在输出项目章程后，需要召开启动会议（Initiating Meeting），本会议的主要内容如下：
  - ◆ 发布项目章程，宣布项目启动。
  - ◆ 宣布项目经理正式上任。
  - ◆ 获得发起人等核心相关方的承诺和支持。

3. 本过程的注意要点

- 考题数量：3～5 道题。
- 项目经理最好在起草章程前就任命，并且最好能参与到章程的编制过程，以便于清晰地理解项目的目标，以及项目对组织战略目标的意义。
- 项目章程非常正式，编写者可以是项目经理，但签发者必须是项目启动者或发起人。
- 项目章程的变更，必须由签发者审批。
- 如果没有项目章程，项目经理不应该开展后续工作，并且要努力推进项目章程的批准。
- 项目章程的目标或需求可以是高层次的，但必须具备可测量的特征。

2.3.2 制订项目管理计划

本过程将全部知识领域的分项计划与基准综合起来，形成一个完整的项目管理计划，用于指导项目管理的全过程。项目管理计划一般由项目经理带领团队成员编写，报管理层审批签字后生效。表 2-10 为本过程的重点输入、重点工具/技术、重点输出。

表 2-10　　制订项目管理计划过程的重点输入、重点工具/技术、重点输出

重点输入	重点工具/技术	重点输出
• 项目章程 • 其他过程的输出	• 开工会议	• 项目管理计划

1. 重点输入与输出

- 输入——项目章程：项目章程中的高层级信息，如高层级需求、边界、整体风险等，均需要在制订项目管理计划的过程中被再次细化。
- 输入——其他过程的输出：除整合管理以外其他九大知识领域的所有分项计划及基准均会成为编制项目管理计划的基础。
- 输出——项目管理计划：项目管理计划是一份将如何开展项目规划、执行、监控、收尾的一份综合性的计划，属于项目团队工作的主要指导依据。计划的主要内容：
  - 十大分项计划：范围、需求、进度、质量、成本、采购、资源、沟通、风险管理计划及相关方参与计划。
  - 三大基准：范围基准、进度基准、成本基准。
  - 其他：变更管理计划、配置管理计划、项目生命周期的定义与开发生命周期的选择。

2. 重点工具

- 工具——开工会议：又称开踢会议（Kick-off Meeting），在项目管理计划批准后，召集主要相关方与团队召开。会议要点：
  - 发布项目管理计划、传达项目目标。
  - 获得团队成员对目标达成的承诺。
  - 阐述各成员的角色与职责。

3. 本过程的注意要点

- 考题数量：2～3 道题。
- 计划应尽可能完整并随着信息的明确不断细化，以确保对项目工作具有指导意义。
- 应该让尽可能多的相关方参与，充分考虑各相关方的意见，以确保计划能全面反映相关方的需求。
- 执行团队必须参与计划的编制，以确保提升责任心与主人翁意识。
- 项目启动会与项目开工会要区分开。前者是发布章程，宣布项目启动。后者是发布详细的计划，宣布项目开工。

- 基准与计划的区别：基准像一个标准，是一把尺子，用于衡量项目目标的达成情况；计划是指南，是方法论，用于指导项目工作的开展。
- 计划与基准如果出现问题，也可以优化和调整，以便于能够正确地指导项目。

2.3.3 指导与管理项目工作

本过程是依照规划阶段的项目管理计划中的各种活动，来实现项目目标，并识别必要变更的过程。表 2-11 为本过程的重点输入、重点工具/技术、重点输出。

表 2-11 指导与管理项目工作过程的重点输入、重点工具/技术、重点输出

重点输入	重点工具/技术	重点输出
• 项目管理计划 • 批准的变更请求	• 项目管理信息系统	• 可交付成果 • 工作绩效数据 • 问题日志 • 变更请求

1. 重点输入与输出

- 输入——项目管理计划：工作要依据计划开展，需要作为输入提供计划的信息。
- 输入——批准的变更请求：纠正措施、缺陷补救和预防措施等变更经过批准后，需要在本过程执行。
- 输出——可交付成果：在某一过程、阶段或项目完成时所产出的成果。如文件、软件、建筑物等。
- 输出——工作绩效数据：从执行过程中收集到的未经过加工的原始数据，如进度进展情况、变更数量、缺陷数量等。
- 输出——问题日志：记录和跟进所有问题的项目文件，如问题类型、描述、提出人、提出时间、谁负责、解决日期等，以便于有效地跟进和管理，确保问题得以分析或解决。
- 输出——变更请求：任何干系人都可以提出变更请求，并通过变更控制过程来处理。变更请求通常包括如下 4 种类型：
  - 预防措施：确保未来和计划一致，而需要开展的工作。例如：按照 PMP® 备考计划努力执行，确保通过考试。
  - 纠正措施：出现了偏差，而需要开展的工作。例如：PMP® 模考不合格，加强复习强度。
  - 缺陷补救：出了问题，而需要开展的工作。例如：一次未通过后，重学重考。
  - 更新：对项目文件或计划进行变更，以反映修改或增加的信息。例如：因疫情影响，重新编写或调整备考计划。

2. 重点工具

- 工具——项目管理信息系统（PMIS）：管理项目常用的工具软件。如项目管理软件（MS Project 等）、信息收集与发布系统、自动化工具等。
  - 工作授权系统：一系列正式书面程序的集合，规定如何授权项目工作，以保证该工作由特定的组织、在正确的时间、以合理的顺序执行。工作授权系统包括发布工作授权所需的步骤、文件、跟踪系统及审批级别。

3. 本过程的注意要点

- 考题数量：1～3 道题。
- 团队在执行过程中需要持续关注项目管理计划，在计划的指导下开展项目工作，以确保结果的一致性。
- 本过程除了按计划执行工作，还需要实施已批准的变更带来的相关工作。
- 在执行过程中需要持续地收集项目绩效数据并传递给监控过程进行分析，以判断项目的绩效偏差情况。

2.3.4 管理项目知识

本过程是把现有知识条理化、系统化后，生成新知识的过程。通过利用现有知识，学习新知识来持续改善项目过程或成果的过程。表 2-12 为本过程的重点输入、重点工具/技术、重点输出。

表 2-12　　管理项目知识过程的重点输入、重点工具/技术、重点输出

重点输入	重点工具/技术	重点输出
• 经验教训登记册	• 知识管理 • 信息管理	• 经验教训登记册

知识分为显性知识（能够表达和编撰的知识，如数字、文字、图形等）和隐性知识（难以表达和分享的知识，如洞察力、诀窍等）。

1. 重点输入与输出

- 输入——经验教训登记册：该文件记录了以往项目的经验教训。利用该输入来改进项目过程或成果。
- 输出——经验教训登记册：项目中遇到的问题、解决措施、风险等要记录下来，并在项目的每个阶段结束时归入组织的经验教训知识库。

2. 重点工具

- 工具——知识管理：促进员工合作生成新知识、分享隐性知识、集成他人知识，如兴趣社区、虚拟会议、专题讲座、经验教训总结会、茶话会、工作跟随（老带新）、跟随指导（老手在特定时间观察新手工作情况并给予指导）。
- 工具——信息管理：促进显性知识分享，如编纂经验教训文档、论坛发帖、文献检索等。

3. 本过程的注意要点

- 考题数量：1～3 道题。
- 知识管理最好在整个项目管理过程中持续开展（阶段末及项目结束时也需要做知识管理，但不能忽略项目执行过程中分享和总结知识的重要性）。
- 项目经理要营造相互信任的氛围，激励团队分享并关注他人知识（显性知识＋隐性知识）。
- 记录与归档知识，只是知识管理的开始，最重要的是如何能够有效地用到项目中以帮助项目成功。

2.3.5 监控项目工作

本过程是比较实际执行情况与计划的偏差，制定纠正或预防措施，并提出和审批必要的变更的过程。本过程贯穿于整个项目生命周期。表 2-13 为本过程的重点输入、重点工具/技术、重点输出。

表 2-13　　监控项目工作过程的重点输入、重点工具/技术、重点输出

重点输入	重点工具/技术	重点输出
• 项目文件	• 数据分析	• 工作绩效报告

1. 重点输入与输出

- 输入——项目文件：文件里包含监控所需的信息，如进度预测、成本预测、谁负责解决特定问题、项目实现日期、质量报告、风险等。
- 输出——工作绩效报告：为制定决策、提出问题、采取行动或引起关注，而汇编工作绩效信息所形成的实物或电子项目文件，如项目进展报告、事故报告、成本报告等。

2. 重点工具

- 工具——数据分析：用于分析项目偏差的严重程度，以及哪些因素影响了项目偏差。常用技术如下：
  - 备选方案分析：有何备选方案，在纠正偏差或预防时使用。
  - 成本效益分析：项目出现偏差时，哪种措施更节约成本。
  - 挣值分析：对范围、进度、成本绩效的综合分析（见成本章节详述）。
  - 趋势分析：根据以往结果预测未来绩效。
  - 偏差分析：目标绩效与实际绩效的差异程度。

数据分析的工具，有时候会组合使用。比如下面这段场景就涉及多个工具：

在监控项目工作中，通过分析项目的范围成本进度等绩效（挣值分析），分析偏离程度（偏差分析）和原因（根本原因分析），并预测未来绩效（趋势分析），同时还要为纠正偏差制订对应的方案（备选方案、成本效益分析）。

举例：假设你打算用2个月的时间通过PMP®考试。按照备考计划，10天需要看到书的第8章，但你发现用了15天，目前进度落后5天（挣值分析＋偏差分析）。根本原因是最近下班沉迷电视剧（根本原因分析），导致看书时间不够。按照这个进度25天才能看完本书（趋势分析）。考虑到3900的考试费这么贵，最终痛下决心：要么早起一小时，要么晚睡一小时确保20天内看完（备选方案）。毕竟一次未通过，则需花费多一倍时间和再缴纳一次考试费，才能获得PMP®证书，而如果通过努力追上进度一次通过，花费的时间与成本更低（成本效益分析）。想到这，你看书的动力更强劲了……

3. 本过程的注意要点

- 考题数量：1～3道题。
- 监控过程要贯穿项目始终，通过结构化的方式持续开展对项目绩效、变更情况、质量问题、风险等的监控。
- 持续的监控有助于相关方了解项目的状态并为处理绩效问题而采取合适的行动。
- 要深刻理解数据分析的相关工具（具体可参考控制成本部分）。

2.3.6 实施整体变更控制

本过程是对项目启动、规划、执行、监控、收尾过程中所有各类型的变更请求进行综合分析，并对变更请求做出批准或否决的决策的过程。表2-14为本过程的重点输入、重点工具/技术、重点输出。

表2-14 实施整体变更控制过程的重点输入、重点工具/技术、重点输出

重点输入	重点工具/技术	重点输出
• 变更管理计划 • 配置管理计划 • 变更请求	• 变更控制工具	• 批准的变更请求 • 变更日志

1. 重点输入与输出

- 输入——变更管理计划：定义变更流程（变更如何记录、如何跟踪、如何审批）、确认变更过程的角色职责的计划，在此计划的指导之下明确变更的职责与角色并对变更请求进行综合分析与决策。
- 输入——配置管理计划：定义如何记录和更新项目的特定信息（如产品的核心参数、文档的版本号），以确保产品、成果及文档、计划保持一致性的计划，对于一些变更可能会影响到项目的规格参数，以及对文档或计划的版本修订，需要纳入配置管理进行版本控制。
- 输入——变更请求：项目管理过程中相关方提出来的所有变更请求，本过程的主要目的就是分析处理这些变更请求。
- 输出——批准的变更请求：经过项目经理、CCB等相关方正式批准后可以交团队再次执行的变更请求。

- 输出——变更日志：记录变更请求状态的概要性文档（如变更在什么时间、由什么人提出、目前是批准或否决状态等信息）。

2. 重点工具

- 工具——变更控制工具：辅助变更管理以有效地记录、评审变更请求，追踪变更处理情况的自动化工具（如常用的 SVN 版本控制系统）系统一般需要具备变更管理及配置管理的功能，具体如下：
    - 配置管理：主要是强调对产品核心参数、技术规范的控制及文档的版本控制以确保一致性，配置管理主要包括的活动有：
        - 配置的识别：定义产品的功能参数配置（譬如定义手机的内存大小为 128G）。
        - 记录并报告配置项的状态：记录在执行过程中功能参数的变更情况（譬如在设计过程将 128G 变更为 256G）。
        - 配置项的核实与审计：通过核实与审计最终确定的配置项，以确保产品按正确受控的配置标准交付。
    - 变更控制：主要强调流程方面的内容，如对变更的识别、记录、决策（批准或否决）与跟踪的详细流程，变更流程如图 2-6 所示。

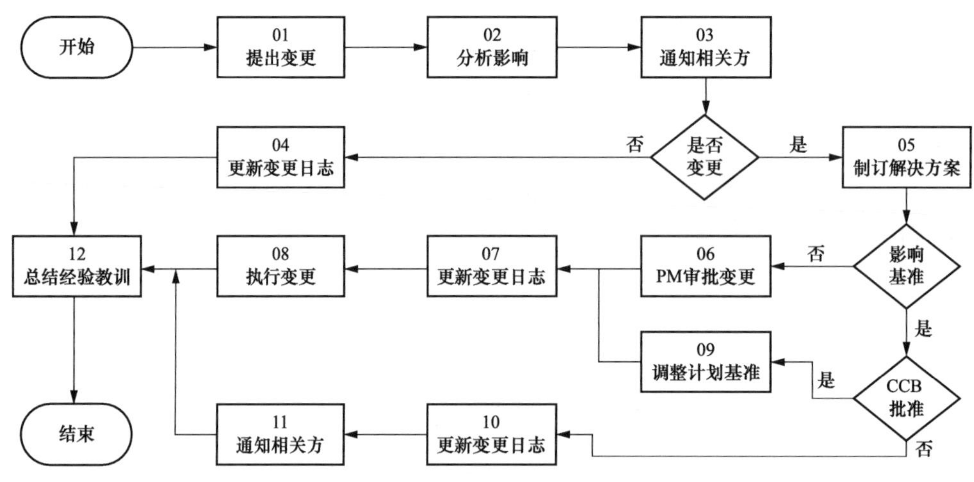

图 2-6　变更管理流程

流程说明：

01. 提出变更：相关方提出变更（书面、口头、正式或非正式），必须先有书面记录。

02. 分析影响：团队分析变更对项目的综合影响（范围、进度、成本、质量、风险等）。

03. 通知相关方：将变更的影响告知相关方，要施加影响防止不必要的变更。

04. 更新变更日志：对于相关方放弃的变更需要更新变更状态。

05. 制订解决方案：项目经理和团队提出解决方案。

06. PM 审批变更：未影响基准的变更项目经理批准。

07. 更新变更日志：批准后的变更更新变更状态。

08. 执行变更：批准后的变更才能交团队执行。

09. 调整计划基准：影响基准的变更由 CCB 批准并更新计划与基准。

10. 更新变更日志：CCB 否决的变更更新变更状态。

11. 通知相关方：将 CCB 否决的决定通知相关方。

12. 总结经验教训。

3. 本过程的注意要点

- 考题数量：10～15 道题。
- 对变更而言强调预防为主，在早期的需求与计划阶段尽量让更多的相关方参与，从而充分考虑到相关方群体的需求和利益，以减少项目后期可能出现的变更。
- 任何相关方均可以以任何方式（书面、口头、正式、非正式）提出变更。
- 为了有效地管理与跟踪变更，对于口头提出的变更首先应书面记录，而对于非正式提出的变更需要正式确认才能进入变更管理程序。
- 项目经理需要通过引导相关方的行为对变更施加影响，从而防止不必要的变更，但无权拒绝任何变更（可以通过人际关系技能引导并说服相关方放弃变更，但不能直接拒绝）。
- 所有的变更都需要经过整体变更控制过程分析，只有经批准的变更才能最终被执行。
- 对于变更的权责如下：
  - 项目经理：有权批准不影响基准（范围、成本、进度）的变更，如果在紧急情况下，涉及基准的变更也可以先执行，但需要补流程。
  - 变更控制委员会（CCB）：有权批准影响到基准的变更，在批准前项目经理应提出可行的解决方案。
  - 发起人或客户：有些特殊的变更会影响到章程或合同，如果发起人或客户不在变更控制委员会组织中，则需要交发起人或客户批准。

2.3.7 结束项目或阶段

本过程是移交项目可交付成果、存档项目或阶段信息、总结经验教训并释放资源的过程。表 2-15 为本过程的重点输入、重点工具/技术、重点输出。

表 2-15　　结束项目或阶段过程的重点输入、重点工具/技术、重点输出

重点输入	重点工具/技术	重点输出
• 项目章程 • 项目管理计划 • 验收的可交付成果 • 商业文件 ✧商业论证 ✧效益管理计划 • 协议 • 采购文档	• 回归分析	• 最终成果移交 • 最终报告 • 组织过程资产更新

1. 重点输入与输出

- 输入——项目章程：基于项目章程中记录了项目成功的标准、项目正式关闭的条件来确定项目正式结束。
- 输入——项目管理计划：项目管理计划中会定义详细的流程以指导项目按规范收尾。
- 输入——验收的可交付成果：此成果是确认范围的输出，在确认范围过程获得对成果的正式签字验收，在本过程做移交。
- 输入——商业论证：商业论证中定义了项目启动的目标，在结束项目时需要验证目标是否达成，从而判断项目的成功与失败。
- 输入——效益管理计划：效益管理计划中定义了项目需要达成的效益，在结束项目时需要验证效益的达成情况。
- 输入——协议：对于外部项目，协议中会规定项目正式关闭的条款要求；另外，项目中所涉及的采购过程也需要做合同收尾工作。
- 输入——采购文档：采购过程中所涉及的各种文档，通过信息管理系统进行有效归档，为后续的采购过程积累经验教训。
- 输出——最终成果移交：将已经正式签字验收的成果移交给业务方，交还所有权。
- 输出——最终报告：一份综合性的项目绩效报告，包含项目成功与失败的情况、项目预期的效益与商业价值的实现情况、各项目标达成情况（范围、成本、质量、进度、风险等），以及各项偏差的原因分析等。
- 输出——组织过程资产更新：属于本过程的主要的工作，在项目结束时需要做一个总体复盘，为组织过程资产的积累做贡献。

2. 重点工具

- 工具——回归分析：研究因变量对自变量的依赖关系的一种统计分析方法，目的是通过自变量的给定值来估计或预测因变量的均值，不在于探究变量间的绝对因果关系，而是分析相关性，从而对未来项目的绩效提供参考（如：自变量——过去连续 3 天每天阅读 50 页《PMBOK®指南》和因变量——预测接下来 3 天我还可能每天阅读 50 页，它们之间没有绝对的关系，但是提供了一种可供参考的依据，比起盲目猜测要更靠谱）。

收尾流程如图 2-7 所示。

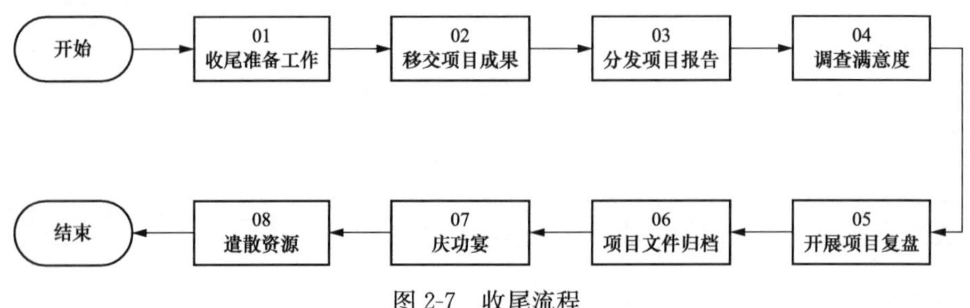

图 2-7　收尾流程

收尾流程说明：

01. 收尾准备工作：包括细化收尾流程、确认可交付成果已经过质量检查与范围确认、处理争议与索赔、关闭项目账户等确保项目符合收尾要求。

02. 移交项目成果：转移可交付成果的所有权给业务方（客户或发起人）。

03. 分发项目报告：分发项目最终报告给相关方以体现项目最终完成情况并作为复盘评审的依据。

04. 调查满意度：收集相关方的意见以调查相关方对项目的满意度。

05. 开展项目复盘：收集项目或阶段记录开展项目复盘，总结经验教训，更新组织过程资产。

06. 项目文件归档：项目管理过程中所有各类文档等归档备查。

07. 庆功宴。

08. 遣散资源：团队应该最后一步释放。

3. 本过程的注意要点

- 考题数量：6～8 道题。
- 本过程并不是真正意义上的可交付成果验收，只是在移交可交付成果的所有权，此过程主要的工作在于行政收尾（文档报告的整理归集、经验教训总结、组织过程资产积累等）。
- 本过程的工作主要在阶段结束时、项目结束时及项目提前终止时开展。
- 对于提前终止的项目，需要制定相关程序来调查终止的原因并总结为失败的经验教训。
- 团队应该留到本环节的最后一刻才解散，以便为经验教训总结提供更全面的输入。

2.3.8 练习题

1. 以下哪个选项可以提供项目可交付成果的状态并且提议的变更会被全面考虑，而且在审批前已经归档？

   A. 正式的配置管理系统　　B. 更新的项目管理计划

   C. 更新的工作分解结构　　D. 初步项目范围说明

2. 你是一个大型政府合同的项目经理。这是一个三年期几百万美元的项目，在一年前签订了合同。你没有参与合同的起草和变更控制程序的制定。但是，现在你被项目发起人和上级主管的变更申请淹没了，怎么办？

   A. 告诉发起人和高级管理层，到此时任何的变化都超出了范围，不应当考虑了

   B. 要求高层设立更多的管理储备来避免财务问题

   C. 和法律部门交谈，以保证你的活动不会违法

   D. 会见项目的发起人和高层，商讨问题和可能的解决方案

3. 在项目执行期间，相关方希望添加一个新的产品功能。项目经理应该怎么做才能添加这个功能？

   A. 咨询团队和直线经理

   B. 请求发起人批准

C. 向变更控制委员会（CCB）提交一份变更请求

D. 获得所有相关方的一致同意

4. 项目管理过程中应该重视知识管理，对于知识管理过程的描述都是正确的，除了以下哪项？

A. 知识管理的目的是帮助组织学习的过程

B. 通过利用现有知识，学习新知识来持续改进项目过程或成果

C. 需要通过人际关系技能来积极地引导团队分享知识

D. 知识在阶段或项目收尾过程中进行更新

5. 在项目章程获得批准实施新的会计制度之后，项目经理试图了解会计部门的结构和流程。项目经理下一步应该创建什么？

A. 项目基准　　B. 范围管理计划　　C. 商业案例　　D. 项目范围说明书

6. 你的项目有两个承包商，要把两个产品组装在一起，其中一个承包商告诉你：他提供的产品有规格问题，有可能会引起项目的质量问题。第二天，项目就要交工，你应该怎么办？

A. 停止工作　　B. 事情未发生，不用理会

C. 评估影响　　D. 和管理层沟通，项目有风险，要求延迟

7. 客户启动了一个新的战略项目，该项目必须年底前完成。该项目对于客户的战略成功至关重要。关于项目范围、预算和进度的意见已经讨论过。项目章程中还应包含哪些内容？

A. 批准的预算，明确的工期

B. 定量的风险、限制和例外情况，已经修订的里程碑日期

C. 总体要求，高层次风险和整体的范围

D. 范围基准和资源计划

8. 某公司的管理层找到你，想请你出任一个小项目的项目经理，并说你在这方面非常有经验，所以就不需要发布项目章程，你应该做什么？（多选，两项）

A. 将没有章程的影响告知管理层，在其同意的情况下开始项目

B. 告诉管理层，在没有项目章程的情况下就开展项目可能产生的不良后果

C. 向管理层要求更高的报酬，然后接受这个任务

D. 动手起草项目章程

E. 引导管理层开展项目可行性分析

9. 客户所用的软件应用程序已有 10 个年头，但仍需要该软件支持其业务流程，项目相关方认为文件已过时，需要更换以便满足当前的信息技术标准。一名项目经理被任命制作商业论证书。商业论证书将用来确定下列哪一项？

A. 整个项目的成本　　B. 项目相关方的决策是否正确

C. 项目是否值得进行投资　　D. 整个项目的持续时间

10. 项目 A 已经交付给客户 A，而且开始开展收尾活动。项目团队将会转到客户 B 的项目上工作。销售经理要求项目经理提供项目 A 的售后支持，项目经理应执行下列哪一项？

A. 将项目团队转移到项目 B 上，开始新的启动活动

B. 建议销售经理获得新的资源

C. 确保项目 A 的特定知识已获收集，并移交组织

D. 拒绝销售经理的请求，并查阅合同

答案及解析

1. 解析：答案 A。考点“变更管理：配置管理系统”。配置管理系统是识别并记录产品、成果、服务或部件的功能特征和物理特征，并控制对上述特征的任何变更。

2. 解析：答案 D。考点“变更管理”。A 选项，项目经理不能拒绝变更；B 选项，没有了解清楚问题，就直接申请增加成本，不合适；D 选项，项目经理要积极主动解决问题，正确答案。

3. 解析：答案 C。考点“变更管理”。参见：项目整合管理—实施整体变更控制—流程。注意变更有时候也并不需要交给 CCB，但本题 4 个选项中只是 C 选项相对其他选项更符合流程。

4. 解析：答案 D。考点“知识管理”。知识管理应该在整个项目管理过程中持续展开，而不是在收尾过程中。

5. 解析：答案 B。考点“项目管理 49 个过程”。从题干分析，项目已经立项（启动），下一步应该是制订项目管理计划，按顺序来看：B—C—A。C 选项属于启动过程的输入。

6. 解析：答案 C。考点“问题解决”。问题解决流程：定义问题—分析问题—解决方案—执行—总结。C 选项属于分析问题；A、B 选项是消极做法；D 选项属于解决方案。

7. 解析：答案 C。考点“项目章程”。参见：整合管理—制定项目章程。项目章程记录了关于项目和项目预期交付的产品、服务或成果的高层级信息，例如：项目目的；可测量的项目目标和相关的成功标准；高层级需求；高层级项目描述、边界定义及主要可交付成果；整体项目风险；总体里程碑进度计划；预先批准的财务资源；关键相关方名单；项目审批要求；项目退出标准；委派的项目经理及其职责和职权；发起人或其他批准项目章程的人员的姓名和职权。项目章程确保相关方在总体上就主要可交付成果、里程碑及每个项目参与者的角色和职责达成共识。

8. 解析：答案 B、E。考点“项目章程”。A 选项与 C 选项都是专业项目经理不能做的，因为不符合项目管理职业的要求。在没有得到管理层授权的情况下，你没有权力起草项目章程，所以 D 选项也不对。E 选项属于制定项目章程的过程，即做商业论证与项目可行性分析。

9. 解析：答案 C。考点“商业论证”。参见：商业文件—项目商业论证。文档化的经济可行性研究报告，用来对尚缺乏充分定义的所选方案的收益进行有效性论证，是启动后续项目管理活动的依据。商业论证列出了项目启动的目标和理由。它有助于在项目结束时根据项目目标衡量项目是否成功。

10. 解析：答案 C。考点“项目收尾”。项目收尾，需要做经验教训总结，以更新组织过程资产。

2.4 项目范围管理

项目范围管理是指对项目的范围目标进行定义，确定哪些工作包含在项目内，哪些工作不包含在项目内，确保团队做且仅做完成项目所需要的全部工作。在《PMBOK®指南》第 6 版中的多个文件均描述到了范围，详见表 2-16。

表 2-16　　描述到范围的文件及内容

文件	主要内容
工作说明书	需要基于组织的战略目标确定高层次的产品范围，此描述很宽泛（考试场景如果不是商业分析过程，工作说明书一般指采购工作说明书）
项目章程	高层次的项目范围描述，与上述工作说明书中描述的内容基本一致。用于定义整体项目范围目标
范围说明书	项目及产品详细的范围描述，是针对工作说明书及章程中的范围进行细化的结果。用于明确所有项目范围目标并与相关方达成范围共识
范围基准	范围说明书、WBS、WBS 词典经过批准的结果，用于控制范围变更并衡量范围目标的实现情况
采购工作说明书	随采购文档一并发送给供应商，详细了描述拟采购的产品、服务或成果的文件。用于让供应商了解是否有能力提供。考试中如果判断题目描述的不是商业分析过程，一般看到工作说明书都是指采购工作说明书

2.4.1 规划范围管理

本过程是制订一份指导性计划，定义如何收集需求、定义范围、创建 WBS、确认范围、控制范围的方法的过程。表 2-17 为本过程的重点输入、重点工具/技术、重点输出。

表 2-17　　规划范围管理过程的重点输入、重点工具/技术、重点输出

重点输入	重点工具/技术	重点输出
• 开发方法	无	• 范围管理计划 • 需求管理计划

1. 重点输入与输出

- 输入——开发方法：不同开发方法（预测、迭代、敏捷等）管理范围的方式不一样，具体如下：
  - 预测方法：先收集用户需求定义范围目标，然后基于范围目标确定完成范围目标所需要的成本和时间。
  - 敏捷方法：先确定迭代时间盒的长度（详见敏捷章节），再基于时间盒的长度确定当前迭代能完成的需求。
- 输出——范围管理计划：描述如何定义范围、创建 WBS、确认范围、控制范围的指导性计划。
- 输出——需求管理计划：描述如何收集需求、优化需求、跟踪需求、变更需求的指导性计划。

2. 重点工具

本过程的工具不具备独特性，不做单独讲解。

3. 本过程的注意要点

- 考题数量：1～2 道题。
- 区分范围管理计划与需求管理计划：范围管理计划具有综合性，强调对一切与范围相关的内容进行管理与指导、而需求管理计划更具有针对性，只强调对需求的管理。

2.4.2 收集需求

本过程是确定、收集、记录相关方的具体的需求，并转化成具体的项目需求的过程。表 2-18 为本过程的重点输入、重点工具/技术、重点输出。

表 2-18　　收集需求过程的重点输入、重点工具/技术、重点输出

重点输入	重点工具/技术	重点输出
• 项目章程 • 范围管理计划 • 需求管理计划 • 相关方参与计划	• 数据收集技术 ✧头脑风暴 ✧访谈 ✧焦点小组 ✧问卷调查 ✧标杆对照 • 数据分析技术 ✧文件分析 • 决策 ✧投票 ✧独裁 ✧多标准决策分析	• 需求文件

续表

重点输入	重点工具/技术	重点输出
• 相关方登记册 • 商业论证 • 协议	• 数据表现技术 ✧亲和图 ✧思维导图 • 人际关系与团队技术 ✧名义小组技术 ✧观察/交谈 ✧引导 • 系统交互图 • 原型法	• 需求跟踪矩阵

1. 重点输入与输出

- 输入——项目章程：章程中定义了项目的高层次描述、产品特征和审批要求，会影响范围说明书的产品范围描述与验收标准等。
- 输入——范围管理计划：指导如何对项目范围进行定义和制定的信息。
- 输入——需求管理计划：指导如何对需求进行收集、分析、记录与跟踪。
- 输入——相关方参与计划：需要参考对相关方的管理方法，调动相关方参与需求收集的过程。
- 输入——相关方登记册：按相关方登记册中的信息开展需求收集。
- 输入——商业论证：商业论证体现了项目的商业价值，参考商业论证确保收集的需求都具有商业价值。
- 输入——协议：对于外部客户发起的项目，协议中包含产品的要求与验收标准。
- 输出——需求文件：详细记录项目需求的文档，描述各个需求如何满足项目的业务需求，内容主要包括如下：
  - 业务需求：组织高层次的需求，回答做项目的原因（例如：为了抢占高端智能手机市场，所以决定开发折叠屏手机）。
  - 解决方案需求：为了达成业务需求，项目可交付成果必须具备的特征或功能，包括功能需求（产品具备的功能，如高清摄像功能等）与非功能需求（支持产品功能运行的环境，如手机支持多少米防水等）。
  - 过渡和就绪需求：一次性需求（如系统部署完成后对操作员进行培训等）。
  - 项目需求：项目管理过程的要求（如成本目标、进度目标等）。
  - 质量需求：项目要达成的质量标准。
- 输出——需求跟踪矩阵：将具体的需求与满足需求的可交付成果或高层次的业务目标进行关联，确保需求都具有商业价值以及必要的需求最终都能得以实现。

需求跟踪矩阵示例见表 2-19。

表 2-19　需求跟踪矩阵示例

需求描述	高层次业务目标	WBS 或可交付成果
高端轻薄机身	抢占高端智能手机市场	0.3 毫米碳纤维机身
高品质高清屏幕	抢占高端智能手机市场	6 寸蓝宝石曲面屏

2. 重点工具

- 工具——头脑风暴：邀请大家集思广益、激发创意，收集多种想法、需求的工具。
- 工具——访谈：通过与相关方直接交谈，来获取需求的工具。
- 工具——焦点小组：召集预定的相关方和主题专家，引导大家对所讨论的产品、服务或成果提出想法的工具，强调对单一专业领域做深入探讨。
- 工具——问卷调查：设计一系列书面问题，向众多受访者快速收集信息的方法。
- 工具——标杆对照：将当前的项目产品或管理过程，与其他优秀组织的实践方法进行比较，以便识别最佳实践，形成改进意见的方法。
- 工具——文件分析：审核和评估各种项目文件，并通过分析这些文件，来发现项目需求。
- 工具——投票：邀请相关方一起针对不同的需求进行投票，以做出需求选择或排序的过程，常见方法有：
    - 大多数原则：一般在两个方案中决策，得票超过 50%的方案获胜。
    - 相对多数原则：在对两个以上的方案进行分析时，只要某方案得票超过其他任何一个方案即可。
    - 一致同意：全票通过。
- 工具——独裁型决策制定：一个人为大家制定决策，简称“我说了算”，一般适用于紧急情况。
- 工具——多标准决策分析：通过为需求定义一系列的比较标准，并针对各需求的每个标准进行分析和评分，以在多个需求中进行优先级排序（如表 2-20 对手机的电池容量、摄像头分辨率、机身重量的需求排优先级，可以设置价格、用户满意度、技术难度等比较标准，并为每个标准定义权重，然后分别对每个需求的各项标准打分，最后通过加权取出综合得分以排出需求的优先级）。

表 2-20　多标准决策分析示例

条目	价格—40%	用户满意度—30%	技术难度—30%	总得分
电池容量	4	4	5	4.3
摄像头分辨率	3	4	3	3.3
机身重量	2	2	1	1.7

- 工具——亲和图：对多个需求按相关性进行分类分组，以便于统筹管理。
- 工具——思维导图：通过结构化的方式把从头脑风暴中获得的创意进行分组分类，并通过颜色、线条的关联整合成一张图，以充分调动左右脑的协作，从而激发新创意。
- 工具——名义小组技术：头脑风暴的深化运用，通过头脑风暴收集需求并汇总，然后展开小组讨论，最后通过投票排序决出需求优先级。
- 工具——观察/交谈：直接察看受访者在其工作环境中执行工作或者参与体验受访者的工作流程，从而将观察结果或体验心得形成需求。
- 工具——引导：召集主要相关方一起定义产品需求，强调快速定义跨职能部门的需求差异，引导大家达成一致。
  - 联合应用开发（JAD）：软件开发行业中的驻场开发。
  - 质量功能展开（QFD）：把用户的需求转化成产品功能或解决方案的方法（如5000毫安的电池容量，对于用户想要待机时间长的需求是满足的，对用户高清拍照的需求是无关的，而对于用户轻薄机身的需求是有负面影响的，综合考虑功能与每个需求的相关性从而分析哪个功能对用户的价值是最高的）。
  - 用户故事：站在用户的角度采用用户语言描述需求，结构为：我是谁（角色）、我要干什么（动机）、为什么（目标）。此部分内容详见敏捷方法。
- 工具——系统交互图：通过可视化的方法分析人与系统或系统与系统的交互关系，从而发现需求（微信与管理圈之间的数据交互接口）。
- 工具——原型法：在实际产品制造之前，先开发出产品的模型，获得用户的反馈并反复改进，以减少产品正式制造完成后的返工（样板间、装修效果图都属于原型）。

3. 本过程的注意要点

- 考题数量：3～5道题。
- 需求收集是一个渐进明细的过程，在项目早期收集高层级需求，随着信息的不断明确而逐渐细化。
- 需求是范围、进度、成本、质量及采购规划的基础，需要具备SMART原则（具体、可量化、可达成、结果导向、有时间限制）并书面记录。
- 需要重点理解需求收集过程的各项工具的特征。

2.4.3 定义范围

本过程是对需求文档进行分析，确定哪些需求包含在项目内，哪些不包含在项目内，从而定义出项目和产品的详细描述的过程。表2-21为本过程的重点输入、重点工具/技术、重点输出。

表 2-21　　定义范围过程的重点输入、重点工具/技术、重点输出

重点输入	重点工具/技术	重点输出
• 项目章程 • 需求文件	• 产品分析	• 项目范围说明书

1. 重点输入与输出

- 输入——需求文件：收集的需求并不一定全部包含在项目内，以此为依据分析并确定哪些需求会成为项目最终的范围。
- 输出——项目范围说明书：对项目范围、可交付成果详细描述的文件，代表着相关方之间对范围目标的共识，主要内容为：
  - 产品范围描述：细化的项目最终需要实现的产品范围目标（如手机项目需要对最终交付的手机进行详细的描述）。
  - 可交付成果：项目过程中的阶段性成果及最终成果的描述（如可研阶段的可行性分析报告、设计阶段的产品原型、最终阶段的手机交付等）。
  - 验收标准：成果交付前需要满足的各项标准。
  - 项目除外责任：确定哪些工作是本项目不能做的，以合理管理相关方的期望。

2. 重点工具

- 工具——产品分析：通过对产品提问分析与回答，将高层级的产品转化成具体的可交付成果，以确定产品最终具备的功能。
  - 产品分解：产品功能拆解，后面创建 WBS 的过程就是一种产品分解的过程。
  - 需求分析：分析每个功能与需求的关系，QFD 价值功能展开就是一种需求分析。
  - 系统分析/系统工程：在开发和设计产品时应该有全局的系统思维，以充分考虑各功能之间的协作关系。
  - 价值分析/价值工程：通过功能的设计与成本的控制，充分考虑产品的性价比（如当产品具有更多的功能、更低的成本，则产品性价比就更高）。

3. 本过程的注意要点

- 考题数量：1～3 道题。
- 产品范围是指项目最终可交付成果所具备的特征和功能（如手机要具备打电话和拍照的功能）。
- 项目范围是指完成产品范围需要开展的工作（如材料采购、功能测试等）。
- 范围管理计划与范围说明书的对比：
  - 范围管理计划描述的是如何定义范围、验收成果、控制范围变更的方法论。
  - 范围说明书是描述项目中具体应该包含的产品范围及工作范围的文件。

2.4.4　创建 WBS

本过程是将可交付成果或项目工作分解为更小的更容易管理的组件的过程（如把手机

分解为处理器、屏幕、摄像头等各模块)。表 2-22 为本过程的重点输入、重点工具/技术、重点输出。

表 2-22　　创建 WBS 过程的重点输入、重点工具/技术、重点输出

重点输入	重点工具/技术	重点输出
• 项目范围说明书 • 需求文件	• 分解	• 范围基准

1. 重点输入与输出

- 输入——项目范围说明书:本过程主要是针对范围说明书里的可交付成果进行分解。
- 输入——需求文件:需求文件中对需求的要求,可以为 WBS 词典的描述提供依据。
- 输出——范围基准:经过批准的范围说明书、WBS 与 WBS 词典。
  - 范围说明书:对项目范围、可交付成果详细描述的文件。
  - WBS:工作分解结构,为实现项目目标所需完成的产品范围、项目范围的层级分解,WBS 中包含的内容如下:
    - 工作包:WBS 结构中最底层的部分。
    - 规划包:可以继续分解但因掌握的信息不足暂时无法分解的部分。
    - 控制账户:管理控制节点,可以把多个工作包汇总到控制账户下,以便于在更高的层次进行成本、进度的估算与控制。
  - WBS 词典:对 WBS 组件进行详细描述的文件(如工作描述、所需资源、质量要求、验收标准等),以便于团队能够明确如何完成 WBS 组件。

2. 重点工具

- 工具——分解:自上而下对项目范围及可交付成果进行分解的工具。分解的流程如下:
  - 明确要分解的可交付成果或项目工作。
  - 确定 WBS 分解的结构:
    - 按阶段拆分:概念阶段、可行性分析阶段、需求阶段等。
    - 按成果的组成拆分:电池、处理器、屏幕等。
  - 自上而下逐级分解。
  - 为 WBS 组成部分分配标识编码。
  - 验证分解的程度是否恰当(颗粒度大小是否适合、是否存在遗漏等)。

3. 本过程的注意要点

- 考题数量:3～5 道题。
- 分解强调适度原则,既不需要太细(浪费资源)也不能太粗(不容易管理),一般在能够有效估算和控制时间成本的程度就可以停止。
- 应该让所有主要相关方与执行团队参与分解,以便于进一步理解项目目标。

- 一个控制账户下可以有多个工作包，但每个工作包只能关联一个控制账户。
- 需要保证 WBS 具备 100％原则，即所有下层元素之和等于上层元素（某一个分支下面的所有元素完成也就意味这个分支的完成）。
- 范围基准用于为控制范围提供依据，基准以内的工作必须全部完成，而基准外的工作不能做，除非通过变更控制过程批准后加入基准里。

2.4.5 确认范围

本过程是邀请客户或发起人正式验收已完成的可交付成果的过程。表 2-23 为本过程的重点输入、重点工具/技术、重点输出。

表 2-23 确认范围过程的重点输入、重点工具/技术、重点输出

重点输入	重点工具/技术	重点输出
• 范围基准 • 质量报告 • 需求文件 • 需求跟踪矩阵 • 核实的可交付成果	• 检查	• 验收的可交付成果

1. 重点输入与输出

- 输入——范围基准：范围基准作为验收的依据与实际的成果做比较。
- 输入——质量报告：整个项目管理过程中出现的质量问题的解决情况、过程改进情况、质量合格情况均需要在验收时做进一步确认。
- 输入——需求文件：项目的各项需求是否已经完成，需要与需求文件对比确认。
- 输入——需求跟踪矩阵：需求的跟踪与确认，验收前确认需求的实现情况，以及每个需求对商业价值的满足情况。
- 输入——核实的可交付成果：经过控制质量过程检查后质量合格的可交付成果，在此过程确认和验收。
- 输出——验收的可交付成果：经过客户或发起人正式签字验收的可交付成果。

2. 重点工具

- 工具——检查：通过将基准与实际的成果进行对比，以判断工作及可交付成果是否符合需求及验收标准。

3. 本过程的注意要点

- 考题数量：2～3 道题。
- 本过程为项目实质性验收的过程，在监控过程中就获得项目正式的验收，以便于提前发现问题并解决问题。
- 需要获得客户或发起人正式验收的书面证明文件，如果因为某些原因不愿意验收，对于这些原因也应该记录下来便于纠正和改进。

2.4.6 控制范围

本过程是管理范围变更，确保所有与范围相关的变更都经过整体变更控制过程的管理与控制的过程。表 2-24 为本过程的重点输入、重点工具/技术、重点输出。

表 2-24　　控制范围过程的重点输入、重点工具/技术、重点输出

重点输入	重点工具/技术	重点输出
• 范围基准 • 绩效测量基准 • 工作绩效数据	• 数据分析	• 工作绩效信息 • 变更请求 • 项目管理计划更新 ✧范围管理计划 ✧范围基准 ✧进度基准 ✧成本基准 ✧绩效测量基准 • 项目文件更新 ✧需求文件 ✧需求跟踪矩阵

1. 重点输入与输出

- 输入——范围基准：控制范围的依据，基准内的工作必做，基准外的工作不做。
- 输入——绩效测量基准：经整合的项目范围、进度与成本计划，用来与工作绩效数据比较。
- 输入——工作绩效数据：工作中收集的原始绩效数据与范围基准及绩效测量基准进行比较，以确定是否需要进行变更。
- 输出——工作绩效信息：可交付成果的实际完成情况与范围基准比较后的偏差数据。
- 输出——变更请求：一旦发现偏差，可能需要对项目的范围基准或计划进行变更。
- 输出——项目管理计划更新：一旦通过偏差分析发现问题，就可能对项目管理计划的所有部分进行更新（即使是范围的变更，虽然直接影响需求文件与范围基准，同时也可能影响成本、进度、风险等）。
  - 说明：所有的其他知识领域（进度、成本、资源、沟通等）均是同样的逻辑，后续部分不做单独讲解。

2. 重点工具

本过程的工具不具有特殊性，不做单独讲解。

3. 本过程的注意要点

- 考题数量：1～3 道题。

- 所有的控制过程的逻辑是一样的，即以计划或基准作为依据，结合执行过程收集的绩效数据，对比分析偏差，发现问题并解决问题。
- 区分控制范围与确认范围的区别：
  - 控制范围强调维护范围基准的变更，防止镀金；确认范围强调可交付成果验收。
  - 控制范围由团队开展；确认范围由客户或发起人开展。

2.4.7 练习题

1. 关于项目范围管理的描述，不正确的是？

   A. 在传统项目管理中，范围是尽可能地明确，构成基准，并维护基准

   B. 传统项目管理过程中，基准一旦定下来，就不能变更

   C. 采用新型敏捷方法的项目，范围是分阶段迭代定义的

   D. 在迭代方法中，需求会不断地变更，以应对环境的不确定性

2. 某项目经理受命承担一个项目，并且目前通过数据表现技术来收集需求。可采用何种方法？（多选，两项）

   A. 思维导图　　B. 决策技术　　C. 原型法　　D. 系统交互图

   E. 亲和图

3. 客户对你的产品提出了要求：要求你的产品要比同行的产品更具有功能和价格的优势，即要提升性价比，你应该？

   A. 头脑风暴收集需求　　B. 引导客户与团队达成一致

   C. 利用产品分析　　D. 开展专家判断

4. 创建工作分解结构过程的意义在于？（多选，两项）

   A. 制定范围说明书　　B. 促进团队意见统一

   C. 制定风险清单　　D. 制定活动清单

   E. 有利于对成果的结构化理解

5. 项目管理团队等到可交付成果或子项目澄清后才能制定详细的工作分解结构，这种情况下，该选择下面哪项技术？

   A. 分解　　B. 自上而下规划

   C. 滚动式规划　　D. 自下而上规划

6. 项目经理与项目相关方开会，收集需求并制作项目需求文档。项目经理下一步该怎么做？

   A. 定义需求基准，并获得关键关系人的批准

   B. 与团队一起创建工作分解结构

   C. 准备一份详细的项目范围说明书

   D. 制订项目管理计划

7. 以下哪种方法，通常不用于收集项目相关方的需求？

A. 引导式研讨会　　B. 群体创新技术

C. 多标准决策分析　　D. 产品分析

8. 你在负责管理一个视频游戏的项目。上个月客户已经签署项目需求说明和范围说明。但是现在她提出了一项范围变更要求。她希望把这个游戏做成一种在电视和电脑上都能玩的互动式游戏。这种范围变更至少会表现在哪个方面?

A. 修改工作分解结构已经确定的项目范围

B. 导致所有项目基准的变更

C. 需要对成本、时间、质量及其他目标进行调整

D. 得到一个经验教训

9. 在培训新的项目团队成员时，项目团队成员问你确定范围应该怎么做，你的回答是?

A. 核实产品的正确性　　B. 建立 WBS

C. 检查产品的功能是否满足范围需求　　D. 绩效测量

10. 在一个项目组织中经验丰富的项目经理，正接近项目的收尾阶段。项目经理接下来怎么做?

A. 经验教训总结　　B. 将实际项目绩效与原计划对比

C. 解散团队　　D. 获得客户的验收

答案及解析

1. 解析：答案 B。考点“工具”。传统的项目管理，范围也可以变更，只不过要遵循严格的变更管理流程。

2. 解析：答案 A、E。考点“工具”。参见：范围管理—收集需求。A、B、C、D、E 选项都是收集需求的工具，但题干问的是数据表现技术，只有 A、E 选项正确。

3. 解析：答案 C。考点“工具”。参见：定义范围—工具—产品分析：价值分析与价值工程。从题干对应的功能与价格的优势，性价比的概念，对应到价值分析与价值工程的特征：V=F/C。在设计产品时通过增加功能或降低成果来提升产品的价值。

4. 解析：答案 B、E。考点“工具”。A 选项不对，是定义范围的输出。B 选项是正确的，根据 PMI 的理念，项目团队成员一起共事可以达到团队建设的效果。比如创建工作分解结构，能形成团队一致。D 选项不对，是定义活动的输出。E 选项是正确的，WBS 是可交付成果的层级分解。

5. 解析：答案 C。考点“工具”。项目管理的理念及项目的特征：渐进明细，大到目标、小到计划都是根据信息的掌握程度而渐进明细；对眼前的工作分解更详细，对未来不确定的工作可以粗放式管理，这属于滚动式规划的特点。

6. 解析：答案 C。考点“项目管理过程”。参见：项目管理流程—49 个过程的顺序。A 选项没有需求基准一说，可以排除。B 选项，创建 WBS，在 C 选项之后。C 选项，定义

范围，属于收集需求之后的过程。

7. 解析：答案 D。考点“工具”。产品分析又叫产品分解，属于定义范围的工具，包括：需求分析、需求分解、系统分析、系统工程、价值分析、价值工程。而此时收集需求在定义范围之前。

8. 解析：答案 D。考点“范围变更”。四个选项均为可能的选项。A 选项，如果变更批准了，则会更新范围。B 选项，如果批准且影响基准，则会变更基准。C 选项，如果批准了变更，可能影响到成本、时间及质量目标。D 选项，不管变更批准或否决，均会更新经验教训。题干问的是“至少”，也就是说一定会更新，所以答案为 D。A、B、C 选项均是批准了变更才会更新，而 D 选项不管批准与否都会更新。

9. 解析：答案 C。考点“过程：确认范围”。确认范围是正式验收已完成的项目可交付成果的过程。确认范围通过检查，来确保项目的范围均得以实现。A 选项是在强调控制质量的作用。

10. 解析：答案 D。考点“确认范围：验收”。验收的可交付成果的过程是确认范围，属于实质性的收尾，是行政收尾前所必需的活动之一。B 选项首先排除，这是监控过程中持续进行的一个动作，与项目结束无关。A、C、D 选项的顺序应该是 D—A—C。

2.5 项目进度管理

项目进度管理是指对完成项目所需要开展的所有活动进行定义、排序与管理，保证项目在规定的时间内完成的一系列过程。在全球市场瞬息万变的时代，传统的项目进度管理方法很难适应不断变化的环境，应该重视能够快速响应变化的进度管理方法，例如：

- 具有待办事项的迭代型进度计划：适应型生命周期，通过待办事项列表记录用户需求，并在规定的时间盒（有固定交付周期的迭代）内确定短期要交付的功能，以增量方式快速交付价值（相关内容详见第 4 章敏捷方法）。
- 按需进度计划：又称为拉动式进度计划，通常用于看板体系，根据团队资源的交付能力安排任务，而不是基于任务的数量来安排进度，从而有效地避免过程的积压，提升效率，在这种方法中，在分解任务时应该尽量保证任务分解的颗粒度大小相对一致（相关内容详见第 4 章敏捷方法）。

2.5.1 规划进度管理

本过程是制订一份指导性计划，定义如何规划进度、制订进度计划及控制进度的过程。表 2-25 为本过程的重点输入、重点工具/技术、重点输出。

表 2-25　规划进度管理过程的重点输入、重点工具/技术、重点输出

重点输入	重点工具/技术	重点输出
• 项目章程 • 开发方法	无	• 进度管理计划

1. 重点输入与输出

- 输入——项目章程：项目章程中包含的总体里程碑计划会影响项目的进度管理。
- 输入——开发方法：项目选择不同的开发方法（如预测或敏捷），所使用的进度管理工具及进度模型会有所不同。
- 输出——进度管理计划：指导开展项目进度管理各过程的方法论，包括：
  - 项目进度模型制定：进度模型的选择（如横道图或甘特图等）及制订进度计划的工具选择（如关键路径法、资源平衡等）。
  - 进度计划的发布和迭代长度：如果使用敏捷方法，需要定义好迭代的长度，一般1～4周为一个迭代，根据项目的不确定性及风险的大小来确定迭代长度（对于风险大的项目，迭代周期更短；而对于风险小的项目，迭代周期往往更长）。
  - 准确度：定义估算结果的可接受区间（如估算出来的工期为10天，10天完工的可能性是70％或是90％）。
  - 计量单位：估算结果使用的单位，如人天、人时等。
  - 进度模型的维护：在什么情况下用什么方法，以及以何种频率对进度计划进行更新。
  - 其他：挣值管理的使用规则、进度报告编制的方法、进度控制临界点及方法等。

2. 重点工具

本过程的工具不具有独特性，不做单独讲解。

3. 本过程的注意要点

- 考题数量：1～2道题。
- 不同开发方法下进度管理的方式会有区别：
  - 预测方法：会基于范围目标来估算活动历时并制订进度计划。
  - 敏捷方法：会先确定迭代周期的长度，再确定本迭代中能实现的范围目标。

按需进度计划及敏捷方法是重点，将在后续的敏捷部分详细讲解。

2.5.2 定义活动

本过程是识别出为完成项目的可交付成果所需开展的工作的过程。表2-26为本过程的重点输入、重点工具/技术、重点输出。

表2-26　定义活动过程的重点输入、重点工具/技术、重点输出

重点输入	重点工具/技术	重点输出
• 进度管理计划 • 范围基准	• 分解 • 滚动式规划	• 活动清单 • 活动属性 • 里程碑清单

1. 重点输入与输出

- 输入——进度管理计划：指导开展本过程所需要的方法和工具等。

- 输入——范围基准：本过程主要的作用就是将范围基准中的工作包进行进一步分解。
- 输出——活动清单：也就是工作任务，即为完成项目可交付成果所需开展的工作。
- 输出——活动属性：对活动的详细说明（如活动的描述、本活动的前置活动、本活动的后置活动、完成活动所需的资源等），以便于指导活动的开展。
- 输出——里程碑清单：项目中的重要时间节点或事件。
  - 强制性里程碑：某个时间点需要强制达成的目标，如合同规定的阶段节点。
  - 选择性里程碑：为了更有效地管理项目，团队根据经验设置的管理控制节点。

2. 重点工具

- 工具——分解：自上而下地层级分解，把工作包进一步分解为活动。
- 工具——滚动式规划：迭代式的规划方法，近期的工作详细说明，远期的工作粗略说明，随着时间的推移和信息的明晰而逐渐细化。

3. 本过程的注意要点

- 考题数量：1～2 道题。
- 活动定义的有效性对成本及进度的管理产生直接影响，活动分解的颗粒度越小，则估算成本及工期时准确性越高，估算也容易。
- 里程碑是完成一个事项的标志，持续时间为 0。
- 注意区分工作包与活动：
  - 工作包是可交付成果的组成部分，活动是完成工作包所需开展的工作。
  - 创建 WBS 与定义活动都应该具备 100％原则，即所有的下层元素的总和等于上层元素。

2.5.3　排列活动顺序

本过程是分析活动之间的逻辑关系，确定活动之间的先后顺序的过程。表 2-27 为本过程的重点输入、重点工具/技术、重点输出。

表 2-27　排列活动顺序过程的重点输入、重点工具/技术、重点输出

重点输入	重点工具/技术	重点输出
• 活动属性 • 活动清单 • 里程碑清单	• 紧前关系绘图法 • 确定和整合依赖关系 • 提前量与滞后量	• 项目进度网络图

1. 重点输入与输出

- 输入——活动属性：活动属性中有对活动的详细说明，有助于分析活动间的先后顺序。
- 输入——活动清单：该清单包含了完成项目的所有活动，据此排列活动顺序。

• 输入——里程碑清单：特殊的时间节点或事件，影响活动的排序（如 1 月 30 日完成手机原型的评审，其余的工作需要基于此里程碑日期来排序）。
• 输出——项目进度网络图：表示项目活动之间的逻辑关系（依赖关系）。如图 2-8 所示。

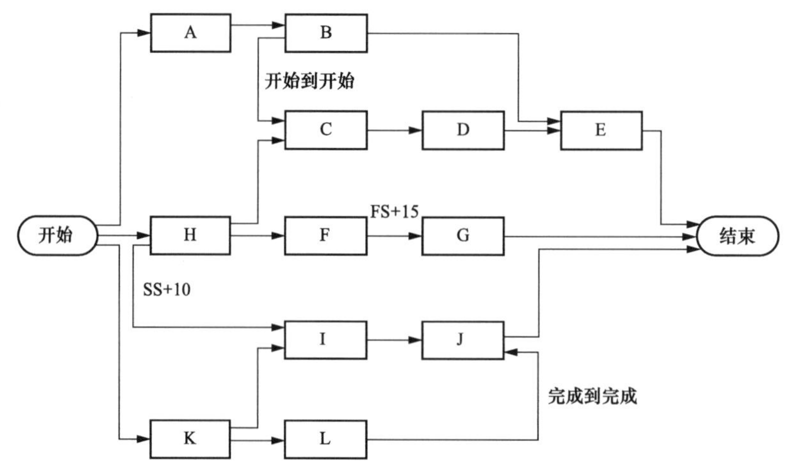

图 2-8　项目进度网络图示例

2. 重点工具

• 工具——紧前关系绘图法（Precedence Diagramming Method，PDM），又叫节点法，创建进度模型的一种技术，用节点表示活动，不同的箭头指向表示活动间的顺序关系（见图 2-9）。

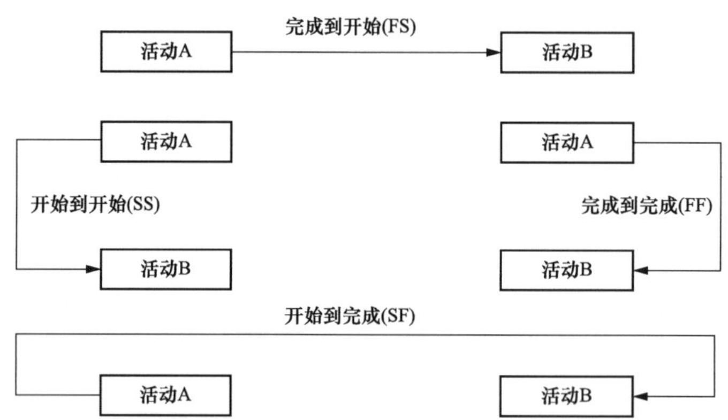

图 2-9　活动之间的关系

- 完成到开始（FS）：前置活动结束，后置活动才能开始。
- 完成到完成（FF）：两个活动同时完成。
- 开始到开始（SS）：两个活动同时开始。
- 开始到完成（SF）：后置活动开始，前置活动才能完成。

• 工具——确定和整合依赖关系：确定活动之间先后顺序的依赖关系，4 种依赖关系如下：

- ◆ 强制性依赖：客观条件限制必须满足的顺序关系（如打完地基才能砌墙）。
- ◆ 选择性依赖：又称优先逻辑关系或软逻辑关系，一般基于经验或最佳实践确定的活动顺序关系（如看书与做题的顺序可结合自己的习惯调整）。
- ◆ 内部依赖：团队内部可以决定或控制的依赖关系。
- ◆ 外部依赖：团队内部无法决定或控制的依赖关系。

- 工具——提前量和滞后量：提前量是相对于紧前活动，紧后活动可以提前的时间量（如《PMBOK®指南》看完前的 3 天即可安排做分章习题，则看《PMBOK®指南》是紧前活动，做后面对应练习是紧后活动，3 天就是紧后活动相较于紧前活动完成前的时间提前量）。滞后量是相对于紧前活动，紧后活动需要推迟的时间量（如《PMBOK®指南》看完后休息 3 天再安排做相应习题，则 3 天就是紧后活动相较于紧前活动完成后的时间滞后量）。

3. 本过程的注意要点

- 考题数量：1～3 道题。
- 需要掌握通过紧前关系绘图法绘制网络图。
- 在网络图中除了首尾两项活动，其他每项活动都至少有一项紧前活动和一项紧后活动。
- 网络图中多活动的汇集点（会受到多个前置活动的延期影响）或活动分支点（延期会影响到多个后续活动），相对于其他活动而言存在更大的风险。
- 时间提前量或滞后量不属于任何一个活动的持续时间，但计算项目工期时需要包含。

2.5.4 估算活动持续时间

本过程是根据每项活动所需的资源情况，估算完成这些活动所需工时的过程。表 2-28 为本过程的重点输入、重点工具/技术、重点输出。

表 2-28 估算活动持续时间过程的重点输入、重点工具/技术、重点输出

重点输入	重点工具/技术	重点输出
• 活动属性 • 活动清单 • 里程碑清单 • 项目团队派工单 • 资源分解结构 • 资源日历 • 资源需求 • 风险登记册	• 类比估算 • 自下而上估算 • 参数估算 • 三点估算 • 储备分析	• 活动持续时间估算 • 估算依据

1. 重点输入与输出

- 输入——活动属性：活动属性中描述了活动的特征及活动间的逻辑关系，可能影响时间的估算。

- 输入——项目团队派工单：根据分配给每项活动的人员情况，来估算完成活动所需要的时间。
- 输入——资源分解结构：已识别到的项目所需资源的层级结构，估算时间需参考项目的整体资源情况。
- 输入——资源日历：资源日历中显示了具体资源的类型及档期，估算历时需要考虑资源是否为可用资源。
- 输入——资源需求：分析活动需要的资源情况，以及所分配的资源能否达到要求，不同的资源会对活动历时产生显著影响。
- 输入——风险登记册：项目风险的情况会影响估算的结果，风险大的项目需要考虑更多的安全冗余时间。
- 输出——活动持续时间估算：对完成某项活动所需时间的估算，可以基于不确定性加入变动区间（如：需求调研所需历时为 2 周±2 天）。
- 输出——估算依据：说明持续时间估算的结果是如何得出的。

2. 重点工具

- 工具——类比估算：使用以前相似项目或活动的历史数据，来粗略估算当前活动或项目的持续时间或成本的技术（如一年前做某个项目用时 5 个月，现在做一个类似的项目，大概也需要用时 5 个月）。
- 工具——自下而上估算：通过从下到上逐层汇总 WBS 组成部分的估算而得到项目的整体估算。
- 工具——参数估算：利用历史数据和项目参数，使用某种公式来计算成本或持续时间的估算技术（如利用以往完成 50 道分章习题的时间，来估算完成 200 道题综合模考试卷的耗时）。
- 工具——三点估算：考虑估算中的不确定性和风险，通过概率分布的方式对持续时间进行估算的方式。主要掌握两种分布情况的计算：
  - 三角分布：当历史数据不足时使用，公式：tE=(tO+tM+tP)/3。
  - 贝塔分布：当历史数据充足时使用，公式：tE=(tO+4tM+tP)/6。

公式中各项说明见表 2-29。如果题干没有明确的信息说明，默认采用贝塔分布。

表 2-29　　公　式　说　明

缩写	全称	解释
tM	Most Likely（最可能时间）	完成这项活动最可能的时间
tO	Optimistic（最乐观时间）	完成这项活动最快的时间
tP	Pessimistic（最悲观时间）	完成这项活动最慢的时间

计算出来的 tE 值代表期望时间，对应的活动完工概率为 50%（如计算出的 tE 值为

10 天，则表示活动在 10 天内完工的概率为 50%）。

计算步骤如下（以贝塔分布为例）：

第一步：通过公式 tE=(tO+4tM+tP)/6，计算出 tE（期望值）。

第二步：通过（tP-tO)/6，计算出 σ（标准差）。

第三步：如图 2-10：tE 值对应正态分布图的中间，tE 左右两侧对应的面积均为 50%。

第四步：通过 tE±1σ 得到的区间对应的完工概率为 68.26%、通过 tE±2σ 得到的区间对应的完工概率为 95.46%、通过 tE±3σ 得到的区间对应的完工概率为 99.73%。

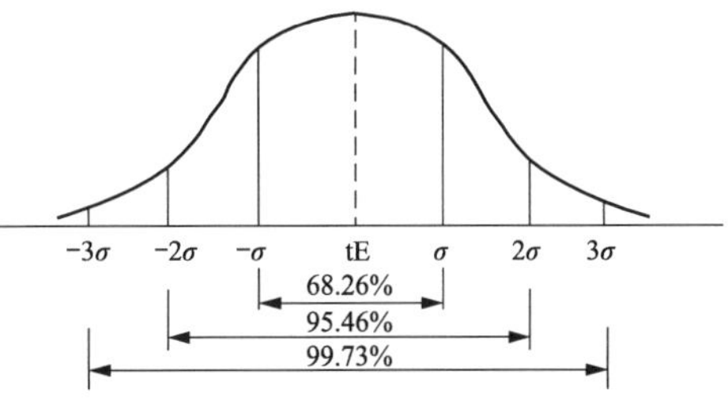

图 2-10　贝塔分布计算图示

图 2-10 为贝塔分布计算图示。

团队正在负责某项活动，活动的开展可能会受到一些不确定性因素的影响。经过分析，大家认为如果一切进展顺利，则活动可以在 10 天内完成；如果所有不确定性的因素都发生，则活动需要 20 天；而你认为活动大概率会在 15 天内完成。则：

（1）完成该活动的期望时间（平均时间）tE=(tO+4tM+tP)/6=(10+4×15+20)/6=15，即：该活动在 15 天之内完工的概率为 50%。

（2）完成该活动的标准差 σ=(tP−tO)/6=(20−10)/6=1.67。

（3）tE±1σ=15±1×1.67，得出区间：13.33～16.67。活动在此区间内完工的概率为 68.26%。

（4）tE±2σ=15±2×1.67，得出区间：11.66～18.34。活动在此区间内完工的概率为 95.46%。

（5）tE±3σ=15±3×1.67，得出区间：9.99～20.01。活动在此区间内完工的概率为 99.73%。

- 工具——储备分析：为了应对项目中的各种风险，需要在估算活动历时或估算成本时加入时间冗余或资金冗余。
  - 应急储备：为了应对已识别的风险，提前准备的时间或资金，应急储备包含在基准当中，由项目经理掌控。
  - 管理储备：为了应对未识别的风险，额外准备的时间或资金，管理储备不包含在基准当中，当发生突发事件需要动用管理储备时，需要由管理层批准。

3. 本过程的注意要点

- 考题数量：3～5 道题。
- 应该由团队中最熟悉具体活动的成员提供持续时间估算所需的各种输入。
- 估算时要考虑的要点：
  - 收益递减规律：增加资源会让工期提前，但是当资源增加到一定程度（临界点）时，工期提前的幅度会明显减少。

- ◆ 资源数量：增加一倍的人员，不一定能缩短一半的时间。因为增加太多活动资源，可能会因为更复杂的沟通协作，让效率变得低下。
- ◆ 另外，还要考虑团队成员的拖延症可能会浪费时间（团队可能在估算的时候为活动准备了额外的时间以应对风险，然而在实际工作中可能会因为拖延症而浪费掉这些安全时间）。
- 几种估算方式的比较见表 2-30。

表 2-30　　几类估算方式的对比

条目	类别估算	参数估算	三点估算	自下而上估算
成本 & 时间	成本低 耗时少	成本低 耗时少	成本时间适中	成本高 耗时长
准确性	最低	低	高	最高
关键词	快速、粗略、 历史项目	数据模型、公式、 历史数据	风险、不确定性	WBS

2.5.5　制订进度计划

本过程是在进度管理计划的指导下，将活动、活动逻辑关系、活动的历时综合起来生成项目进度计划与进度基准的过程。表 2-31 为本过程的重点输入、重点工具/技术、重点输出。

表 2-31　　制订进度计划过程的重点输入、重点工具/技术、重点输出

重点输入	重点工具/技术	重点输出
• 活动属性 • 活动清单 • 持续时间估算 • 里程碑清单 • 项目进度网络图 • 项目团队派工单 • 资源日历 • 资源需求 • 风险登记册 • 协议	• 进度网络分析 • 关键路径法 • 资源优化 • 数据分析 ✧假设情景分析 ✧模拟 • 提前量与滞后量 • 进度压缩 • 敏捷发布规划	• 进度基准 • 项目进度计划 • 进度数据 • 项目日历

1. 重点输入与输出

- 输入——活动属性：提供了创建进度计划的各活动的详细信息。
- 输入——活动清单：将所有需完成的活动整合在一起形成进度计划。
- 输入——持续时间估算：将所有活动的历时整合在一起形成进度计划。
- 输入——里程碑清单：制订进度计划时需要满足特殊的里程碑节点的时间要求。
- 输入——项目进度网络图：将所有活动的逻辑顺序关系整合在一起形成进度计划。

- 输入——项目团队派工单：需要将团队成员与项目活动进行关联形成进度计划。
- 输入——资源日历：制订进度计划需要考虑完成各项进度活动所需资源的可用性。
- 输入——资源需求：明确了每个活动所需的资源类型和数量，用于创建进度模型。
- 输入——风险登记册：项目风险的情况会影响估算的结果，风险大的项目需要考虑更多的安全冗余时间。
- 输入——协议：供应商为制订进度计划提供了输入（如资源的可用时间等信息）。
- 输出——进度基准：是项目管理计划的组成部分，经过相关方接受和批准的高层次进度计划。
- 输出——项目进度计划：为各个活动排列了先后顺序、计划日期、持续时间、里程碑和所需资源等信息的进度模型，常见的三种进度计划如下：
  - 横道图：也称为“甘特图”，是展示项目进度进展情况的一种图表方式（见图 2-11）。

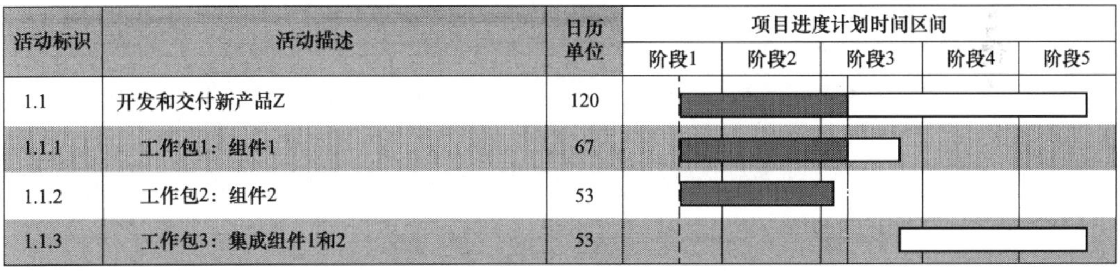

活动标识	活动描述	日历单位	项目进度计划时间区间				
			阶段1	阶段2	阶段3	阶段4	阶段5
1.1	开发和交付新产品Z	120					
1.1.1	工作包1：组件1	67					
1.1.2	工作包2：组件2	53					
1.1.3	工作包3：集成组件1和2	53					

图 2-11　横道图

  - 里程碑图：与横道图类似，但仅标示出主要可交付成果及关键外部接口的计划开始或完成日期（见图 2-12）。

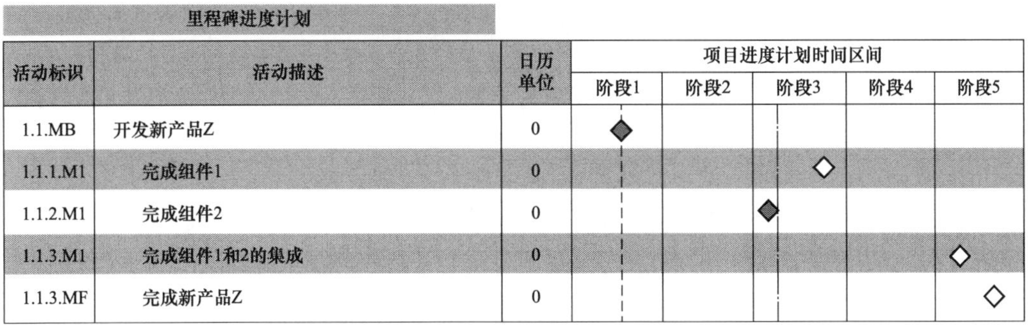

里程碑进度计划

活动标识	活动描述	日历单位	项目进度计划时间区间				
			阶段1	阶段2	阶段3	阶段4	阶段5
1.1.MB	开发新产品Z	0					
1.1.1.M1	完成组件1	0					
1.1.2.M1	完成组件2	0					
1.1.3.M1	完成组件1和2的集成	0					
1.1.3.MF	完成新产品Z	0					

图 2-12　里程碑图

  - 项目进度网络图：通过节点法绘制的，表示活动之间逻辑关系的图形，可以加入日历和历时后有效地管理和控制进度（见图 2-13）。
- 输出——进度数据：进度管理过程中所有数据及信息的合集，如进度里程碑、进度活动、活动属性、假设条件、制约因素、资源需求、进度储备等。
- 输出——项目日历：可用于开展进度活动的可用工作日和工作班次，一般是指剔除掉节假日和公休日的自然日历。

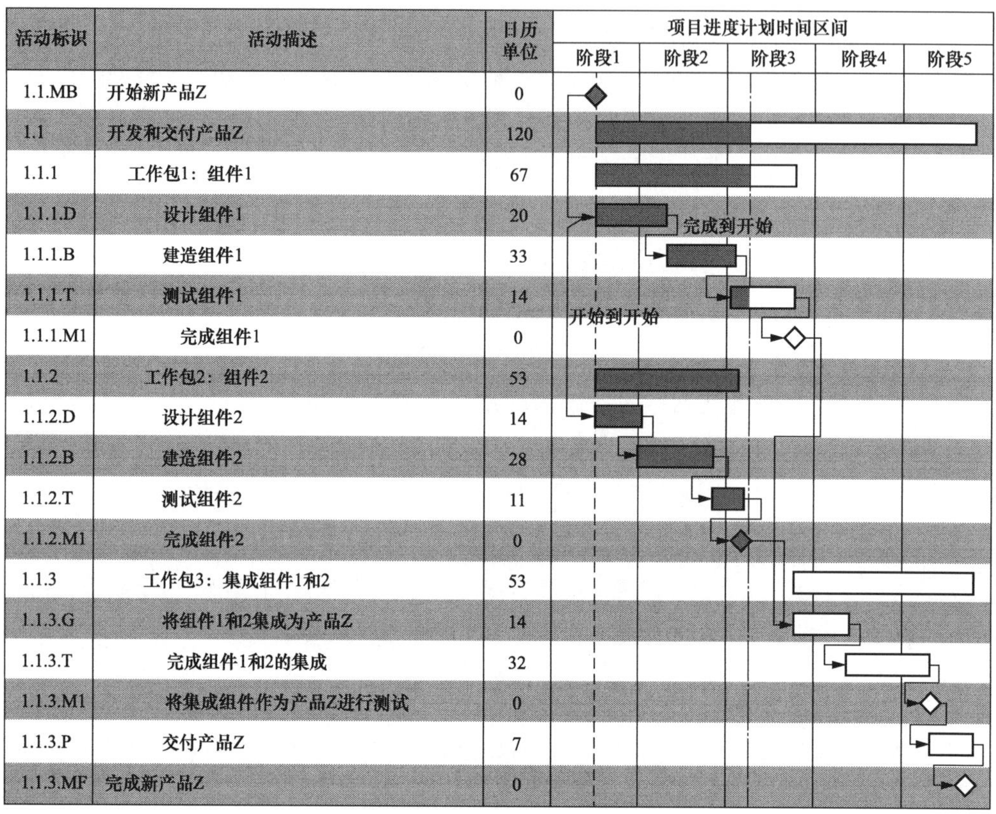

图 2-13 进度网络图

2. 重点工具

- 工具——进度网络分析：一种综合技术，它综合利用关键路径法、资源优化技术、建模技术、储备分析等各种技术反复分析，直到得出的进度计划可行为止。
- 工具——关键路径法：在不考虑任何资源限制的情况下，在进度模型中估算项目最短工期，判断进度灵活性的方法。
  - 网络图中最长的路径为关键路径，决定了项目的最短工期。
  - 关键路径至少有一条，也可能有多条，关键路径越多，风险越大。
  - 总浮动时间是指某项活动可以延误的时间，且延误不会影响项目的完工日期。
  - 自由浮动时间是指某项活动可以延误的时间，且延误不会影响这项活动任何一个紧后活动的最早开始时间。
  - 关键路径上的总浮动时间往往为 0，也可能为负数，如果某活动的总浮动时间为负数，必须通过进度压缩等方式进行解决。
  - 网络图示例如图 2-14 所示：
    - 网络图中共 3 条路径：AC 历时 11 天、AD 历时 13 天、BD 历时 12 天。
    - 路径 AD 历时最长，为关键路径，活动 A 与活动 D 为关键路径上的活动，总浮动时间均为 0。

◦ AC 与 BD 为非关键路径，活动 B 总浮动时间为 1 天、活动 C 总浮动时间 2 天。

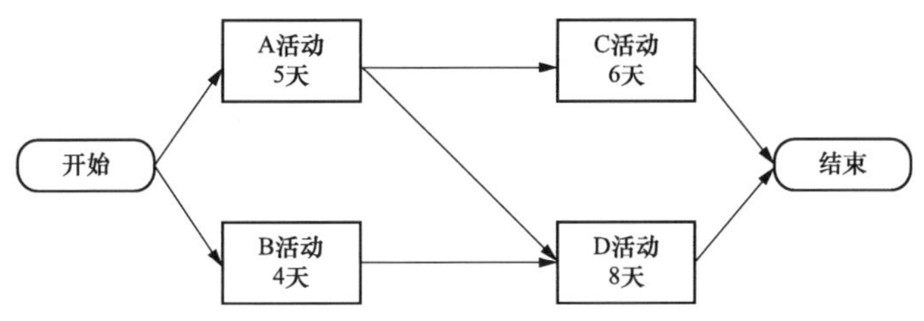

图 2-14　网络图示例

• 工具——资源优化：当项目所需资源不足、多活动共享的资源出现时间冲突或者在不同的时间段资源的需求差异很大时，通过调整活动的开工日期或完工日期，以平衡资源使用的方法。包括：
    ◆ 资源平衡：调整活动的开始时间或结束时间，平衡资源的使用，导致的结果是可能改变关键路径导致工期的延误。如图 2-15 所示，活动 A 与活动 B 同时开展，活动 C 属于活动 A 与活动 B 的紧后活动，关键路径为 16 小时，但是资源出现了过度分配情况；最终通过资源平衡，将 B 活动调整到 A 活动之后开展，导致整个项目延期 8 小时，关键路径变成 24 小时。

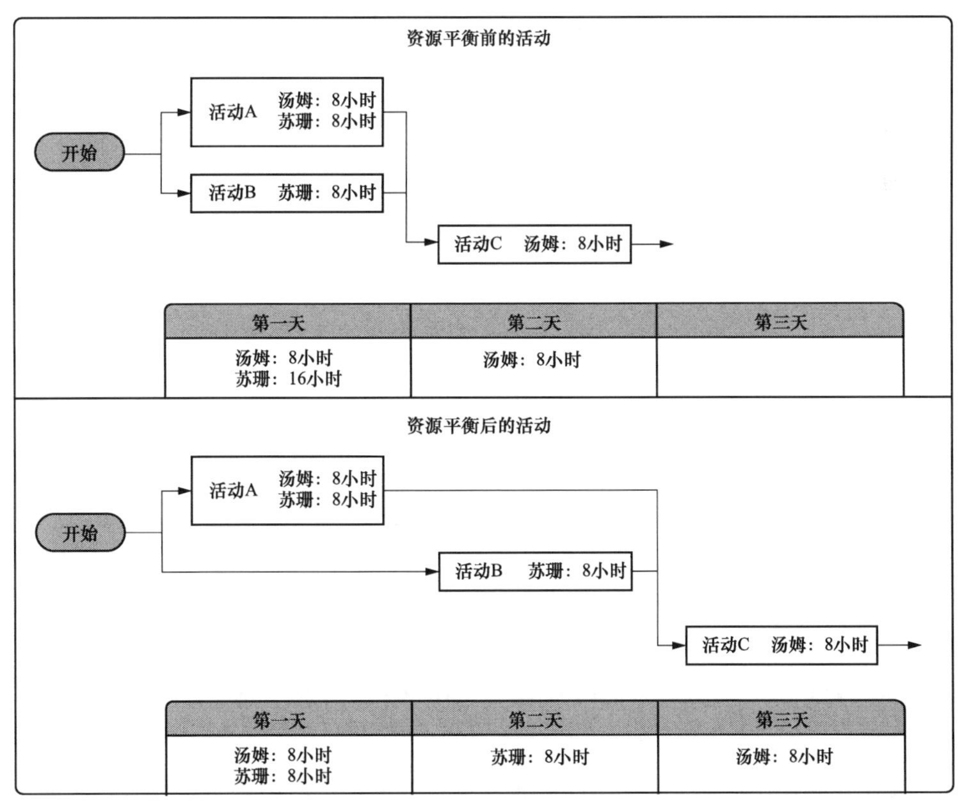

图 2-15　资源平衡示例

- ◆ 资源平滑：相对于资源平衡而言，资源平滑仅在活动的浮动时间内延迟，所以不会改变项目关键路径。
- 工具——假设情景分析：对各种情景进行评估，预测它们对项目目标的影响（积极的或消极的）。在本处是基于已有的进度计划，考虑各种各样的情景对项目的影响。根据假设情景分析的结果，评估项目进度计划在不同条件下的可行性，以及为应对意外情况的影响而编制进度储备和应对计划。
- 工具——模拟：参见第 2.10.4 节。
- 工具——提前量和滞后量：参见第 2.5.3 节。
- 工具——进度压缩：在不削减项目范围的前提下，缩短或加快项目进度，以满足进度目标的方法。包括以下两种技术：
  - ◆ 赶工：通过增加资源，来加快关键路径上的活动，可能导致成本的增加。
  - ◆ 快速跟进：将正常情况下按顺序进行的活动调整为并行开展，可能增加项目返工的风险。
- 工具——敏捷发布规划：当项目采用敏捷方法时，强调以迭代的方式快速交付，可能会失去产品的全局感，敏捷发布规划按时间轴的顺序，从产品愿景和产品路线图到产品的版本规划及每个版的迭代计划，再到每个迭代的功能进行整体规划，此部分相关内容参考第 4 章敏捷方法。

3. 本过程的注意要点

- 考题数量：5～8 道题。
- 关键路径相关的内容要重点掌握。
- 注意区分进度计划（实体计划，如具体每一天要完成什么任务）与进度管理计划（指导性计划，如定义如何编制进度计划、采用什么工具和方法控制进度等）。
- 注意区分赶工和快速跟进的特征：
  - ◆ 赶工：增加资源、考虑成本效益（成本投入最少的情况下缩短工期）、考虑关键路径。
  - ◆ 快速跟进：低风险活动上、选择性逻辑关系的活动。

注意：一般看到“成本节约”“进度落后”这样的关键词，首选赶工。

- 资源平衡和资源平滑解决的问题都是一样的，操作的原理也是一样的（将出现资源过度分配的时间段的任务，平衡到有资源空闲的时间段开展，以达到资源在不同时间段的分配相对均匀合理），只是资源平衡影响关键路径而资源平滑不影响关键路径。
- 逆推法与顺推法：通常用于在关键路径中结合网络图推导项目的开工时间或结束时间：
  - ◆ 顺推法是使用活动的最早开工日期从前往后推，推出项目的最早结束时间。
  - ◆ 逆推法是使用项目要求的最晚完工日期从后往前推，推出项目的最晚开始时间。

- 总浮动时间的正负问题：
  - 为正：说明项目要求的完工日期晚于项目的最早结束日期，项目工期灵活。
  - 为负：说明项目的最早结束日期晚于项目要求的完工日期，需要压缩进度。
  - 为 0：说明项目要求的完工日期等于项目的最早结束日期，项目工期正常。

2.5.6 控制进度

本过程是通过比较进度计划与实际进度绩效，分析进度偏差，发现问题并解决，从而维护进度基准变更的过程。表 2-32 描述了本过程的重点输入、重点工具/技术、重点输出。

表 2-32　　控制进度过程的重点输入、重点工具/技术、重点输出

重点输入	重点工具/技术	重点输出
• 进度基准 • 绩效测量基准 • 工作绩效数据	• 绩效审查 • 迭代燃尽图	• 进度预测

1. 重点输入与输出

- 输入——进度基准：需要进度基准与实际的进度情况进行比较。
- 输入——绩效测量基准：使用挣值分析进度时，需要用绩效测量基准作为比较依据。
- 输入——工作绩效数据：实际的项目进度数据，用于与基准进行比较分析偏差。
- 输出——进度预测：基于分析出的进度偏差数据，对项目未来的进度情况进行预测（譬如到目前为止项目已经延期 3 天，预估出项目还需要 10 天，以及在项目结束时总共可能会延期 5 天）。

2. 重点工具

- 工具——绩效审查：根据进度基准，测量、对比和分析进度绩效。可简单理解为：偏差分析是看正负，绩效审查是得到百分数，趋势分析是看走势。
- 工具——迭代燃尽图：在敏捷方法中，通过比较到目前为止实际剩余的工作量与计划剩余的工作量，从而分析项目的进度偏差并做出进度预测，具体内容参考第 4 章敏捷部分。

3. 本过程的注意要点

- 考题数量：1～3 道题。
- 控制进度与控制成本关系密切，挣值管理为这两个过程的重要工具（详见控制成本部分）。
- 关键路径法、资源优化、进度压缩等也是控制进度过程的重要工具，需要重点掌握。

2.5.7 练习题

1. 在一个项目中途，项目团队意识到他们低估了交付一部分产品的工作量，因此该项目将推迟两个月。项目经理下一步应该怎么做?

A. 与项目发起人沟通该推迟情况，并请求批准新的交付日期

B. 修改相关方参与计划以反映该变更，并请求相关方的批准

C. 通知相关方并管理他们的期望

D. 修改风险管理计划以反映该变更，并请求相关方的批准

2. 你负责的这个项目正在开发一个产品，这个产品能让人通过一个复杂的声音识别系统来使用电子邮件。但公司的市场营销部门通知你，公司的一个主要竞争对手正在开发一种类似的产品。起初你根据最早开始原则给项目编制了进度时间表，由于没有太大的时间压力，你决定使用资源平衡的做法。但是现在你有了市场竞争对手，因此需要开发一个与原计划尽可能接近的项目进度表。要这样做，你应该使用下列哪项?(多选，两项)

A. 按最晚开始时间排列关键路径　　B. 赶工

C. 快速跟进　　D. 资源平衡

E. 资源平滑

3. 应对于移动互联网时代的项目，进度管理过程常采用敏捷的方法来排列进度计划，以下描述错误的是?

A. 通过用户故事记录需求并排列优先级，用时间盒的方法控制每个迭代周期

B. 通过未完项或待开发项来描述未完成的需求

C. 为了确保每个迭代周期都能交付可用的产品，避免时间盒膨胀，每个迭代定义好的需求不能增加或变更

D. 通过迭代进度计划，以客户的需求为导向，增量交付产品

4. 资源平衡与资源平滑都是资源优化技术，它们的主要区别在于?

A. 资源平衡通过削峰填谷来解决资源不足

B. 资源平滑要解决资源被过度分配的情况

C. 资源平衡一般不需要额外的成本

D. 资源平衡会改变工期，通常是延长

5. 为了加快项目进度，你决定在全部的文件编写工作结束之前 3 天就开始文件印刷的版面设计工作。这是一种什么逻辑关系?

A. 带时间滞后量的开始到开始关系　　B. 带时间提前量的完成到开始关系

C. 带时间提前量的开始到开始关系　　D. 带时间滞后量的完成到开始关系

6. 评审项目绩效时，项目经理发现项目落后于进度。最应该做的是?

A. 让管理层知道　　B. 告诉客户

C. 寻找可以并行执行的任务　　D. 从项目移除资源到另一个没有失败的项目上

7. 你获得项目活动的三种估算。最乐观估算为 245 天，最悲观估算为 269 天，最可能估算为 257 天。这个活动对项目非常关键，你的项目发起人希望获得关于活动历时 95%的确定结果，你将向发起人汇报的信息是?

A. 265～273 天 B. 253～261 天 C. 261～277 天 D. 249～265 天

8. 项目背景及所处的环境日益变化，需要引入更先进的方法来管理进度，你通过按需进度计划排列工期，你应该？

A. 尽可能多地完成需求，根据客户的需求来排列进度计划

B. 通过看板体系，将所有的需求罗列，并按顺序逐个开发，最终统一交付

C. 对所有的需求进行优先级排序，并根据团队的能力评估工作量，以快速交付最有价值的产品

D. 任何时候，迭代或增量的开发方式都是适用的，因为它比传统的进度管理方式更能带来价值

9. 一个可行的进度计划，对于项目成功而言，特别重要，以下都是可行的方法，除了哪项？

A. 通过假设情景分析，并获取数据反复模拟结果，以确定最可能的工期

B. 找出关键路径，分析提前量与滞后量，并通过资源优化技术来缩短进度

C. 分析活动的逻辑关系和风险，并选择有效的进度压缩工具

D. 通过敏捷发布规划，确定产品迭代周期，快速满足用户的需求，以便降低风险，提升用户满意度

10. 一个项目由 4 项活动组成，活动 A、B、C、D。活动 A 需要 10 天，活动 B 需要 24 天，活动 C 需要 19 天，活动 D 需要 12 天。活动 A 和 B 之间存在完成开始关系。活动 A 和活动 C 存在完成开始关系，滞后 5 天。活动 B 和活动 D 存在完成开始关系，提前 2 天。活动 C 和活动 D 之间存在完成开始关系。根据以上依赖关系，完成项目的总时间是多少天？

A. 41 天 B. 44 天 C. 46 天 D. 48 天

答案及解析

1. 解析：答案 A。考点“过程：进度管理”。从题干分析，因为低估工作，项目有延期的风险，故 B、C 选项与题意无明确关系，可以排除；A、D 选项强调风险管理，但是 D 选项的修改风险管理计划不妥，计划在此时并没有问题，故 A 选项请求批准新的交付日期，属于风险应对措施中的延长进度，符合题意。

2. 解析：答案 B、C。考点“制订进度计划：工具”。从题干来看，之前有浮动时间，所以通过资源平衡平衡了资源，而资源平衡极有可能会延长工期；现在市场环境变化，需要提前工期，B、C 选项都可解决问题；A 选项，看不出与加快工期有什么关系，而且如果要加快进度应该是按最早开始时间排工期。

3. 解析：答案 C。考点“进度管理：敏捷方法”。敏捷方法中每个迭代的需求及需求池是可以动态变化的，每次变化需要重新调整优先级，为了保持时间盒不变，增加需要的同时要移除同等工作量的需要。

4. 解析：答案 D。考点“资源优化技术”。资源平衡的前提是资源不足，资源平衡会

导致工期延长。而资源平滑不改变工期，只在浮动时间内平衡。

5. 解析：答案 B。考点“排列活动顺序：工具”。“结束之前 3 天开始”表示带提前的完成到开始关系。

6. 解析：答案 C。考点“进度压缩”。进度落后，需要进度压缩，C 选项是进度压缩中的快速跟进。

7. 解析：答案 D。考点“三点估算”。三点估算，默认用贝塔分布：(tO＋4tM＋tP)/6＝257，标准差＝($P-O$)/6＝4。95%的确定结果，即 257±2σ＝(249－265)。

8. 解析：答案 C。考点“进度管理：敏捷方法”。按需进度计划也叫拉动式进度计划。即是在资源可用时立即从未完项和工作序列中提取出来开展。通常用于看板体系，适用于在运营或持续环境中以增量方式研发产品，且任务的规模或范围大小相对类似，或者可以按照规模或范围对任务进行组合的项目。

9. 解析：答案 B。考点“制订进度计划：工具”。A、B、C、D 选项均为此过程的工具，但是资源优化技术不是用来缩短进度的，而是为了优化资源的，故 B 选项不符合题意。

10. 解析：答案 C。考点“关键路径法计算”。总共两条路径：ABD＝A＋B＋D＝10＋24＋12－2＝44，ACD＝A＋C＋D＝10＋5＋19＋12＝46，关键路径为 46。

2.6 项目成本管理

项目成本管理是为了确保项目能够在批准的预算内完工，而对成本进行规划、估算、预算及筹资，并对成本进行管理和控制的过程。了解以下常见的成本类型：

- 直接成本：直接计入某项目的专属成本，如生产某产品的材料、全职人员的工资。
- 间接成本：不能直接计入某个项目的成本，需要通过多项目分摊，如管理费用。
- 机会成本：因为资源问题选择一个项目必定会放弃另一个项目，被放弃的项目可能带来的收益就是选择某个项目的机会成本。
- 沉没成本：到目前为止项目已经发生的成本。注意：在对项目进行继续或终止决策时应该关注机会成本而非沉没成本。

2.6.1 规划成本管理

本过程是制订一份指导性计划，定义如何估算成本、制定预算及控制成本的过程。表 2-33 描述了本过程的重点输入、重点工具/技术、重点输出。

表 2-33 规划成本管理过程的重点输入、重点工具/技术、重点输出

重点输入	重点工具/技术	重点输出
• 项目章程 • 进度管理计划 • 风险管理计划	无	• 成本管理计划

1. 重点输入与输出

- 输入——项目章程：章程中定义的项目总预算，以及对项目审批方面的要求会影响成本管理计划的规定。
- 输入——进度管理计划：项目管理过程中进度和成本需要综合起来考虑，进度的规划直接影响到项目成本。
- 输入——风险管理计划：对于风险管理的程度（如风险评审会的频率等）直接影响到项目成本。
- 输出——成本管理计划：描述如何规划、估算、控制成本的方法论，主要包括：
  - 计量单位：一般用货币单位（元、美元等）。
  - 精确度：可理解为项目成本估算的结果应该保留的小数位数。
  - 准确度：定义估算结果的可接受区间（如估算出来的成本为 100 万元，100 万元完工的可能性是 70%或是 90%）。
  - 其他：挣值管理的使用规则、成本报告编制的方法、成本控制临界点及方法、处理汇率波动的方法等。

2. 重点工具

本过程的工具不具有独特性，不做单独讲解。

3. 本过程的注意要点

- 考题数量：1～2 道题。
- 在选择成本单位时，一般使用货币单位，但有时候为了防止通货膨胀对估算结果的影响，可以使用非货币单位，如人天等。

2.6.2 估算成本

本过程是估算完成每一项工作所需要的成本的过程。表 2-34 描述了本过程的重点输入、重点工具/技术、重点输出。

表 2-34　　估算成本过程的重点输入、重点工具/技术、重点输出

重点输入	重点工具/技术	重点输出
• 成本管理计划 • 范围基准 • 项目进度计划 • 资源需求 • 风险登记册	• 类比估算 • 参数估算 • 自下而上估算 • 三点估算 • 储备分析 • 质量成本	• 成本估算 • 估算依据

1. 重点输入与输出

- 输入——成本管理计划：指导成本估算过程的方法论，如准确度要求、使用的单位、使用什么工具等。

- 输入——范围基准：描述了完成可交付成果、WBS 等所需要开展的工作及所需资源等情况，这属于估算需要参考的依据。
- 输入——项目进度计划：进度计划中有项目要完成的工作、所需的资源、资源使用的时间等信息，这均属于估算的重要参考依据。
- 输入——资源需求：估算成本的基础，如投入的资源数量直接影响项目成本。
- 输入——风险登记册：项目风险的情况会影响估算的结果，风险大的项目需要考虑更多的成本储备。
- 输出——成本估算：对完成某项活动所需成本的估算，可以基于不确定性加入应急储备或管理储备。
- 输出——估算依据：说明活动成本估算的结果是如何得出的。

2. 重点工具

- 工具——质量成本：用于统计开展质量管理工作所需花费的各种成本（预防、评估、内部失败、外部失败成本等），详见“2.7.1 规划质量管理”。
- 工具——其他重要工具：与估算活动持续时间使用的工具一样，如类比估算、参数估算、三点估算、自下而上估算、储备分析等。

3. 本过程的注意要点

- 考题数量：1～3 道题。
- 估算过程应该充分考虑项目的风险以预留出成本储备，以确保估算结果的合理性。
- 估算过程应该考虑所有的资源需求，以保证估算的准确性。
- 估算分为粗量级估算与确定性估算，区分：
  - 粗量级估算的准确度区间为－25%～75%，一般适用于项目的早期做预测。
  - 确定性估算的准确度区间为－5%～10%，一般在规划阶段制定预算时要达到此标准。

2.6.3 制定预算

本过程是把所有单个活动或工作包所需花费的成本汇总起来，经过批准形成项目成本基准的过程。表 2-35 描述了本过程的重点输入、重点工具/技术、重点输出。

表 2-35　　制定预算过程的重点输入、重点工具/技术、重点输出

重点输入	重点工具/技术	重点输出
• 估算依据 • 成本估算 • 项目进度计划 • 风险登记册 • 商业论证 • 效益管理计划 • 协议	• 成本汇总 • 历史信息审核 • 资金限制平衡 • 融资 • 储备分析	• 成本基准 • 项目资金需求

1. 重点输入与输出

- 输入——估算依据：估算依据中包含了估算单项活动成本的依据，在制定预算时再次确认以保证预算的合理性。
- 输入——成本估算：本过程就是将各个活动的成本汇总到工作包，再汇总到整个项目。
- 输入——项目进度计划：基于进度计划中每个活动的开始时间、结束时间，以确定各阶段的成本需求。
- 输入——风险登记册：基于风险登记册确定为应对风险所预留的储备。
- 输入——商业论证：商业论证在做可行性分析时定义了项目的成本目标，以此判断成本基准的合理性。
- 输入——效益管理计划：效益管理计划中包含了成本效益的计算，也可以判断成本基准的合理性。
- 输入——协议：采购材料的协议中包含了采购费用，这也是成本基准的组成部分。
- 输出——成本基准：将活动的成本汇总到工作包再汇总到控制账户，最后加上应急储备经过批准后形成成本基准。
  - 成本基准包含应急储备，但不包含管理储备。
  - 项目预算＝成本基准＋管理储备（有些项目没有管理储备，则成本基准就是项目预算）。
  - 如果出现变更或其他原因需要动用管理储备，这部分管理储备应该通过变更流程更新到基准中。
  - 成本基准按活动的时间分配到项目不同阶段后呈现 S 曲线形式，如图 2-16 所示。

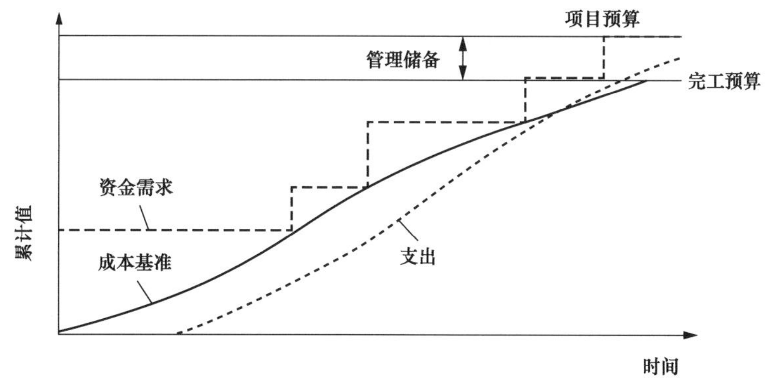

图 2-16　S 曲线示意图

- 输出——项目资金需求：项目资金的投入并不是按成本基准每天投入，而是按月、季度或项目阶段投入，此时就需要确定每个阶段或每个季度的项目资金需求，从而确定资金的支出计划。

2. 重点工具

- 工具——成本汇总：将活动的成本汇总到工作包，再将工作包的成本汇总到项目，逐级向上汇总。
- 工具——历史信息审核：根据以往相似的历史项目的最终实际成本，来判断当前项目的预算是否合理，如果不合理则需要重新调整预算。
- 工具——资金限制平衡：项目各阶段的资金支出最好能相对平衡，以便于财务工作的开展（如本季度的资金需求可能与成本中心本季度的资金支出计划相冲突，此时可能就需要平衡资金在每个季度的支出计划）。
- 工具——融资：带着项目去寻找投资方以获取资金。

3. 本过程的注意要点

- 考题数量：1～3 道题。
- 区分成本基准、项目预算与项目资金需求：
  - 成本基准是基于活动的开始时间及结束时间估算按时间段分配的成本，包含活动成本及应急储备。
  - 项目预算是项目所需资金的总和，包含成本基准及管理储备。
  - 项目资金需求是按阶段、月度或季度统计的活动资金需求。
- 历史信息审核与类比估算的区别：
  - 历史信息审核是指成本估算完毕后与以往项目的实际成本进行比较，判断估算的合理性。
  - 类比估算是基于之前项目的成本来粗略估算当前项目所需要的成本。

2.6.4 控制成本

本过程是通过比较成本基准与实际成本绩效，分析成本偏差，发现问题并解决，从而维护成本基准变更的过程。表 2-36 为本过程的重点输入、重点工具/技术、重点输出。

表 2-36 控制成本过程的重点输入、重点工具/技术、重点输出

重点输入	重点工具/技术	重点输出
• 成本基准 • 绩效测量基准 • 项目资金需求 • 工作绩效数据	• 数据分析 • 挣值分析 • 偏差分析 • 趋势分析 • 储备分析 • 完工尚需绩效指数	• 成本预测

1. 重点输入与输出

- 输入——成本基准：用于与实际的成本绩效作比较的基础，以判断是否有偏差。
- 输入——绩效测量基准：绩效测量基准是经批准的范围、成本、进度计划，在分析成本偏差时，需要综合考虑成本、范围与进度因素。

- 输入——项目资金需求：资金需求中包括到目前为止项目的预计债务与预计支出，用来与实际的成本数据进行比较以发现偏差。
- 输入——工作绩效数据：项目工作中收集回来的原始成本数据，用于与成本基准作比较以发现成本偏差。
- 输出——成本预测：通过挣值分析，在项目过程中的任意时间点计算出的 EAC（完工估算），代表基于当前的成本绩效情况，计算出的项目总共所需要的成本估算。

2. 重点工具

- 工具——数据分析：参见第 2.3.5 节。
- 工具——挣值分析：将实际的成本数据与绩效测量基准（进度、成本、范围整合形成的基准）进行比较的方法（见表 2-37），挣值分析的基础如下：
  - PV（Planned Value，计划价值）：为计划要完成的工作量批准的预算。
  - EV（Earned Value，挣值）：已完成工作量的计划价值。
  - AC（Actual Cost，实际成本）：已完成工作量花费的成本。
- 工具——偏差分析：通过将 PV（计划价值）、EV（挣值）、AC（实际成本）进行比较以分析成本或进度偏差情况（见表 2-37），主要分为：
  - SV（Schedule Variance，进度偏差）：SV＝EV－PV。
  - CV（Cost Variance，成本偏差）：CV＝EV－AC。
  - SPI（Schedule Performance Index，进度绩效指数）：SPI＝EV/PV。
  - CPI（Cost Performance Index，成本绩效指数）：CPI＝EV/AC。
  - VAC（Variance at Completion，完工偏差）：预计项目完工所需要的成本与预算之间的偏差。
- 工具——趋势分析：基于当前的成本或进度绩效数据，预测项目未来的走势（见表 2-37），主要分为：
  - BAC（Budget at Completion，完工预算）：为将要执行的工作所建立的全部预算的总和。
  - ETC（Estimate to Complete，完工尚需估算）：完成剩余项目工作所需要的预算。
  - EAC（Estimate at Completion，完工估算）：完成所有工作所需的预期总成本，等于截至目前的实际成本加上完工尚需估算。
- 工具——储备分析：参见第 2.5.4 节。
- 工具——完工尚需绩效指数：To-Complete Performance Index（TCPI），为了让项目达到特定的管理目标，剩下的资源必须达到的绩效水平，可理解为：为了实现目标，需要付出多大的努力（见表 2-37）。

表 2-37　　控制成本工具汇总

类型	缩写	名称	意义	举例
挣值分析	PV	计划价值	计划完成工作的预算	今天计划搬 100 块砖，每块砖的计划人工成本为 10 元 则：PV＝100×10＝1000 元
	EV	挣值	实际完成工作的价值	今天实际搬了 80 块砖，则：EV＝80×10＝800 元
	AC	实际成本	实际完成工作的成本	完成 80 块砖实际花费了 1200 元，则：AC＝1200 元
偏差分析	SV	进度偏差	到目前为止，计划价值与挣值的偏差 正值表示进度提前、负值表示进度落后	计划搬砖 100，实际搬砖 80 块 则：SV＝EV－PV＝800－1000＝－200 元
	CV	成本偏差	到目前为止，挣值与实际成本的偏差 正值表示成本节约、负值表示成本超支	搬 80 块砖应该花费 800 元，实际花费 1200 元 则：CV＝EV－AC＝800－1200＝－400 元
	SPI	进度绩效指数	挣值与计划价值的比值 大于 1 表示进度提前、小于 1 表示进度落后	结合上述案例： SPI＝EV/PV＝800/1000＝0.8
	CPI	成本绩效指数	挣值与实际成本的比值 大于 1 表示成本节约、小于 1 表示成本超支	结合上述案例： CPI＝EV/AC＝800/1200＝0.67
	VAC	完工偏差	截至当前时间，估算的项目完工时的总成本与项目总预算间的偏差	VAC＝BAC－EAC
趋势分析	BAC	完工预算	项目总预算、成本基准，PV 的总和＝BAC	总工作量为 1000 块砖，每块砖的计划人工成本为 10 元 则：BAC＝1000×10＝10000 元
	ETC	完工尚需估算	截至当前时间，剩余的工作所需要的预算有 4 种方式计算 ETC	1. 基于已完成工作的成本绩效来计算剩余工作的成本： ETC＝(BAC－EV)/CPI（默认计算方式） 2. 不考虑已完成工作的绩效，基于剩余的工作量来计算成本： ETC＝BAC－EV 3. 不再相信之前估算的数据，重新估算剩余工作量所需的成本：自下而上的估算（可通过 WBS 结构） 4. CPI 与 SPI 均会影响到剩下的成本： ETC＝(BAC－EV)/CPI・SPI

续表

类型	缩写	名称	意义	举例
趋势分析	EAC	完工估算	到目前为止项目的花费与剩余工作所需预算之和	EAC＝AC＋ETC
其他	TCPI	完工尚需绩效指数	为完成项目目标，资源需达到的绩效水平 大于1，表示需要很努力才能完成目标 小于1，表示很轻松就能完成目标	1. 保持原有的成本预算完成项目： TCPI＝(BAC－EV)/(BAC－AC) 2. 根据当前时间点估算的 EAC 完成项目： TCPI＝(BAC－EV)/(EAC－AC)

3. 本过程的注意要点

- 考题数量：3～5 道题。
- 挣值的计算为必考计算题，挣值分析必须掌握。
- 挣值的难点不在于公式的背诵，而在于理解每个词汇所代表的意思。
- 所有偏差分析的基础必须是 EV，基于完成工作的价值与计划价值或实际成本来比较分析进度偏差或成本偏差。
- BAC 为成本基准，一般不发生变化，除非成本基准发生变化。

2.6.5 练习题

1. 成本基准中通常包括以下各种成本，除了哪项？

   A. 活动所需全部资源的成本　B. 直接成本和间接成本

   C. 应急储备　D. 管理储备

2. 副总裁给你打来紧急电话，说她 15 分钟后要去见一个重要的客户，谈一个很大很复杂的关于网站的项目。她给你 30 秒钟的时间考虑，然后告诉她这个项目需要多少成本。你迅速回顾了过去的类似项目，虽然有些信息尚未知晓，但你还是给了她一个大概的数字。你刚才使用的是什么类型的估计方法？

   A. 确定性估计　B. 大致估算　C. 粗量级估算　D. 参数估算

3. 团队提交了项目报告，数据显示 CV＝0，SV＜0，你需要关注哪个？

   A. 成本节约　B. 进度提前　C. 成本超支　D. 进度落后

4. 根据挣值报告，项目已经完成了 30％。一个识别的“已知未知”风险出现了，项目经理只好选择动用风险储备金并采取一些必要的活动来解决风险带来的问题。接下来他该做什么？

   A. 进度基准应该改变，成本基准不变

   B. 成本基准应该改变，进度基准不变

   C. 进度和成本基准不应该改变，因为这是一个“已知的未知”

D. 进度和成本基准都应改变，以反映新的工作

5. 某项目 BAC＝5000，AC＝1200，EV＝1000，PV＝900，请计算：①目前的项目进度；②如果绩效维持最初计划状态到结束，则 EAC 为多少？

A. 16.7％，6000　　B. 20％，6000　　C. 20％，5200　　D. 16.7％，5200

6. 你是项目经理，正处于制定预算过程。你手里的项目范围说明书给出了一个 75000 美元的预算，但是那是去年在你没有进行详细分析之前的一个预算。下面的各种工具和技术，你将不会用到？（多选，两项）

A. 储备分析　　B. 资金限制平衡　　C. 融资　　D. 质量成本

E. 参数估算

7. 某个项目到目前为止的实际支出是 850000 美元，项目总预算为 900000 美元，当前挣值为 750000 美元，项目的状态是什么？

A. 超出预算 100000 美元　　B. 低于预算 50000 美元

C. 低于预算 100000 美元　　D. 超出预算 50000 美元

8. 有两个项目，目前的状态分别为：项目 1：SPI＝1.1，CPI＝1.2，CV＝300；项目 2：CPI＝2，SPI＝0.2，SV＝－200。请问下面描述哪个最合适？

A. 项目 1 成本低于预算，进度符合计划　B. 项目 1 成本低于预算，进度延迟

C. 项目 2 进度提前，成本低于预算　　D. 项目 2 进度延迟，成本低于预算

9. 应该使用下列哪一种定量方法来制定项目预算？

A. 帕累托图　　B. 参数估算　　C. 专家判断　　D. 挣值管理

10. 项目发起人要求项目经理确保在预算范围内交付产品，项目经理应使用什么技术？

A. 成本效益分析　B. 预防成本　　C. 面向 X 的设计　D. 统计抽样

答案及解析

1. 解析：答案 D。考点“成本基准”。成本基准包含活动及工作包的成本（包括直接成本与间接成本）再加上应急储备。管理储备不包含在成本基准当中。

2. 解析：答案 C。考点“估算成本”。A 选项不对，项目早期，信息不明确，不适合也没有办法做确定性估算。B 选项也不对，没这种叫法。C 选项正确，项目早期，应该使用类比估算，即快速的粗量级，这种方法的特征是快速但不准确，准确度在－25％至 75％之间。D 选项也不对，需要有参数输入的信息才能完成参数估算。

3. 解析：答案 D。考点“工具：挣值分析”。CV：成本偏差；SV：进度偏差。这样记：都＞0 是好事，＜0 是坏事。SV＜0，说明进度落后。详见挣值管理的基本概念。

4. 解析：答案 C。考点“工具：储备管理”。针对已知风险，使用应急储备。应急储备包含在成本基准和进度基准中，故使用它的时候，不会影响到成本或进度基准。

5. 解析：答案 C。考点“挣值分析、趋势分析”。①BAC＝5000，EV＝1000，进度是

EV/BAC＝1000/5000＝20％；②非典型偏差，EAC＝AC＋BAC－EV＝1200＋5000－1000＝5200。

6. 解析：答案 D、E。考点“估算成本/制定预算：工具”。A、B、C 选项均是此过程的工具，而 D、E 选项是估算成本的工具。

7. 解析：答案 A。考点“挣值管理、偏差分析”。CV＝EV－AC＝750000－850000＝－100000。

8. 解析：答案 D。考点“挣值管理、偏差分析”。CPI、SPI 以 1 为分界线。CV、SV 以 0 为分界线。分界线左边绩效差，分界线以上绩效符合计划，分界线右边绩效好。

9. 解析：答案 B。考点“估算成本：工具”。题干的关键词是：定量方法。B 选项，通过历史数据结合参数模型，符合题干；A 选项是质量管理的工具；D 选项是控制进度的工具，排除；C 选项是估算成本的工具，但 C 选项是定性的方法。

10. 解析：答案 A。考点“工具”。A 选项正确，强调的是分析成本与产出之间的关系；B 选项强调的是为确保开发合格的产品而投入的如培训、过程改进等成本；C 选项强调的是设计产品要重点关注的目标；D 选项强调的是对产品进行抽样检查。

2.7 项目质量管理

项目质量管理主要是基于组织的质量政策结合相关方对质量的要求制定质量标准，并设法满足质量标准的过程。质量管理的水平等级见表 2-38。

表 2-38　项目质量管理的水平等级

等级/水平	等级描述	等级详细说明
1 级（最差）	外部失败成本	产品出现质量问题，被客户发现，然后进行补救
2 级	检查与纠正	内部检查以发现缺陷，在进入市场前补救
3 级	持续过程改进	优化生产过程以确保合格的质量
4 级	设计与预防	提前定义出有效合理的标准，以指导生产过程
5 级（最好）	文化理念	在整个组织中宣导质量的理念与文化，让团队成员形成一种满足高质量的愿景与组织氛围

质量管理的核心理念如下。

(1) 预防胜于检查：将资源投入在预防（好的设计、培训等）上，避免通过检查来保证质量。

(2) 零缺陷：一次就把事情做对，可以避免返工与材料浪费，才是最节省成本的方式。

(3) 及时制生产：根据市场的需求安排生产，没有多余的库存，也可以促进大家提高质量，从而节省库存成本，从而达到“零库存”的状态。

（4）持续改进：组织往往无法承受变革式的改进，而持续的过程改进，也能获得好的效果。

（5）管理层责任：选择大于努力，对于质量事故，管理层提供的是方向与监督，要承担 85%的责任，而执行者是方法与执行，只需要承担 15%的责任。

（6）全面质量管理：全员参与质量管理，在生产过程中，任何一个人的失误都会带来极大的后果，每个人都要对质量负责。

2.7.1 规划质量管理

本过程是定义出项目及可交付成果的质量标准，并确定如何达成这些质量标准的方法的过程。表 2-39 描述了本过程的重点输入、重点工具/技术、重点输出。

表 2-39　　规划质量管理过程的重点输入、重点工具/技术、重点输出

重点输入	重点工具/技术	重点输出
• 项目章程 • 范围基准 • 需求文件 • 需求跟踪矩阵 • 风险登记册 • 相关方登记册	• 数据分析 ✧成本效益分析 ✧质量成本 • 数据表现 ✧流程图 ✧逻辑数据模型 ✧矩阵图 • 测试与检查的规划	• 质量管理计划 • 质量测量指标

1. 重点输入与输出

- 输入——项目章程：章程中定义的项目成功标准，经过细化会成为项目质量标准。
- 输入——范围基准：范围基准中有可交付成果的验收标准，会成为项目质量标准。
- 输入——需求文件：需求文件中包含了需求的验收标准，会成为项目质量标准。
- 输入——需求跟踪矩阵：需求跟踪矩阵可以确保需求都得以实现并被测试与验收，这些测试和验收的规范会成为质量管理计划的参考。
- 输入——风险登记册：项目识别的各项风险可能会对项目质量目标产生影响。
- 输入——相关方登记册：定义质量标准时需要考虑相关方对质量方面的要求。
- 输出——质量管理计划：描述如何在组织质量政策的指导下开展质量工作，以达成项目质量目标的方法论。主要内容包括：
  - 项目将采用的质量标准：基于不同的项目选择不同的标准，如 ISO 9000。
  - 项目的质量目标：如项目必须符合某个行业的相关规定。
  - 质量角色与职责：团队成员在质量管理中担任的角色。
  - 质量管理流程与工具：确保质量目标达成的具体工具的选择与工作流程。
  - 质量审计的要求：哪些成果必须接受质量内部或外部的审计。

- 输出——质量测量指标：描述项目或产品具体属性的可量化指标（如材料中某有害成分的占比等），包括如何验证质量符合测量指标程度。

2. 重点工具

- 工具——成本效益分析：将为质量管理活动投入的成本与产出的效益进行比较的财务分析工具，在定义质量标准时要考虑成本的投入，随着质量标准的提高投入的成本会成倍增加，通过成本效益的分析以确定合理的质量边界。
- 工具——质量成本：用于统计开展质量管理工作所需花费的所有总成本。包括：
  - 预防成本：为预防产品不合格所投入的成本，如员工培训、生产线改造。
  - 评估成本：检查或评估产品过程所产生的成本，如测试、抽样检查。
  - 内部失败成本：执行组织发现产品缺陷后对产品修复所产生的成本。
  - 外部失败成本：外部客户或用户发现产品质量不符合预期，而产生的一系列成本，如赔偿、召回费用、市场口碑下降等。
- 工具——流程图：通过图形的方式来表示产品在生产过程中各个环节之间的逻辑关系、业务流向，基于每个环节之间的关系来预测可能的问题以提前预防与改进。
- 工具——逻辑数据模型：数据库开发过程的数据库建模技术，常用于软件开发行为，主要是分析数据之间的业务逻辑，以确保软件开发项目的数据完整性。
- 工具——矩阵图：用于表示多组变量或多个变量之间的关系，以识别出对质量改进有重要作用的指标，常见的矩阵图见表 2-40。

表 2-40　　矩阵图类型

类型	详细说明
屋顶型	表示一组变量中各个变量之间的相互关系
L 型	表示两组变量之间的相互关系
T 型	表示三组变量中，其中一组变量与另外两组变量之间的关系
X 型	表示四组变量中，每组变量与其他两组变量之间的关系

- 工具——测试与检查的规划：团队成员定义的关于如何测试和检查产品的方法，不同的行业方法不一样，如软件行业的黑盒白盒、工程行业的红外线无损测试等。

3. 本过程的注意要点

- 考题数量：3～5 道题。
- 精确与准确：精确强调多次的结果非常接近，准确强调结果接近目标的程度。
- 质量与等级：质量强调是否符合质量标准、有无缺陷，等级强调功能的多少，低质量高等级的产品往往是问题，而高质量低等级的产品往往可以接受。
- 预防与评估成本又称一致性成本、内部失败与外部失败成本又称非一致性成本。
- 质量管理计划中的质量标准与质量测量指标：

- 质量标准强调更宏观、更高层次的目标，如手机必须符合 3C 标准。
- 质量测量指标是具体可以量化的指标，如手机电池容量要达到 8000 毫安。

2.7.2 管理质量

本过程是将质量管理计划中的内容细化为质量工作并落地执行，同时持续开展质量改进的过程。本过程的几大主要任务如下：

- 开展质量活动，执行质量工作，以开发出符合质量要求的产品。
- 持续改进，提升质量活动或质量管理过程的效果与效率。
- 建立质量信心，让团队及相关方相信项目在完工时能够实现预期的目标与期望。
- 评估质量标准，确保使用正确可行的标准开展质量工作。

表 2-41 为本过程的重点输入、重点工具/技术、重点输出。

表 2-41　　管理质量过程的重点输入、重点工具/技术、重点输出

重点输入	重点工具/技术	重点输出
• 质量管理计划 • 质量控制测量结果 • 质量测量指标 • 风险报告	• 核对单 • 过程分析 • 根本原因分析 • 因果图 • 直方图 • 散点图 • 审计 • 面向 X 的设计 • 问题解决 • 质量改进方法	• 质量报告 • 测试和评估文件

1. 重点输入与输出

- 输入——质量管理计划：定义了项目的质量标准，以及实现质量标准的方法及流程，用于指导管理质量过程。
- 输入——质量控制测量结果：该文件记录了可交付成果的质量符合质量标准的程度，可基于这些信息来确定质量改进的措施。
- 输入——质量测量指标：质量工作需要基于质量测量指标的要求来开展，以确保交付的结果符合指标要求。
- 输入——风险报告：项目中识别的各种风险，可能会对项目的质量目标产生影响，需要基于这些影响来制定应对措施。
- 输出——质量报告：团队上报的全部质量管理问题，如质量达标情况、缺陷率、各种质量问题，以及针对问题的改进措施与建议等。
- 输出——测试和评估文件：质量管理过程中的各项质量目标的实现情况，团队开展质量工作的状态数据，如测试数据、团队质量工作评估报告。

2. 重点工具

- 工具——核对单（checklist）：将所有的工作步骤或检查步骤通过结构化的方法形成清单，逐步开展以确保每一个步骤都能得到执行。
- 工具——过程分析：通过对产品开发过程的整体流程进行深入分析，找出过程中造成浪费或不产生价值的工作并消除，以提升整个过程的效率。
- 工具——根本原因分析：从根源上找到引发质量问题的原因并消除，如 5W 法（5 个为什么）等。
- 工具——因果图：又称鱼骨图或石川图，用于分析导致某问题的一系列原因，并通过结构化的方法逐级深入追溯根本原因的方法，如图 2-17 所示。

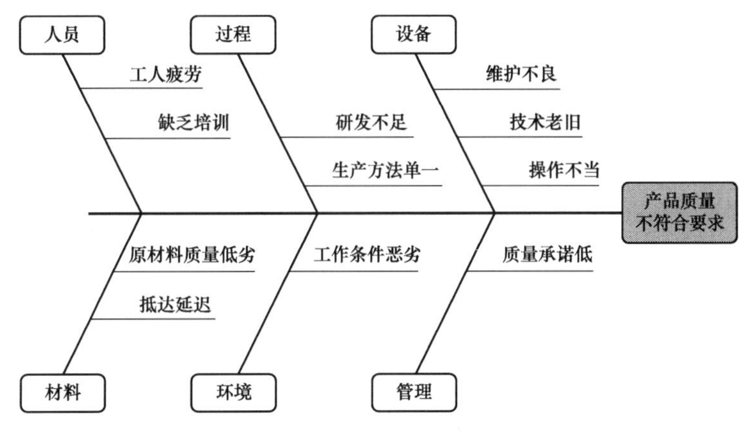

图 2-17 因果图

- 工具——直方图：又称柱状图，用柱子的方式展示各种问题发生的频率，柱子的高矮顺序体现了问题发生的频率高低。另外，直方图可以根据柱子的高矮顺序排序，以找出引发问题的主要原因，这种属于特殊的直方图，又称帕累托图。
- 工具——散点图：一种典型的回归分析，用 X 轴表示自变量，Y 轴表示因变量，以显示两个变量之间的关系，关系分为正相关、负相关、强相关、弱相关，如果统计的结果接近某条斜线，则说明为强相关，否则为弱相关，如图 2-18 所示。

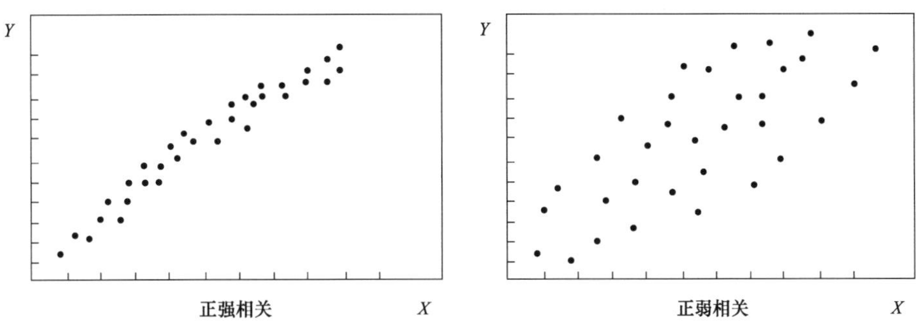

图 2-18 散点图

- 工具——审计：按事先规定的审查程序对质量管理活动进行结构化审查，确保质量管理工作的合规性，并总结质量管理过程中的经验教训。主要包括：
  - 识别全部正在实施的良好及最佳实践。
  - 识别所有违规做法、差距及不足。
  - 分享所在组织和/或行业中类似项目的良好实践。
  - 积极、主动地提供协助，以改进过程的执行，从而帮助团队提高生产效率。
  - 确认已批准的变更请求的实施情况。
  - 持续为组织过程资产积累做贡献。
- 工具——面向 X 的设计：产品的设计过程可以考虑各种特性要求，如可靠性、成本、服务、可用性、安全性和质量，用 X 来表示其中某种特性，以便在产品设计中重点考虑这种特性。
- 工具——问题解决：针对项目的各种质量问题，找到解决问题的解决方案。主要流程如下：
  - 定义问题。
  - 识别根本原因。
  - 生成可能的解决方案。
  - 选择最佳解决方案。
  - 执行解决方案。
  - 验证解决方案的有效性。
- 工具——质量改进方法：基于过程分析中发现的问题进行改进，以使生产过程更稳定、更高效，常用方法：PDCA（计划—实施—检查—行动）循环、六西格玛等。

3. 本过程的注意要点

- 考题数量：3～5 道题。
- 质量改进的方法主要有 PDCA（计划—实施—检查—行动）循环和六西格玛，PDCA 循环是质量改进的基础。
- 管理质量又称为质量保证，管理质量强调过程（强调高效的执行项目过程、持续的过程改进）。
- 管理质量是所有相关方（项目经理、团队、发起人、管理层、客户等）的共同职责，即全员参与质量保证过程。
- 效果与效率的区别：
  - 效果：强调开展的工作符合项目质量目标的要求。
  - 效率：强调只开展对实现项目质量目标有帮助的工作。

2.7.3 控制质量

本过程是检查项目可交付成果或工作是否已经符合质量标准，并满足主要相关方的质量要求的过程。表 2-42 为本过程的重点输入、重点工具/技术、重点输出。

表 2-42 控制质量过程的重点输入、重点工具/技术、重点输出

重点输入	重点工具/技术	重点输出
• 质量管理计划 • 质量测量指标 • 测试与评估文件 • 批准的变更请求 • 可交付成果	• 核查表 • 统计抽样 • 测试/产品评估 • 控制图	• 质量控制测量结果 • 核实的可交付成果

1. 重点输入与输出

- 输入——质量管理计划：用于指导控制质量的工作，并确定成果是否满足质量目标。
- 输入——质量测量指标：用于验证可交付成果是否符合质量要求的依据。
- 输入——测试与评估文件：记录了各项质量目标的达成情况，用于评估质量目标的实现程度。
- 输入——批准的变更请求：经批准的变更请求的实施情况需要进行核实，以判断执行结果的正确性。
- 输入——可交付成果：执行过程中的成果，用于与质量测量指标进行比较以判断成果是否合格。
- 输出——质量控制测量结果：对项目工作或可交付成果进行质量检查过程的结果记录。
- 输出——核实的可交付成果：通过将可交付成果与质量标准及质量测量指标进行比较后，判定为质量合格的成果。

2. 重点工具

- 工具——核查表（checksheets）：又称检查表、统计表，用于检查质量过程中统计、记录缺陷数据的表格。
- 工具——统计抽样：为了节省时间或成本，选择少量具有代表性的样品进行检查，并基于检查结果推导出整体产品的质量情况的方法，使用场景：如数量多、破坏性测试、产品经不起检查等情况。
- 工具——测试/产品评估：使用质量管理计划中定义的测试方法找出产品或服务中存在的错误、缺陷或其他不合规问题。
- 工具——控制图：通过一段时间的持续观察与统计，分析一个过程的趋势，用于判断过程是否稳定的图形技术，如图 2-19 所示，控制图的关注要素如下：
  - 目标值：如图中线的位置，表示质量的目标值，如重量目标值为 10g。
  - 控制上下限：如下图在中线两边的线，允许偏差的最大值和最小值，通常设置目标值$\pm 3\sigma$的位置，如标准差为 0.1 克，则控制上限设置在 10.3 克、控制下限设

置在 9.7 克。

- 失控判断：任何一个点超出控制上下限、连续 7 个点都在目标值（中线）的一侧、连续 7 个点呈现上升或下降的趋势，都表示失控，一旦过程失控就需要分析原因制订解决方案。

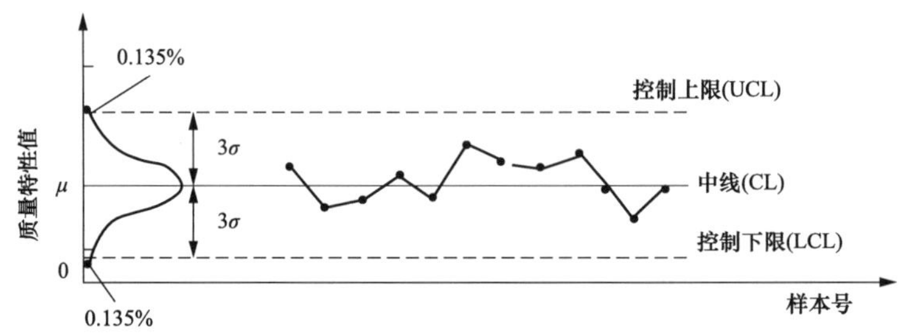

图 2-19　控制图

3. 本过程的注意要点

- 考题数量：3～5 道题。
- 控制质量强调结果（强调对结果的质量检查、纠正和修复缺陷）。
- 区分控制质量与确认范围：控制质量是在检查质量规范，判断质量是否合格；确认范围是在确认需求或功能是否具备或实现，强调验收。按顺序来讲，控制质量在前，确认范围在后。
- 核对单与核查表的区别：

  核对单：英文 checklist，是一系列经过结构化排列的检查步骤，如第一步检查外观、第二步检查亮度等。

  核查表：英文 checksheets，是统计检查结果的表格。
- 质量管理全过程的工具都是考点，要记住每个工具对应的特征，见表 2-43。

表 2-43　　工具使用场景

工具	场景
因果图	寻找问题的根本原因
流程图	通过过程之间的关系预测问题
散点图	寻找两个变量之间的关系
矩阵图	寻找多个、多组变量之间的关系
控制图	判断过程是否稳定、受控
核对单	确保所有步骤得到执行、一致性的结果
核查表	统计并记录检查出来的问题

- 质量管理三大过程的区别见表 2-44。

表 2-44 质量管理三大过程区别

规划质量管理	管理质量	控制质量
定义质量标准与政策 定义质量测量指标 定义质量管理方法论	执行质量管理标准 提升相关方的信心 开展过程改进 评估质量标准的合理性	检查质量是否合格 对缺陷进行纠正

2.7.4 练习题

1. 团队正在开展质量规划会议，一句团队成员提及，管理层希望产品设计能达到最佳质量标准，你应该？

   A. 通过流程图预测质量问题　　B. 通过成本效益分析
   C. 通过矩阵图寻找各因素之间的关联性　　D. 开展质量成本分析

2. 一项目经理和公司中设计铁路设备的团队要设计一台能将石头装载到火车上的机器。该项目允许损耗 2%，也就是每天能损耗超过 2 吨的石块。项目经理在下列哪项中记录该项目的质量控制、质量保证和质量改进方法？

   A. 质量管理计划　　B. 质量政策　　C. 质量测量指标　　D. 项目管理计划

3. PMO 经理正在为公司的项目经理提供有关的管理方面的培训，他说对于每个项目，项目经理都需要制定相关的质量标准并确定如何满足这些标准。PMO 经理所指的是下列哪一份文件？

   A. 质量核对单　　B. 质量管理计划　　C. 质量政策　　D. 质量测量指标

4. 作为项目经理，你管理着一个国际项目。项目合同要求项目经理必须编制项目计划和质量管理计划。项目团队的主要成员正在编制质量管理计划。为编制该计划，首先你需要做什么？

   A. 确定在质量管理过程中所需要的具体的度量指标
   B. 识别适合于该项目的质量标准
   C. 获取与项目相关的质量政策
   D. 明确该项目的质量管理职责

5. 质量控制部门向你提交的质量测量结果，你基于此结果，评估发现因为团队工作状态不佳导致出现了本来可控的质量问题，你正在？

   A. 管理质量　　B. 控制质量　　C. 监控项目　　D. 根本原因分析

6. 你在一家建筑公司任项目经理，该项目是建造一座新的城市办公大楼。你最近检查了建筑进程以判断工程进度是否符合要求和质量标准。你会用到下列哪种质量控制技术？

   A. 绩效测量　　B. 检查　　C. 审计　　D. 预防

7. QC 部门向你反映，最近产品频繁出错，你最好通过什么方法解决？

   A. 加强检查，以发现问题

B. 通过审计，判断团队执行过程是否符合要求，同时发现过程中的问题并改进

C. 重新制定质量标准

D. 质量问题不由项目经理负责

8. 在项目工作完成后，与客户一起召开会议交付 4 个项目成果。客户接收 4 个成果中的 2 个，并表示剩余 2 个产品不满足要求。交付产品之前，项目经理应该遵循哪个流程来确保与客户期望保持一致？

A. 控制质量　　B. 管理相关方参与

C. 管理质量　　D. 执行质量审计

9. 一个项目都有特定的服务水平协议，以保证对客户的服务质量。项目经理应使用什么样的工具，来确定该服务的稳定性，以及它的可预测性？

A. 控制图　　B. 过程分析

C. 流程图　　D. 标杆对照

10. 一个项目涉及来自一个知名供应商的硬件，在项目的中间阶段，该项目经理注意到硬件的质量下降。一名团队成员希望立即开展质量检查，你可能需要哪一份文档？

A. 质量测量指标　　B. 风险登记册

C. 采购协议　　D. 绩效报告

答案及解析

1. 解析：答案 B。考点“工具——成本效益分析”。强调寻找边际效应来定义最佳质量标准，即边际成本投入＝边际收益时，质量最好。D 选项的质量成本是分析项目过程中的一致性成本（预防成本、评估成本）与非一致成本（内部失败成本、外部失败成本）。

2. 解析：答案 A。考点“质量管理计划”。质量管理计划，项目或项目集管理计划的组成部分，描述如何实施适用的政策、程序和指南以实现质量目标。注意 C 选项不是方法论，而是具体的成果测量指标的定义。

3. 解析：答案 B。考点“质量管理计划”。质量管理计划是项目管理计划的组成部分，描述如何实施适用的政策、程序和指南以实现质量目标，故 B 选项符合题意；A 选项，质量核对单是用来核实所要求的一系列步骤是否已得到执行的结构化工具；C 选项，质量政策是项目质量管理知识领域中的专有政策，是组织在实施质量管理体系时必须遵守的基本原则；D 选项，质量测量指标，专用于描述项目或产品属性，以及控制质量过程将如何验证质量符合测量指标程度。

4. 解析：答案 C。考点“规划质量管理：输入”。事业环境因素：质量政策。质量标准要满足组织制定政策；A、B 选项应该是具体的质量标准，属于输出；D 选项属于质量管理计划的内容，也是输出。

5. 解析：答案 A。考点“过程理解：管理质量”。从题干分析，你正在用控制质量过

程输出的质量控制结果分析过程的有效性，故属于管理质量的内容，质量控制测量结果属于管理质量的输入；D 选项，题干并没有强调寻找根本原因并制订解决方案，故还是 A 选项更符合题意。

6. 解析：答案 B。考点“控制质量：工具”。针对结果是否满足标准进行检查。C 选项，审计是管理质量的工具，针对过程改进。

7. 解析：答案 B。考点“管理质量：工具”。质量审计强调的是过程改进，按质量管理的原则：理念文化—预防—过程改进—评估—外部失败。B 选项符合原则；预防胜于检查，故 A 选项不妥；题干并未强调标准不可行，故 C 选项排除。

8. 解析：答案 A。考点“过程：控制质量”。题干强调在交付前保持一致，应该通过对成果的一致性检查，即控制质量；B 选项强调与相关方合作；C 选项强调改进过程提升效率；D 选项属于 C 选项的工具，也是强调改进。

9. 解析：答案 A。考点“规划质量：工具”。A 选项，控制图直观地反映某个过程随时间推移的运行情况，以及何时发生了特殊原因引起的变化，而导致该过程失控，控制图有助于评价过程变更是否达到了预期的改进效果，判断过程是否稳定；B 选项是分析过程中的非增值环节，消除非增值环节以提升过程的效率；C 选项显示各步骤的关系用来预测问题；D 选项用来比较以确定最佳实践。

10. 解析：答案 A。考点“控制质量：输入”。质量测量指标，用于描述项目或产品属性，以及控制质量过程将如何验证质量符合测量指标程度。注意 C 选项也是控制质量的输入，但是它强调的是对供应商的履约规定及合同条款，检查过程可以作为辅助的文档。

2.8 项目资源管理

项目资源管理是为了完成项目目标而识别、获取和管理所需的人力资源（团队成员）与实物资源（材料、设备等）的过程。资源管理新型实践包括：

- 资源管理方法：为了应对关键资源的短缺，涌现了一些新型的资源管理方法，如精益管理、JIT 准时制、持续改进、全面生产维护及约束理论等。
- 情商（EI）：项目经理应该提升自我情绪管理能力和人际关系能力。
- 自组织团队：在敏捷方法中普遍使用的自组织团队，强调为团队创造支持与信任的氛围，支持自我管理与自我决策（详见敏捷方法部分）。
- 虚拟团队/分布式团队：信息化的发展推动了虚拟团队或跨地域团队的组建，即团队分布在不同的地理位置，通过信息化的手段进行远程协作。

2.8.1 规划资源管理

本过程是定义如何估算、获取、管理和利用团队及实物资源的过程。表 2-45 为本过程的重点输入、重点工具/技术、重点输出。

表 2-45　　规划资源管理过程的重点输入、重点工具/技术、重点输出

重点输入	重点工具/技术	重点输出
• 项目章程 • 项目进度计划 • 风险登记册 • 相关方登记册	• 数据表现 ✧层级型 ✧责任分配矩阵 ✧文本型 • 组织理论	• 资源管理计划 • 团队章程

1. 重点输入与输出

- 输入——项目章程：章程中包含了影响项目资源的核心相关方名单，以及为项目预分配的人员名单。
- 输入——项目进度计划：项目进度计划中包含了需要使用资源的时间段。
- 输入——风险登记册：项目的风险数量与严重性，对资源的规划会产生影响。例如：风险较大的项目，选择资源时需考虑资源管理风险的能力与水平。
- 输入——相关方登记册：可以从相关方登记册中识别到各种资源的所有者，以便于合理规划资源计划。
- 输出——资源管理计划：描述如何对项目资源进行识别、分类、分配及管理的方法论。内容详见表 2-46。

表 2-46　　资源管理计划内容

内容	说明
识别资源	识别项目所需资源的方法
获取资源	如何招募团队及获取实物资源的方法
角色与职责	团队成员的职位、在项目上的决策权、在项目中承担的工作职责以及完成各项工作所需具备的能力的定义
项目组织图	显示成员之间层级关系的组织架构图
团队资源管理	如何对团队成员进行管理的方法
培训	如何针对团队成员开展培训
团队建设	如何开展团队建设
资源控制	控制实物资源在项目中有效使用的方法
认可计划	如何对团队进行认可和奖励

- 输出——团队章程：基本规则，定义团队共同价值观及相互认可的行为方式的文件。
  - 确定团队成员之间可接受的行为并一致遵守。
  - 可以减少项目过程中的冲突与误解，提高生产力。

2. 重点工具

- 工具——层级型：自下而上地展示各种元素之间层级关系的图形。

- OBS（组织分解结构）：优化后的组织架构图，在组织架构图中的各部门与团队成员上关联项目的活动或工作包，以便于快速统计每个部门所承担的工作职责。
- RBS（资源分解结构）：项目所需全部资源的层级分解（详见“估算活动资源”子过程）。
- WBS（工作分解结构）：可交付成果的层级分解（详见“创建 WBS”子过程），可以帮助明确高层级的职责。

- 工具——责任分配矩阵：将工作包或活动与团队成员之间进行关联，以明确每个团队成员的职责，常见于 RACI（执行 Responsible、负责 Accountable、咨询 Consult、知情 Inform）矩阵（见图 2-20），以活动“收集需求”举例：
  - 安在“收集需求”的活动中拥有知情权。
  - 本在“收集需求”活动中的职责是负责，即承担最终责任。
  - 卡洛斯在“收集需求”活动中的职责是执行，即干活的人。
  - 迪娜在“收集需求”活动中的职责是咨询，即提供专家建议。

活动	人员				
	安	本	卡洛斯	迪娜	艾德
创建章程	A	R	I	I	I
收集需求	I	A	R	C	C
提交变更请求	I	A	R	R	C
制订测试计划	A	C	I	I	R
	R=执行　A=负责　C=咨询　I=知情				

图 2-20　RACI 矩阵示例

- 工具——文本型：详细描述团队成员角色及职责的文档，如招聘过程中使用的岗位职责说明。
- 工具——组织理论：阐述了个人、团队或组织部门的行为方式，不同的组织结构下，项目经理可行使的领导风格会有差异，如在弱矩阵下项目经理很难使用指令式的领导风格。

3. 本过程的注意要点

- 考题数量：1～3 道题。
- 资源管理分为人与物，而对人的管理难度远大于对物的管理，在制订资源管理计划时，要考虑到人的独特性、性格、态度等因素，同时要站在尊重人的角度考虑问题。
- RACI（执行、负责、咨询、知情）矩阵只是 RAM（责任分配矩阵）的一种形式，这种形式可以明确每个成员的职责。
- 在 RACI（执行、负责、咨询、知情）矩阵中，RCI（执行、咨询、知情）三种职责都可以由多个人承担，但 A（负责）的职责只能是唯一的责任人。

2.8.2 估算活动资源

本过程是估算开展项目工作所需要的团队资源及实物资源的类型与数量的过程。表 2-47 为本过程的重点输入、重点工具/技术、重点输出。

表 2-47 估算活动资源过程的重点输入、重点工具/技术、重点输出

重点输入	重点工具/技术	重点输出
• 资源管理计划 • 范围基准 • 活动属性 • 活动清单 • 成本估算 • 资源日历 • 风险登记册	无	• 资源需求 • 估算依据 • 资源分解结构

1. 重点输入与输出

- 输入——资源管理计划：定义了资源识别和估算的方法，指导活动资源的估算。
- 输入——范围基准：基于项目范围、产品范围及 WBS 确定资源需求。
- 输入——活动属性：活动属性中定义了具体每个活动的资源需求。
- 输入——活动清单：根据活动清单中的具体活动来确定资源需求。
- 输入——成本估算：不同资源的成本存在差异，选择资源时需要考虑到成本的限制，如某个资源的成本可能过高，则可能需要调整为更便宜的资源。
- 输入——资源日历：定义了资源的可用时间，选择资源时需要考虑资源是否可用。
- 输入——风险登记册：项目的风险数量及大小直接影响资源的选择，譬如风险大的项目会选择更有经验的资源。
- 输出——资源需求：完成每个工作包或每项活动所需要的资源的类型与数量。
- 输出——估算依据：证明估算出的结果合理性的支撑文件，如估算方法、假设条件。
- 输出——资源分解结构：整个项目所需资源的层级分解结构，把整个项目所需要的资源汇总，然后分成不同的类别与等级以便于统筹管理，如图 2-21 所示。

2. 重点工具

本过程的工具不具有独特性，不做单独讲解。

3. 本过程的注意要点

- 考题数量：1～2 道题。
- 要充分考虑资源的可用性（资源的可用时间）与可得性（资源的所有权大部分情况下都不在项目经理手上）。

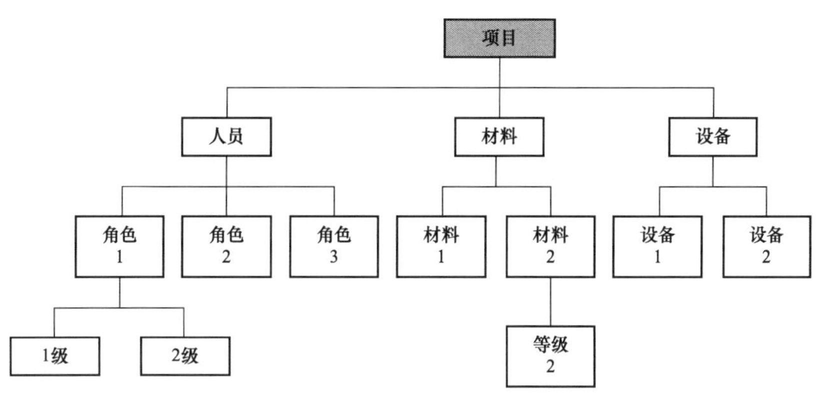

图 2-21 资源分解结构

- 要考虑资源的水平与项目活动之间的匹配度，如资源的能力和经验水平需要与项目活动的风险与复杂性相匹配。

2.8.3 获取资源

本过程是为完成项目目标去获取项目所需要的人员、设备、材料等各类资源的过程。表 2-48 为本过程的重点输入、重点工具/技术、重点输出。

表 2-48 获取资源过程的重点输入、重点工具/技术、重点输出

重点输入	重点工具/技术	重点输出
• 资源管理计划 • 项目进度计划 • 资源日历 • 资源需求 • 相关方登记册	• 谈判 • 预分派 • 虚拟团队	• 实物资源分配单 • 项目团队派工单 • 资源日历

1. 重点输入与输出

- 输入——资源管理计划：为如何获取资源提供指导。
- 输入——项目进度计划：资源需要根据进度计划中活动开始及结束的时间来投入。
- 输入——资源日历：获取资源时需要了解资源的可用性（某个时间段是否空闲）。
- 输入——资源需求：记录了项目所需要的资源，根据资源的需求去寻找资源。
- 输入——相关方登记册：参见第 2.7.1 节。
- 输出——实物资源分配单：为完成项目而获取的设备、材料、物资等实物清单。
- 输出——项目团队派工单：项目团队成员清单，记录了团队成员在项目中的角色、职责及工作时间等。
- 输出——资源日历：当资源被分配到当前项目后，资源的可用时间及工作时间均发生了变化，需要实时更新。

2. 重点工具

- 工具——谈判：项目经理需要通过谈判以获得项目所需资源，主要的谈判对象如下：

◆ 职能经理：掌握着组织内部的资源。

◆ 组织中的其他项目团队：属于组织内部资源的竞争者。

◆ 外部供应商：当组织中没有所需资源时，需要向外部采购资源。

- 工具——预分派：在项目早期就已经分配到项目上的资源。主要资源如下：

◆ 竞标过程中向甲方承诺会分配到项目中的特定工作人员。

◆ 项目可行性分析过程中确定的会直接影响项目成败的关键人员。

◆ 在章程中提前指派的人员。

- 工具——虚拟团队：团队成员在不同的地理位置，通过信息化手段在线完成项目的一种协作方式。

3. 本过程的注意要点

- 考题数量：1～3 道题。
- 资源的获取可以从组织内部（与职能经理协调），也可以从组织外部（通过采购过程获取）。
- 虚拟团队增加了项目管理的灵活性，如节省成本、解决了资源不足的情况等，同时也要重点注意虚拟团队的沟通协作的规则制定。
- 项目经理不是资源的所有者，获取资源过程主要依靠领导力与人际关系技能等。

2.8.4 建设团队

本过程是提高团队工作能力、促进团队成员互动、改善团队整体氛围，以提高项目绩效的过程。表 2-49 为本过程的重点输入、重点工具/技术、重点输出。

表 2-49　　建设团队过程的重点输入、重点工具/技术、重点输出

重点输入	重点工具/技术	重点输出
• 资源管理计划 • 项目进度计划 • 项目团队派工单 • 资源日历 • 团队章程	• 集中办公 • 激励 • 团队建设 • 认可和奖励 • 培训 • 个人和团队评估	• 团队绩效评价 • 团队章程

建设团队的目标如下：

- 提高团队成员的知识和技能，以提高他们完成项目可交付成果的能力。
- 提高团队成员之间的信任和认同感，以提高士气、减少冲突并增进协作。
- 创建富有凝聚力和协作性的团队文化，实现个人和团队生产率的提升、促进团队成员之间交叉培训与辅导。
- 提高团队成员参与决策的能力，以便于他们承担起项目责任，提升整体项目效率。

团队建设通常要经过 5 个阶段，即塔克曼阶梯理论，团队一般按时间顺序进入这 5 个阶段（见表 2-50）。

表 2-50　　塔克曼阶梯理论

所处阶段	过程说明	团队特点
形成阶段	团队成员相互认识、了解项目情况及各自的角色与职责	相互独立 有所保留
震荡阶段	团队开始工作，制定决策并讨论项目管理方法，彼此无法用合作的方式交流	相互挑战 出现冲突
规范阶段	团队成员开始协同工作，按规范调整各自的工作习惯	遵守章程 调整习惯
成熟阶段	团队成员像一个组织有序的整体一样工作	相互依靠、整体感 高效、凝聚力
解散阶段	团队完成所有工作，团队成员离开项目	相互分离 失落

- 团队一般按顺序经过一个阶段后再过渡到下一个阶段。
- 当项目遇到困难或新增人员时，团队可能会停滞在震荡阶段，甚至会从成熟阶段回退到震荡阶段。

1. 重点输入与输出

- 输入——资源管理计划：定义了为团队提供奖励、认可、激励等措施的方法论。
- 输入——项目进度计划：进度计划中定义了需要在何时给团队成员提供培训或激励。
- 输入——项目团队派工单：基于派工单中的信息确定需要开展团队建设的成员名单。
- 输入——资源日历：基于团队成员的时间可用性来确定开展团队建设的时间。
- 输入——团队章程：定义了团队成员的协作规范及团队价值观，为团队建设提供框架。
- 输出——团队绩效评价：随着项目团队建设工作的开展，应该对项目团队建设的有效性进行评价，主要从如下几个指标进行考量：
  - 团队成员个人技能的改进，从而使成员更有效地完成工作任务。
  - 胜任力改进，使成员能作为一个团队更好地开展工作。
  - 团队成员离职率的降低。
  - 团队凝聚力的加强，让团队形成有序协作的整体。
- 输出——团队章程：通过团队建设过程，团队成员之间的协作方式会发生改变，需要更新至团队章程。

2. 重点工具

- 工具——集中办公：又称“作战室”或紧密矩阵，把项目团队成员安排在同一个物理地点工作，以增强团队工作凝聚力的方法。

- 工具——激励：提高团队成员积极主动工作的意愿或能力的方法。
- 工具——团队建设：通过举办各种活动（如户外拓展、庆功会等），强化团队的社交关系，打造积极合作的工作环境，旨在帮助各团队成员更加有效地协同工作。
- 工具——认可和激励：在项目管理过程中，要及时对成员的优良行为给予认可与奖励，以便提升团队成员的工作积极性，激励的原则如下：
  - 要在整个项目生命周期中持续给予激励，而不是等到项目结束。
  - 为了达到激励的效果，应该尽可能了解并满足被激励者的需求。
  - 激励强调的是对团队成员的优良行为作表彰，而不是奖励团队的个人能力。
- 工具——培训：提升团队成员能力的各种活动，可以安排主题专家、职能经理、外部培训师等为团队成员提供各类培训，如果是对当前项目的专有技能培训，可以将其列入项目工作范围。
- 工具——个人和团队评估：对团队成员的能力、性格、工作态度等多维度评估，以充分了解团队成员，提升项目绩效。

3. 本过程的注意要点

- 考题数量：3～5 道题。
- 需要重点掌握塔克曼团队发展阶段模型中团队所处不同阶段的特征。
- 区分项目管理团队与项目团队，广义上讲项目团队包含了项目管理团队，在本过程经常提到项目管理团队要对团队进行绩效评估，这是狭义上的区分：
  - 项目管理团队：从事团队管理工作的成员，如项目经理、主管等。
  - 项目团队：指从事具体执行工作的一线成员。
- 注意对团队认可与激励的时效性与及时性，在项目过程中持续给予适当的激励是提升团队绩效的最佳方式。
- 为了有效地激励团队，需要了解基本的激励理论，见表 2-51。

表 2-51　　常见的激励理论

理论模型	描述
赫茨伯格 双因素理论	保健因素：不满足会导致不满情绪的因素，如薪资、环境 激励因素：满足后会产生激励作用的因素，如成就、地位 只有满足了激励因素，才能让人产生主观能动性
麦克利兰 成就需要理论	权力：希望在组织中获得职权的、领导他人 成就：希望在工作中得到表现，获得成就 亲和：希望获得舒适和谐的工作氛围
麦格雷戈 X、Y、Z 理论	X 理论：人性本懒的假设，人没有进取心和主动性，需要使用管理手段让人工作 Y 理论：人性本勤的假设，人天生具备积极主动的态度，可以通过让团队自我决策创造价值 Z 理论：强调尊重与自我实现，生产力应该建立在组织与个人相互信任的基础上，让员工参与企业的管理

续表

理论模型	描述
马斯洛 需求层次理论	自我实现：实现自我价值，成长、学习和发展需求 尊重需求：能得到他人的尊重与认可 社会需求：和谐的社会关系、亲情、友情 安全需求：人身安全的保证，稳定的环境 生理需求：基本的生存需求，食物与水等 要了解团队成员所处需求层次，往往只有下层需求得到满足才会考虑上层需求
费罗姆 期望理论	如果想要对人产生激励，不光要考虑目标的大小，还得考虑经过努力达成目标的可能性

2.8.5 管理团队

本过程是跟踪团队成员工作表现，管理团队冲突、解决问题，以优化项目绩效的过程。表 2-52 为本过程的重点输入、重点工具/技术、重点输出。

表 2-52　　管理团队过程的重点输入、重点工具/技术、重点输出

重点输入	重点工具/技术	重点输出
• 资源管理计划 • 问题日志 • 项目团队派工单 • 团队章程 • 工作绩效报告 • 团队绩效评价	• 冲突管理 • 制定决策 • 情商 • 影响力 • 领导力	• 变更请求

1. 重点输入与输出

- 输入——资源管理计划：提供了如何管理和最终遣散项目团队资源的方法论。
- 输入——问题日志：记录了项目管理过程中可能出现的团队管理问题、冲突问题等。
- 输入——项目团队派工单：记录了团队成员的具体角色与职责信息。
- 输入——团队章程：团队章程为团队应如何决策、举行会议和解决冲突提供指南。
- 输入——工作绩效报告：将项目绩效报告发送给项目相关方。
- 输入——团队绩效评价：基于团队成员的绩效表现情况，发现团队管理过程的问题、解决问题，以便于提升团队绩效。
- 输出——变更请求：为了提高团队绩效，可能提出对团队管理更有效的各项变更。

2. 重点工具

- 工具——冲突管理：项目经理应及时地以建设性方式解决冲突，从而创建高绩效团队，冲突的来源包括：资源的紧缺、进度优先级的安排、技术观点、人员工作风格等。常见的冲突处理策略见表 2-53。

表 2-53　　冲突处理策略

策略	说明	适用场景
合作/解决问题	充分考虑各方观点，以合作的态度、开放式的对话引导达成共识，双赢	大多数场景
妥协/调解	各退一步，寻找双方都在一定程度上的满意，解决部分冲突，双输	无法达成合作时
缓和/包容	求同存异，或为了维护关系做出退让，一输一赢	维护和谐关系
撤退/回避	从冲突中退出、推给别人、暂时搁置待准备充分时解决	需暂时冷却时
强制/命令	以牺牲其他方为代价推行某一方的观点、利用权利强行解决问题	紧急情况下

- 工具——制定决策：包括谈判能力及影响组织与项目管理团队的能力，决策需要关注的要点如下：
  - 结果导向，着眼于所要达到的目标。
  - 遵循决策流程。
  - 充分考虑组织及环境因素。
  - 分析不同方案之间的差异及风险。
  - 激发团队创造力。
- 工具——情商：情商是指了解、评价和管理自我情绪、他人情绪及团体情绪的能力。
- 工具——影响力：影响力是用一种别人乐于接受的方式，改变他人的思想和行动的能力，项目经理在矩阵环境中往往缺少正式权力，需要具备有效影响相关方的能力以保证项目的成功，影响力包括：
  - 清晰表达观点和立场、说服他人。
  - 积极且有效的倾听。
  - 以身作则，树立榜样。
  - 综合考虑各种观点。
  - 建立相互信任的关系。
- 工具——领导力：成功的项目需要强有力的领导技能，领导力是领导和激励团队做好工作的能力。

3. 本过程的注意要点

- 考题数量：3～5 道题。
- 冲突管理是本过程重点关注的要点：
  - 几种常见的冲突处理策略的使用场景、关键特征要掌握。
  - 冲突不可避免，合理的冲突对项目是有利的。

- 成功的冲突管理可提高生产力，改进工作关系。
- 出现冲突，首先团队自行解决，如果冲突升级可求助于直属领导及项目经理。
- 冲突管理强调创造一种适合解决冲突的氛围，私下处理，对事不对人。
- 冲突管理的思路：团队成员共同参与计划的制订、有效地团队章程、积极的沟通、适当有效地开展团队建设。

2.8.6 控制资源

本过程是根据资源管理计划监督资源的实际使用情况，以确保按计划为项目分配实物资源的过程。表 2-54 为本过程的重点输入、重点工具/技术、重点输出。

表 2-54　控制资源过程的重点输入、重点工具/技术、重点输出

重点输入	重点工具/技术	重点输出
• 问题日志 • 实物资源分配单 • 项目进度计划 • 资源分解结构 • 协议	无	• 工作绩效信息

1. 重点输入与输出

- 输入——问题日志：可能记录有关缺乏资源、原材料供应延迟或使用低等级原材料等问题。
- 输入——实物资源分配单：描述了资源的预期使用计划及资源的详细信息，用于与实际的使用情况相比较。
- 输入——项目进度计划：进度计划展示了项目在何时何地需要哪些资源。
- 输入——资源分解结构：资源分解结构为项目过程中需要替换或重新获取资源的情况提供了参考。
- 输入——协议：在当前资源出现问题时，如果需要增加外部资源，需要参考合同条款。
- 输出——工作绩效信息：将资源需求、分配的实物资源以及资源的使用情况进行比较，分析出的偏差信息。

2. 重点工具

本过程的工具不具有独特性，不做单独讲解。

3. 本过程的注意要点

- 考题数量：1～3 道题。
- 控制资源只针对确保实物资源在项目上的有效利用，不能针对团队资源，团队在理想环境中不能被控制。

- 实物资源不合理的使用可能给项目带来风险，如设备不能及时到位会影响工期、低质量的材料会导致返工、过多的库存会导致成本增加等。

2.8.7 练习题

1. 上一次开会时发生了这样的交谈："我不同意维埃特的看法，我不会因为她没有及时把实验设备安装到位，而稀里糊涂地停止我的工作。"这个团队处于什么阶段？

   A. 妥协阶段　B. 规范阶段　C. 震荡阶段　D. 撤退阶段

2. 哪个管理理论认为人们可以决定自己的努力方向？

   A. Y 理论　B. 赫兹伯格理论

   C. 马斯洛需求层次理论　D. X 理论

3. 项目经理可以通过以下哪一种方式，帮助项目团队建立一种团体认同感？

   A. 定期用电子邮件沟通

   B. 对项目建立一种神秘的气氛

   C. 建立一个"作战室"

   D. 发布团队成员应该如何与其他项目利害关系者相互交流的指导方针

4. 作为你们团队的项目经理，你被告知其中一位团队成员已经开始了基于某个可交付成果的工作。然而，因为他是半途加入这项工作的，他开始觉得有些害怕和不安，因为他从组织里其他成员那里观察得知他的工作非常重要。你该如何做？

   A. 告诉该团队成员你理解并承认他的任何担忧，然后给他提供支持和信心，告诉他具备实力和天赋，可以胜任他的工作

   B. 寻找替代成员，以应对风险

   C. 告知该团队成员的经理，让他来处理这个问题

   D. 告知团队其他成员该可交付成果不能够及时完成

5. 确定并记录项目角色、职责、汇报关系，并创建人员招募、培训、遣散计划的过程称为？

   A. 规划范围　B. 规划资源管理　C. 规划质量　D. 管理项目团队

6. 资源分解结构是一种资源层级结构，通常按以下哪个来分解？

   A. 资源类别和数量　B. 资源类别和类型

   C. 资源类别和使用时间　D. 资源类别和成本

7. 项目经理经常为团队的冲突而烦恼，团队成员经常出现一起做同一件事的情况，还有些工作大家都没有做，最后没有一个人为事情承担责任，项目经理应该？

   A. 建立团队的工作制度　B. 要求团队使用 RACI 矩阵

   C. 使用合作的冲突解决方法　D. 开展团队建设活动

8. 你团队中的一位女士怀孕了，医生建议她为了即将出生的婴儿而待在家里。从人力资源市场上招募人员来代替她具有中等难度。但你作为项目经理决定她必须在家继续工作，为什么？

A. 她具有关于项目的良好经验和项目需要的技能

B. 在其预算中没包括招聘新组员的费用

C. 人事管理事务不是项目经理的职责

D. 时间很紧，你不想项目落后于进度

9. 你被分配为大型电信项目的项目经理。这个一年期的项目已经完成一半。项目团队由 5 个提供商和 20 名你公司的职员组成。你希望了解在这个项目中谁负责干什么，在哪里可以找到此类信息？

A. 责任分配矩阵　　B. 资源柱状图

C. 甘特图　　D. 项目组织图

10. 项目经理召集团队会议，解释项目并明确团队成员的正式角色与责任。项目经理执行的是团队建设的哪一阶段？

A. 形成阶段　　B. 成熟阶段　　C. 合作阶段　　D. 规范阶段

答案及解析

1. 解析：答案 C。考点“建设团队：塔克曼五阶模型”。B 选项，规范阶段强调大家开始遵守规则，能开始建立协作关系；C 选项，震荡阶段，团队形成后会出现一些冲突，相互挑战，故符合题意；A、D 选项属于冲突解决的方式。

2. 解析：答案 A。考点“激励理论”。X 理论强调人性本懒，需要大量的规则和制度约束大家才会工作；Y 理论强调人性本勤，人天生就具备积极主动的动机，PMP® 考试遵循的是 Y 理论；赫兹伯格双因素理论把人的激励分成保健因素和激励因素两类；马斯洛需求层次分别为生理、安全、社交、尊重、自我实现，强调只有下层需求得到满足才会考虑上层需求。

3. 解析：答案 C。考点“建设团队：工具”。集中办公可以加强团队凝聚力。

4. 解析：答案 A。考点“建设团队：工具”。参见：人际关系与团队技能——认可与激励。项目经理需要带着团队同事共同成长。

5. 解析：答案 B。考点“规划资源管理：输出”。B 选项，规划资源管理输出的资源管理计划提供了关于如何分类、分配、管理和释放项目资源的指南，是指导性计划与实体计划相结合的计划，其中包含资源的识别获取方法，以及团队成员的角色与职责；D 选项，管理团队是跟踪团队成员工作表现，提供反馈，解决问题并管理团队变更，以优化项目绩效的过程。

6. 解析：答案 B。考点“规划资源管理：工具”。资源分解结构是按资源类别和类型，对团队和实物资源的层级列表，用于规划、管理和控制项目工作。每向下一个层次都代表对资源的更详细描述，直到信息细到可以与工作分解结构（WBS）相结合，用来规划和监控项目工作。

7. 解析：答案 B。考点“RACI 责任分配矩阵”。题干说的冲突，是人员责任不清晰导致的结果，故可以用 RACI 责任分配矩阵来解决问题；责任分配矩阵为具体活动分配角色、职责和职权。矩阵图能反映与每个人相关的所有活动，以及与每项活动相关的所有人员，它也可确保任何一项任务都只有一个人负责，从而避免最终负责人或工作职权不清。

8. 解析：答案 A。考点“获取资源：工具”。虚拟团队可定义为具有共同目标、在完成角色任务的过程中很少或没有时间面对面工作的一群人。

9. 解析：答案 A。考点“RACI 责任分配矩阵”。R 代表执行者，A 代表负责人，C 代表被咨询，I 代表通知。B 选项强调的是项目在什么时候需要什么资源及数量的一种柱状图形的表示；C 选项是反映项目进展状态的图形；D 选项可以理解为组织架构图。

10. 解析：答案 A。考点“建设团队：塔克曼五阶模型”。形成阶段：彼此认识、有所保留；震荡阶段：互相攻击；规范阶段：遵守规则、相互协作；成熟阶段：彼此依赖、高效、整体感；解散阶段：彼此分离、情绪低落。

2.9 项目沟通管理

项目沟通管理是指确保能够在项目管理过程中正确、及时、有效地收集信息、生成信息、传递信息、利用信息的过程。

在沟通过程中要注意“5C”原则的运用：

- 目的明确（Clear Purpose）：需要明确双方沟通的目的。
- 表达正确（Correct Expression）：用词、语法正确，清楚地表达自己的目的。
- 表达简洁（Concise Expression）：用简短、简单的语句沟通。
- 逻辑连贯（Coherent Logic）：让前后语句逻辑连贯、条理清晰。
- 思路掌控（Controlling Ideas）：可采用结构化的方式厘清所表达语句的思路。

沟通分为口头沟通和书面沟通两大类，在信息传递中，大约 55%的信息是通过非口头语言（表情、手势）传递，而口头语言只能传达 45%左右的信息，其中有声语调效果占比 38%，文字内容只占比 7%。

三种层级沟通方式：

- 向上沟通：又称垂直沟通，针对高层、管理层的沟通。
- 向下沟通：又称垂直沟通，针对下级、团队成员的沟通。
- 横向沟通：又称水平沟通、针对同级别成员的沟通。

2.9.1 规划沟通管理

本过程是基于相关方的信息需求，制定一份有效传递项目信息的指导方针，确保及时满足相关方对于项目信息需求的过程。表 2-55 为本过程的重点输入、重点工具/技术、重点输出。

表 2-55　　规划沟通管理过程的重点输入、重点工具/技术、重点输出

重点输入	重点工具/技术	重点输出
• 相关方参与计划 • 相关方登记册	• 沟通需求分析 • 沟通技术 • 沟通模型 • 沟通方法	• 沟通管理计划

1. 重点输入与输出

- 输入——相关方参与计划：该计划包含了有效引导相关方参与项目所需的管理策略，而这些策略需要通过沟通管理计划来达成。
- 输入——相关方登记册：利用该文件可收集并确定相关方的信息需求。
- 输出——沟通管理计划：沟通管理计划包含指导性计划（如何制订沟通计划的方法论）及实体计划（沟通计划：什么时间给谁传递什么信息）。该计划包含如下信息：
  - 沟通管理的方法论：怎么开始沟通需求分析，什么样的流程，怎么更新沟通管理计划、信息的上报流程等。
  - 沟通方法或技术：选择什么工具技术，采用什么样的格式。
  - 沟通的具体内容：沟通的对象、内容、信息发布的时间和频率等。

2. 重点工具

- 工具——沟通需求分析：分析沟通需求，确定相关方的信息需求，包括需要什么信息、什么时候要、通过什么方法、有多少人等。
- 工具——沟通技术：用于在相关方之间传递信息的技术，如会议、书面文件、社交媒体等。
  - 影响沟通选择的因素：
    - 需求紧迫性：太紧迫的沟通需求可能不适合书面报告。
    - 技术的可用性与可靠性：重要的信息沟通可能需要选择更可靠的技术。
    - 易用性：选择技术时要确保相关方都具有使用此技术的能力。
    - 项目环境：跨地区团队、多语言团队也会影响技术的选择。
    - 信息的敏感性和保密性：机密或敏感信息可能需要选择能加密的沟通技术。
  - 四种常见的沟通技术见表 2-56。

表 2-56　　四种常见的沟通技术

沟通方法	适用场景	示例
正式书面	复杂、重要且需要后续查证	合同、章程
正式口头	重要但不需要事后查证	会议、谈判
非正式书面	不重要但需要事后查证	备忘录
非正式口头	不重要且不需要事后查证	聊天、交谈

- 工具——沟通模型：由信息发出者、媒介、噪声、信息接收者和反馈等要素组成的沟通循环（见图 2-22）。
  - 编码：把想表达的信息编译为文本、声音、图形等。
  - 信息传递：通过一种沟通媒介发送信息。
  - 噪声：沟通过程中的各种可能导致双方理解偏差的干扰信息，如智力、认知情绪、知识、背景、个性、文化等。
  - 解码：接收方将收到的信息还原为自己理解的形式。
  - 确认已收到：收到信息时，接收方告知对方已经收到信息。
  - 反馈/响应：接收方将收到的信息的理解结果再传递给发送方。
  - 发送方：负责发送信息的人，确保信息的清晰、完整，并确认信息已经被接收者正确解码。
  - 接收方：负责接收信息的人，确保完整地接收信息，正确地理解信息并做出反馈。反馈信息不代表认可信息，但可以大大减少沟通过程中的噪声。

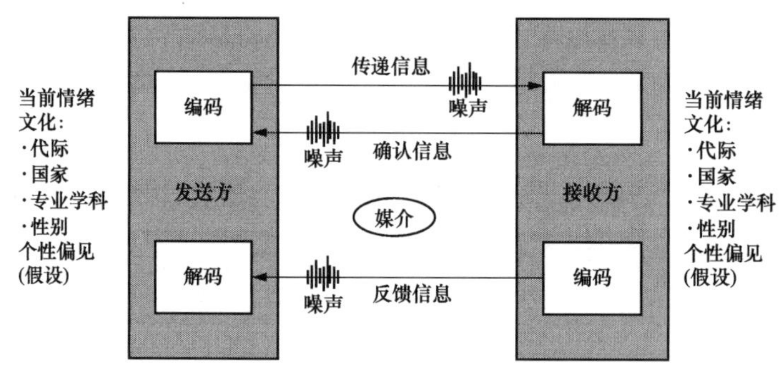

图 2-22　沟通循环模型

- 工具——沟通方法：

  主要有如下三种：
  - 交互式沟通：相关方之间实时的信息交换，如会议、电话、交谈等。用于需要保证效果、获得反馈的情况。
  - 推式沟通：信息发送者把信息推送给信息接收者，如通知、邮件等。主要用于有明确的受众且无须立即得到反馈的场景下。
  - 拉式沟通：信息接收者主动访问信息，如门户网站、在线知识库等。主要用于要沟通的信息很多，或对象不明确、受众数量多的场景。

3. 本过程的注意要点

- 考题数量：3～5 道题。
- 沟通管理计划包含指导计划和实体计划，既定义了沟通管理过程的方法论，同时包含了具体需要发送的信息、发送对象，以及时间与频率。

- 当题干出现“项目经理不知情”“某个相关方对某件事不知情”等类似描述，一般首选“沟通管理计划”的选项。
- 避免沟通的误区：假定一个信息一旦发出，就会被接收到。这是沟通中最容易出问题的地方，所以需要通过接收方及时的反馈来减少误解。
- 沟通渠道的计算公式：沟通渠道数量=$n(n-1)/2$（n 表示相关方的数量），注意沟通渠道计算中，题干问的是“增加了”——问的是差额，还是“增加到”——指的是总数。

2.9.2 管理沟通

本过程是按沟通管理计划向相关方进行信息发布，有效沟通并促成相关方之间信息流动的过程。表 2-57 为本过程的重点输入、重点工具/技术、重点输出。

表 2-57 管理沟通过程的重点输入、重点工具/技术、重点输出

重点输入	重点工具/技术	重点输出
• 沟通管理计划 • 相关方参与计划 • 变更日志 • 项目文件 ✧问题日志 ✧经验教训登记册 ✧质量报告 ✧风险报告 ✧相关方登记册 • 工作绩效报告	• 沟通技能 ✧沟通胜任力 ✧反馈 ✧非语言技能 ✧演示 • 项目报告发布 • 人际关系与团队技能 ✧积极倾听 ✧文化意识 ✧会议管理 ✧政治意识	• 项目沟通记录

1. 重点输入与输出

- 输入——沟通管理计划：该文件定义了什么时间向什么人以什么方式发送信息。
- 输入——相关方参与计划：该计划描述了如何用适当的沟通策略引导相关方参与项目。
- 输入——项目文件：
  - 变更日志：将变更的影响、变更请求的执行情况传达给相关方。
  - 问题日志：将问题传达给受到影响的相关方。
  - 经验教训登记册：重复开展沟通时，需要借鉴以往沟通过程积累的经验教训，提高沟通效率。
  - 质量报告：把质量问题、质量改进措施等相关的信息传达给相关人员，从而达成项目的质量期望。

- 风险报告：将风险来源信息、风险的概述等传达给相关责任人及受影响的相关方。
- 相关方登记册：该文件确定了需要各类信息的人员，从而让团队更明确应该与哪些相关方沟通。

- 输入——工作绩效报告：将项目绩效报告发送给项目相关方。
- 输出——项目沟通记录：记录整个项目管理过程中的所有沟通状态的文件。

2. 重点工具

- 工具——沟通技能：

  包括如下内容：

  - 沟通胜任力：针对特定人群或事件展示出的沟通能力，有些人很内向不擅长交流（沟通能力差），但在讲台上可以侃侃而谈（在此事上具备胜任力）。
  - 反馈：在沟通过程中及时的反馈有助于减少沟通过程的误解。
  - 非口头技能：要善于使用如手势、表情、同理心等非口头技能提升沟通效果。
  - 演示：对公众正式演示信息或文档的能力，如通过 PPT 讲解系统方案。

- 工具——项目报告发布：收集和发布工作绩效报告的行为，可以理解为报告绩效。
- 工具——人际关系与团队技能：

  包括如下内容：

  - 积极倾听：倾听和理解他人所表达的真实想法。
  - 文化意识：根据个人、群体和组织的文化差异，调整项目的沟通策略。
  - 会议管理：确保会议有效并高效地达到预期目标，会议流程包括：
    - 准备并发布会议议程、明确会议目标。
    - 确保会议在规定的时间开始和结束。
    - 确保邀请适当的参与者出席。
    - 切题、引导议程。
    - 处理会议中的期望、问题和冲突。
    - 记录所有行动以及所分配的行动责任人。
  - 政治意识：了解组织中的政治氛围、权力关系等，以确定有效的沟通方式。

3. 本过程的注意要点

- 考题数量：2～3 道题。
- 项目经理 90％的时间都应该用在与团队成员和其他相关方的沟通上。
- 如果要批评别人，先非正式口头沟通；如果沟通无效，再正式书面沟通。
- 如果需立即解决，选择正式口头沟通；如果问题严重，口头沟通后再进行书面确认。
- 沟通过程同样不允许出现镀金行为，即如果相关方（包括领导）索要不必要或没有价值的信息时，也不应该提供。

2.9.3 监督沟通

本过程是根据沟通管理计划，监督项目沟通情况，发现沟通中的问题并解决以确保满足项目及相关方的信息要求的过程。表 2-58 为本过程的重点输入、重点工具/技术、重点输出。

表 2-58　　监督沟通过程的重点输入、重点工具/技术、重点输出

重点输入	重点工具/技术	重点输出
• 项目沟通记录	无	• 变更请求 • 沟通管理计划更新

1. 重点输入与输出

- 输入——项目沟通记录：根据沟通记录发现沟通过程中的问题以便于优化调整。
- 输出——变更请求：如果发现沟通不畅，可能需要调整沟通的方法或者是相关方的沟通需求。
- 输出——沟通管理计划更新：如果发现沟通不畅，而且是计划的问题，则有可能调整沟通计划。

2. 重点工具

本过程的工具不具有独特性，不做单独讲解。

3. 本过程的注意要点

- 考题数量：2～3 道题。
- 一般而言，看到沟通不畅，先检查沟通管理计划，如果计划有问题则变更计划，如果计划没问题，则改进沟通的执行过程。
- 管理沟通强调的是传递信息，监督沟通强调的是保证信息传递的效果。
- 沟通过程虽然很简单，但很重要，项目中的很多问题都是由沟通不畅导致，如工作执行不到位、团队成员产生冲突等。

2.9.4 练习题

1. 当一位项目经理在与相关方就合同条款进行谈判时，他应该用什么方式？

   A. 推式沟通　　B. 交互式沟通　　C. 拉式沟通　　D. 正式书面沟通

2. 在沟通模型中，信息交流的双方都有其对应的责任，对于接收方而言，强调反馈的责任，反馈的作用是？（多选，两项）

   A. 将接收和理解的信息及时表达　　B. 可以确保正确地理解信息

   C. 可以有效地减少沟通过程的噪声　　D. 表示对信息的认可

   E. 向信息发送方证明你是一个值得信赖的下属

3. 你的项目团队来自 4 个不同的国家。项目对于公司非常重要，项目的工期是可以接受的。在选择沟通方法上，你应该使用的方法是？

A. 非正式口头　B. 正式书面　C. 正式口头　D. 交互式沟通

4. 你在准备一个综合项目计划和一个项目时间表。你将它们提交给筹划指导委员会，并得到了批准。有关各方也接受了计划。现在是分发这些计划的时候了。项目计划和时间表应该分发给谁？

A. 组织中执行项目的所有有关各方　B. 项目所有的相关方

C. 项目小组成员和项目发起人　D. 在沟通管理计划中指明的人

5. 项目人员表现存在问题，这种问题最好通过下列哪种方法解决？

A. 正式的书面沟通　B. 正式的口头沟通

C. 非正式书面沟通　D. 非正式口头沟通

6. 项目顺利进入到执行阶段，按时、在预算内并符合规范。今天早上，项目出资人来电话表示担心。基于进度基准，该项目接近执行阶段，但该出资人不清楚项目目前状态。你提醒他你们团队每周出一份详细的项目状态报告并通过电子邮件发送。该出资人表示电子邮件太没人情味而喜欢口头确认。这一现象说明下列哪个管理过程出了问题？

A. 规划沟通管理　B. 管理沟通

C. 监督沟通　D. 相关方管理

7. 项目团队原来有 5 个成员。现在新增加 5 个。沟通渠道增加了多少？

A. 45 条　B. 35 条

C. 2 倍　D. 20 条

8. 一家中国香港银行选择一个美国软件开发商作为他们新系统的承包商，但是当美国公司提交产品的时候，所提交的产品被银行否决，最有可能的原因是什么？

A. 美国和中国的文化差异

B. 工作说明书用词不准

C. 银行用的是不同的测试方法和策略

D. 银行和开发商之间沟通太差

9. 一个项目由几个团队组成，小组 A 在过去曾多次在最后期限前没有完成任务，这导致小组 B 好几次不得不对关键路径赶工。作为小组 B 的项目领导，你应该怎么做？

A. 单独会见项目经理　B. 会见小组 A 的领导

C. 会见发起人　D. 与小组 A 的项目经理沟通

10. 项目经理被授命管理一个快速交付的项目，当与一个行动导向型的相关方进行沟通时，项目经理应该怎么办？

A. 尽可能简短，直入主题地强调方案的可行性

B. 详细地分析方案的利害关系，以供决策

C. 在对方离题时保持耐心

D. 尽可能地加快语速，以保证所有信息传达给对方

答案及解析

1. 解析：答案B。考点“工具：沟通技术”。沟通技术：正式或非正式、书面或口头。沟通方法：推式、拉式、交互式。谈判过程很重要，而且需要交互，故应该是正式口头或交互式沟通。

2. 解析：答案A、C。考点“工具：沟通模型”。规划沟通管理—工具—沟通模型，反馈是接收方对接收到的信息转换成自己的理解再传送给信息发出方。简单说用自己的话重复一遍信息发给信息发出方，不一定认可信息，但可以减少误解（噪声）；B选项无法保证正确的理解；E选项没有意义。

3. 解析：答案D。考点“工具：沟通方法”。A、B、C选项属于沟通技术；D选项属于沟通方法（推式、拉式、交互式）。

4. 解析：答案D。考点“沟通管理计划”。沟通管理计划中包含了接收信息的人员或群体，包含他们的需要、想要、期望，已经传递信息的时间与方法。

5. 解析：答案D。考点“工具：沟通技术”。冲突解决或团队问题，最好先用非正式口头沟通，创造轻松的环境，问题持续得不到解决可选择正式书面或正式口头。

6. 解析：答案A。考点“沟通管理计划”。这是典型的沟通管理计划中没有记录清楚相关方的沟通需求，需沟通的信息，包括语言、形式、内容和详细程度。而这个计划是在“规划沟通管理”中输出。

7. 解析：答案B。考点“沟通渠道”。公式：$n(n-1)/2$。问：比原来增加了多少？问的是差额。现在的沟通渠道数：$10(10-1)/2=45$。原来的沟通渠道数：$5(5-1)/2=10$。两者的差为：$45-10=35$。

8. 解析：答案D。考点“沟通中的常见问题”。B、C选项无从说起；A选项，文化差异是在沟通中要重要考虑的原因，但它只是间接影响；D选项，大家在沟通需要或计划目标的时候，如果出现问题或理解有偏差，出现产品拒收的可能性最高，这属于沟通不畅。

9. 解析：答案D。考点“工具：沟通技能”。高效沟通的原则就是强调积极主动，遇到问题及时与当事人沟通。B选项，直接找领导不是最佳做法，应该是与当事人沟通解决不了才找领导。另外，本题的小组项目领导指的是项目经理的领导。

10. 解析：答案A。考点“工具：沟通风格”。关键词：行动导向。所以在与这类相关方沟通的过程中应该直入主题，避免拖泥带水。

2.10 项目风险管理

项目风险管理是为了提高项目的成功性而开展风险识别、风险分析、制定风险应对措施、实施风险应对策略及监督风险管理有效性的过程。风险管理的常见概念见表2-59。

表 2-59　风险管理的常见概念

分类	概念	概述
两个层次	单个风险	一旦发生，会对项目目标产生正（负）面影响的不确定事件
	整体风险	项目全部不确定性可能对项目整体的综合影响
四个要素	事件	一个什么风险事件，如员工离职
	原因	引发员工离职的原因，如缺少归属感
	概率	风险事件发生的可能性，如 70%的可能性
	影响	风险事件带来的后果，如项目延期
非事件类	变异性风险	风险的概率或影响与预期的结果不符合
	模糊性风险	因为缺少知识或经验等原因而无法预知项目未来可能的情况
其他	项目韧性	为了应对不确定的突发事件（未知—未知风险），需要增加项目的韧性，以保持足够的灵活性
	风险敞口	风险的预期大小，风险概率×风险影响，敞口越大风险越严重
	整合式风险管理	组织对风险管理视为一个整体，项目层面发现的严重的风险团队可以上报管理层处理、组织层面发现的层级低的风险可以分配给团队成员管理

2.10.1　规划风险管理

本过程是定义对风险如何识别、分析、管理与监督的方法的过程。表 2-60 为本过程的重点输入、重点工具/技术、重点输出。

表 2-60　规划风险管理过程的重点输入、重点工具/技术、重点输出

重点输入	重点工具/技术	重点输出
• 项目章程 • 相关方登记册	无	• 风险管理计划

1. 重点输入与输出

- 输入——项目章程：章程中高层级的风险，影响风险管理计划的制订。
- 输入——相关方登记册：相关方登记册中记录了相关方的角色及对待风险的态度，有助于明确相关方的风险职责，以及确定风险管理所需要达到的程度。
- 输出——风险管理计划：描述如何识别、分析、管理及监督风险的方法论。主要内容见表 2-61。

表 2-61　风险管理计划内容

战略与方法论	用于管理项目风险的方法与工具
角色与职责	确定风险管理活动的责任人与职责
资金与时间	为风险管理活动的开展投入的时间与成本
风险类别	对风险分类的方式定义，如技术类、市场类、已知未知等
风险偏好	对待风险的态度，喜欢冒险、保持中立或厌恶冒险

续表

概率和影响定义	将对风险的文字描述转化成商定的数值，如将“这个风险发生的可能性很大”定义为概率值 0.8
概率和影响矩阵	用横坐标代表风险的影响值、纵坐标代表风险的概率值，用于分析风险敞口的二维矩阵，详见定性风险分析过程
报告格式与跟踪	定义如何监督风险管理效果，以及如何记录和报告风险管理的格式

2. 重点工具

本过程的工具不具有独特性，不做单独讲解。

3. 本过程的注意要点

- 考题数量：1～3 道题。
- 相关方对待风险的态度，直接影响风险管理活动（如风险评审会）的时间与成本的投入：如果相关方喜好冒险，则可以减少风险评审会的召开频率（时间和成本投入就少）；如果相关方讨厌冒险，则需要增加风险评审会的召开频率。
- 注意：在风险管理过程，特别强调风险登记册或风险报告的及时更新，在每一个过程执行完毕后，均应该及时更新风险登记册或风险报告中的风险状态。
- 已知、未知风险的分类：
  - 已知—已知：已知风险事件且已知风险发生的概率或影响。
  - 已知—未知：已知风险事件，但对概率或影响未知，一般使用应急储备。
  - 未知—未知：完全未知，突发事件，等到发生后才知道，一般使用管理储备。

2.10.2 识别风险

本过程是识别并记录风险的来源与特征的过程。表 2-62 为本过程的重点输入、重点工具/技术、重点输出。

表 2-62 识别风险过程的重点输入、重点工具/技术、重点输出

重点输入	重点工具/技术	重点输出
• 风险管理计划	• 假设条件和制约因素分析 • SWOT 分析 • 文件分析 • 提示清单	• 风险登记册 • 风险报告

1. 重点输入与输出

- 输入——风险管理计划：风险管理计划提供识别风险的方法论指导。
- 输出——风险登记册：记录已识别的单个风险的详细信息，主要包括：
  - 已识别的风险清单：单个风险的详细描述。
  - 潜在的风险责任人：暂时预定的责任人，在定性风险分析过程最终确认。
  - 潜在的风险应对措施清单：预定的应对措施，在规划风险应对过程最终确认。
  - 其他：还可以记录如风险类别、原因、影响等内容。

- 输出——风险报告：记录整体风险的详细信息及单个风险的概述信息，主要包括：
  - 整体项目风险的来源：整体项目风险敞口的最重要驱动因素。
  - 已识别的单个风险的概述信息。

2. 重点工具

- 工具——假设条件和制约因素分析：项目的启动包括计划，都是基于一系列的假设条件开始（如市场的假设），同时受制约因素的影响（如预算、工期、政策等），这些因素都可能会带来不同程度的风险。
- 工具——SWOT 分析：对项目的优势（Strengths）（如技术先进等）、劣势（Weaknesses）（如资金不足等）、机会（Opportunities）（如政策扶持等）和威胁（Threats）（如竞争对手众多等）进行逐个分析，以全面识别风险的工具。
- 工具——文件分析：各种项目文件都可以作为风险识别的工具，如假设条件论证不充分、计划不详细等都可能是风险的信号。
- 工具——提示清单：对识别单个风险或整体风险来源的风险类别的预设清单，可理解为提示你在哪些环节可能出现风险的结构化清单，如可以用 WBS 作为风险指示器提示在哪些分支上可能存在风险。

3. 本过程的注意要点

- 考题数量：1～3 道题。
- 识别风险是一个反复的过程，在整合项目生命周期中持续开展。
- 一般在启动阶段识别整体风险，规划阶段识别尽可能多的风险，执行或监控阶段识别次生风险或少量的新风险。
- 应该鼓励尽可能多的相关方参与风险识别工作。
- 使用统一的格式（如概率影响的定义）描述风险，以确保不同相关方对风险的理解。

2.10.3 实施定性风险分析

本过程是评估单个风险的概率和影响等特征，对风险进行分类与优先级排序的过程。表 2-63 为本过程的重点输入、重点工具/技术、重点输出。

表 2-63 实施定性风险分析过程的重点输入、重点工具/技术、重点输出

重点输入	重点工具/技术	重点输出
• 风险管理计划 • 风险登记册 • 相关方登记册	• 数据分析 ✧ 风险数据质量评估 ✧ 风险概率和影响评估 ✧ 其他风险参数评估 • 风险分类 • 数据表现 ✧ 概率—影响矩阵 ✧ 层级图	• 风险登记册更新 • 风险报告更新

1. 重点输入与输出

- 输入——风险管理计划：定义了如何对风险的角色职责人指派、概率影响评估及风险分类的方法。
- 输入——风险登记册：记录了要在本过程评估的单个风险的详细信息。
- 输入——相关方登记册：可能包括将被指定为风险责任人的相关方信息。
- 输出——风险登记册更新：定性风险分析后，会更新内容（见表 2-64）。

表 2-64　　定性风险分析后更新的内容

概率影响评估	为每个风险定义概率值与影响值
风险分类	根据风险的特征分类
优先级排序	通过概率×影响计算出风险敞口，敞口越大优先级越高： ◆ 高优先级风险需要进一步分析 ◆ 低优先级风险放入观察清单保持监督
风险责任人	指定或确定具体的风险管理责任人
风险紧迫性	基于临近、紧急程度、敞口等因素确定风险的紧迫性

- 输出——风险报告更新：需要将定性过程判定为影响严重的单个风险及所有单个风险分析的概要信息记录至风险报告。

2. 重点工具

- 工具——风险数据质量评估：用于评估收集到的风险数据的准确性与可靠性，以确保定性分析过程的效果。
- 工具——风险概率和影响评估：为单个风险定义概率值及影响值，为后续分析风险的敞口提供数据基础。
- 工具——其他风险参数评估：更全面的风险特征（见表 2-65）。

表 2-65　　风　险　特　征

紧迫性	多长时间内必须要对风险采取措施，时间短说明紧迫性高
邻近性	风险事件多长时间后会发生，时间越短说明邻近性越高
潜伏期	风险事件发生后多长时间内会产生影响，时间越短说明潜伏期越短
可管理性	对风险发生的概率或原因的管理能力，是否有办法让风险不发生
可控性	对风险结果的管理能力，是否能有效地控制风险的影响
可监测性	风险发生前是否能有效地监测或预警，如是否有预警信号或征兆
连通性	多个风险之间是否存在内在的关联，以便于统一管理以提升效率
战略影响力	风险是否对项目的战略目标产生影响
密切度	相关方对风险的关心程度，是否认为风险很要紧

- 工具——风险分类：根据风险的特征进行分类，如技术类、管理类、市场类等，

可用风险分解结构（Risk Breakdown Structure，RBS）以结构化的方式来呈现风险。

- 工具——概率—影响矩阵：把每个风险发生的概率和一旦发生后对项目目标的影响映射起来的一种表格，用于计算风险的敞口并对风险排列优先级，如图 2-23 所示。

概率	威胁					机会					概率
很高 0.90	0.05	0.09	0.18	0.36	0.72	0.72	0.36	0.18	0.09	0.05	很高 0.90
高 0.70	0.04	0.07	0.14	0.28	0.56	0.56	0.28	0.14	0.07	0.04	高 0.70
中 0.50	0.03	0.05	0.10	0.20	0.40	0.40	0.20	0.10	0.05	0.03	中 0.50
低 0.30	0.02	0.03	0.06	0.12	0.24	0.24	0.12	0.06	0.03	0.02	低 0.30
很低 0.10	0.01	0.01	0.02	0.04	0.08	0.08	0.04	0.02	0.01	0.01	很低 0.10
	很低 0.05	低 0.10	中 0.20	高 0.40	很高 0.80	很高 0.80	高 0.40	中 0.20	低 0.10	很低 0.05	
	消极影响					积极影响					

图 2-23　概率—影响矩阵

- 工具——层级图：基于风险的各种特征，如概率、影响、紧迫性、临近性、潜伏期等进行三维分析的图形，如图 2-24 所示（横坐标代表可监测性，纵坐标代表邻近性，气泡大小代表影响大小）。

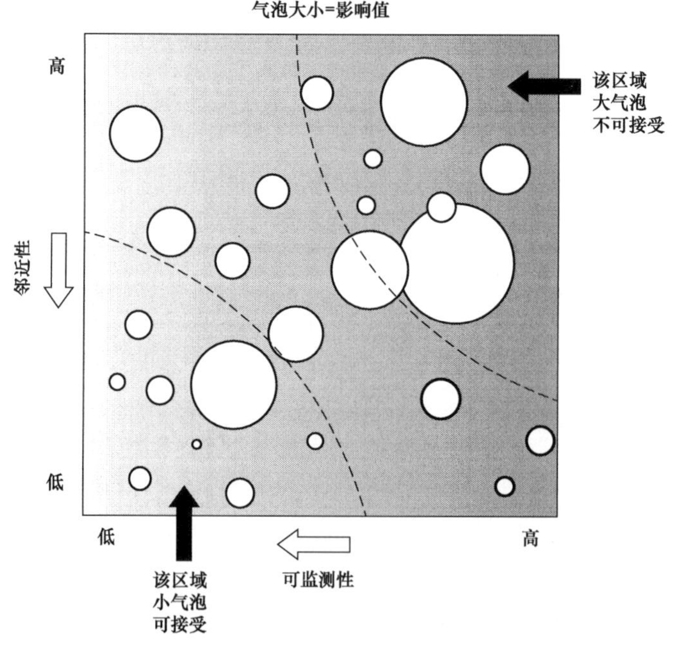

图 2-24　层级图

3. 本过程的注意要点

- 考题数量：3～5 道题。
- 定性分析的过程相对主观，概率与影响的定义均是基于相关方的感性认知来确定的。
- 需要在定性分析过程中为风险分配责任人，后续规划风险应对措施，以及对风险的管理工作均由风险责任人承担。
- 在定性分析中确定为严重影响的单个风险需要进一步开展定量风险分析。

2.10.4 实施定量风险分析

本过程是就已识别的单个项目风险和不确定性的其他来源对整体项目目标的影响进行定量分析的过程。表 2-66 为本过程的重点输入、重点工具/技术、重点输出。

表 2-66 实施定量风险分析过程的重点输入、重点工具/技术、重点输出

重点输入	重点工具/技术	重点输出
• 假设日志 • 估算数据 • 成本估算 • 成本预测 • 持续时间估算 • 里程碑清单 • 风险登记册 • 风险报告 • 进度预测	• 不确定性表现方式 • 数据分析 ✧模拟 ✧敏感性分析 ✧决策树分析 ✧影响图	• 风险报告更新

1. 重点输入与输出

- 输入——假设日志：假设条件属于风险的来源，在定量过程通过假设条件进行建模模拟分析。
- 输入——估算数据：估算成本和进度的依据，用于建模分析风险的变异性。
- 输入——成本估算：在对成本风险进行模拟时，以成本估算数据作为基础得出项目的成本分布区间。
- 输入——成本预测：将成本预测数据与成本风险分析的结果进行比较，以确定实现成本目标的可能性。
- 输入——持续时间估算：在对进度风险进行模拟时，以持续时间估算数据作为基础，得出项目的工期分布区间。
- 输入——里程碑清单：将里程碑清单中的重要时间节点与进度风险分析的结果进行比较，以确定实现这些节点目标的可能性。
- 输入——风险登记册：包含了需要定量分析的具有严重影响的单个风险的详细信息。
- 输入——风险报告：描述了需要开展定量分析的整体项目风险的来源。
- 输入——进度预测：将进度预测数据与进度风险分析的结果进行比较，以确定实现进度目标的可能性。

- 输出——风险报告更新：经过定量风险分析后的结果。主要包括内容见表 2-67。

表 2-67　定量风险分析后的结果

整体项目风险敞口的评估结果	◆ 项目成功的可能性，即实现项目预定的成本或进度目标的可能性 ◆ 项目固有的变异性：项目所需要的成本或结果的分布区间
项目详细概率分析的结果	◆ 为了实现项目目标所需要预留的应急储备 ◆ 对项目关键路径影响最大的单个风险 ◆ 导致项目整体风险的主要因素
单个项目风险优先级清单	通过敏感性分析后按单个风险对项目的影响大小进行量化的优先级排序
定量风险分析结果的趋势	在不同阶段反复开展定量分析，以确定风险发展的趋势
风险应对建议	基于定量分析的结果，为制定风险应对策略提供指导建议

2. 重点工具

- 工具——不确定性表现方式：基于各种数据收集技术得到的风险数据，使用不确定性表现方式来生成概率分布图，以反映项目的工期或成本的分布情况。
  - 常见的分布方式：贝塔分布、三角分布、均匀分布、正态分布、离散分布。
  - 掌握三角分布和贝塔分布的计算方式，详见“估算活动持续时间”。
- 工具——模拟：借助于计算机软件使用模型来模拟单个项目风险和其他不确定性来源的综合影响，以评估它们对项目目标的潜在影响，常用蒙特卡罗模拟。
  - 对成本风险进行蒙特卡罗分析时，使用项目成本估算作为模拟的输入。
  - 对进度风险进行蒙特卡罗分析时，使用进度网络图和持续时间估算作为模拟的输入。
  - 开展综合定量成本—进度风险分析时，同时使用这两种输入。
  - 如图 2-25 所示，是针对成本估算进行模拟的结果展示。

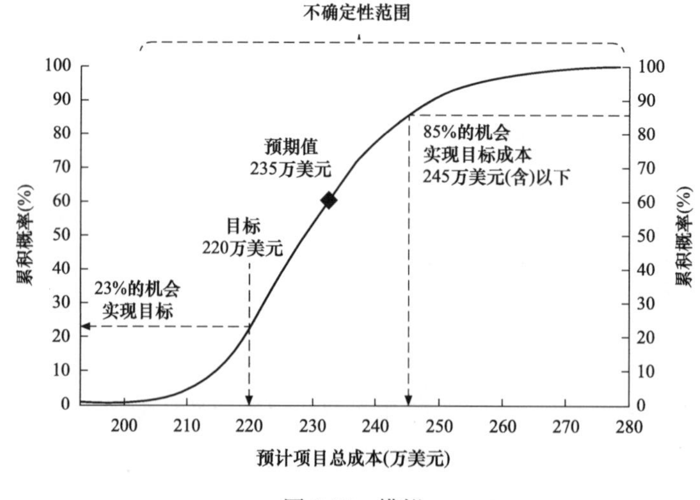

图 2-25　模拟

- 工具——敏感性分析：确定哪些单个项目风险对项目结果具有最大的潜在影响，按风险对目标影响的大小排序，常显示为龙卷风图（见图 2-26：活动 B12.3 对项目进度的积极影响最大）。

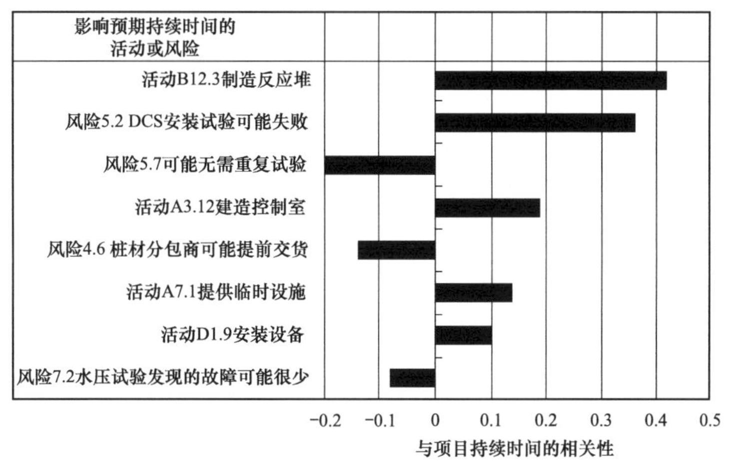

图 2-26　敏感性分析

- 工具——决策树分析：在若干备选行动方案的分支中，通过计算每条分支的预期货币价值，从中选择一个最佳方案。如图 2-27 所示。

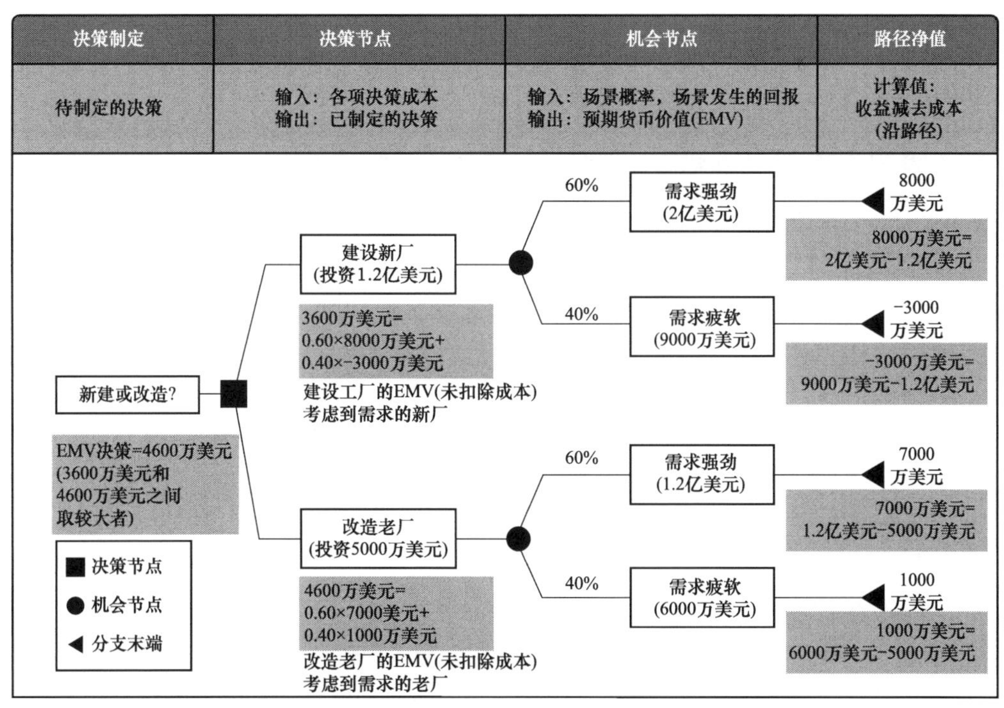

图 2-27　决策树分析

- 建设新厂需要投资 1.2 亿美元，市场好的情况下收入 2 亿美元，市场好的概率为

60%，可计算出市场好的情况下预期货币价值为：（2 亿－1.2 亿）×60%＝4800 万美元；市场差的情况下收入 0.9 亿美元，市场差的概率为 40%，可计算出市场差的情况下预期货币价值为：（0.9 亿－1.2 亿）×40%＝－1200 万美元；建设新厂的总预期货币价值为：4800 万－1200 万＝3600 万美元。

- 改造老厂需要投资 5000 万美元，市场好的情况下收入 1.2 亿美元，市场好的概率为 60%，可计算出市场好的情况下预期货币价值为：（1.2 亿－0.5 亿）×60%＝4200 万美元；市场差的情况下收入 0.6 亿美元，市场差的概率为 40%，可计算出市场差的情况下预期货币价值为：（0.6 亿－0.5 亿）×40%＝400 万美元；改造老厂的总预期货币价值为：4200 万＋400 万＝4600 万美元。
- 最终在两个方案中选择改造老厂，预期货币价值为 4600 万美元。

- 工具——影响图：对变量与结果之间的因果关系、事件的时间顺序及其他关系的图形表示，用于在不确定条件下制定决策。

3. 本过程的注意要点

- 考题数量：2～3 道题。
- 所有的单个风险都要定性分析，只有在定性风险分析过程中评估为对项目目标有重大潜在影响的单个风险才开展定量分析。
- 定性主要强调对单个风险进行分析，定量主要强调对整体项目风险进行分析。

2.10.5 规划风险应对

本过程是针对经分析过的风险制定应对措施，以提升积极影响或降低消极影响的过程。表 2-68 为本过程的重点输入、重点工具/技术、重点输出。

表 2-68　　规划风险应对过程的重点输入、重点工具/技术、重点输出

重点输入	重点工具/技术	重点输出
• 成本基准 • 项目进度计划 • 项目团队派工单 • 资源日历 • 风险登记册 • 风险报告 • 相关方登记册	• 威胁应对策略 • 机会应对策略 • 应急应对策略 • 整体项目风险应对策略	• 风险登记册 • 风险报告

1. 重点输入与输出

- 输入——成本基准：包含了用于应对风险所准备的应急储备。
- 输入——项目进度计划：需要考虑为了应对风险而需要额外开展的相关活动。
- 输入——项目团队派工单：定义了可以用于应对风险的人员清单。
- 输入——资源日历：明确了可以用于应对风险的各种资源的可用时间。

- 输入——风险登记册：经过定性或定量分析后的风险详细信息，如原因、分类、责任人、优先级、建议的应对措施，以便于定义合理的风险应对措施。
- 输入——风险报告：经过定量分析后的整体风险敞口级别、量化的风险优先级排序等信息，直接影响风险应对策略的制定。
- 输入——相关方登记册：列出了可以应对风险的潜在的责任人。
- 输出——风险登记册：更新风险登记册，记录了商定的风险应对措施。主要包括：
  - 商定的应对措施，如为某个风险制定的减轻或规避措施。
  - 实施风险应对措施需要的行动，如增加资源或外包任务。
  - 风险触发条件、征兆或预警，如下雨前可能会打雷。
  - 实施应对措施所需要的预算和进度活动，如时间和成本储备。
  - 应急计划，为应对某个已知风险提前准备的具体措施，如为应对下雨准备雨伞。
  - 弹回计划，当应对某项风险的主应对措施无效时使用的备用措施。
  - 残余风险及次生风险。
- 输出——风险报告：记录了针对整体项目风险敞口及高优先级的单个风险而准备的应对措施，内容与上面风险登记册的更新相似。

2. 重点工具

- 工具——威胁应对策略：5 种常见的威胁应对策略见表 2-69。

表 2-69　　5 种常见的威胁应对策略

策略	描述	关键词
上报	当威胁超出项目范围，不在项目经理的权限范围之内，则可以使用上报策略	上报管理层
规避	从根源上消除风险以保护项目免受威胁影响，将风险发生的概率降低到零	消除根源、改变计划、延长进度、缩小范围、取消项目、专有技能
转移	将应对威胁的责任转移给第三方，由第三方管理并承担风险的影响	买保险、履约保函、担保书、签订协议
减轻	采取措施将威胁发生的概率及可能带来的影响降低到可以接受的程度	原型法、减少流程、多次的测试、冗余部件、更可靠的供应商
接受	承认威胁的存在，但不主动采取措施，一般用于可承受的威胁或无法处理的威胁	主动接受：应急储备 被动接受：定期审查，风险发生后再处理

- 工具——机会应对策略：5 种常见的机会应对策略见表 2-70。

表 2-70　　5 种常见的机会应对策略

策略	描述	关键词
上报	当机会超出项目范围，不在项目经理的权限范围之内，则可以使用上报策略	上报管理层

续表

策略	描述	关键词
开拓	对于高优先级的机会，使用策略使机会出现的概率达到100%	分配最有能力的资源、使用全新的技术
分享	将应对机会的责任分享给第三方，一起享有机会带来的收益	建立合作伙伴、合资企业、合作团队
提高	采取措施提高机会发生的概率或机会带来的影响	增加资源
接受	承认机会的存在，但不主动采取措施，一般用于很小的机会以及无法争取的机会	主动接受：应急储备 被动接受：定期审查，风险发生后再处理

- 工具——应急应对策略：对于在发生前会有预警信号或征兆的特定风险定义的应对措施，以便在这些特定的条件出现时才执行风险应对计划。
- 工具——整体项目风险应对策略：整体风险的应对策略与单个机会或威胁的应对措施类似。

3. 本过程的注意要点

- 考题数量：3～5 道题。
- 一般而言具有严重负面影响的风险尽量选择规避或减轻，负面影响较小的风险可选择接受或转移，财务上的风险可首选转移。
- 机会应对策略 8 字方针：开拓质量（分配最好的资源属于开拓）、提高数量（增加资源的数量属于提高）。
- 易混淆概念区分见表 2-71。

表 2-71　　易混淆概念区分

概念	区分
次生风险	为应对某个风险而直接衍生出来的新风险
残余风险	为应对某个风险制定应对措施，但并未完全消除风险的影响
应急计划	为应对某个已知风险而提前预定的措施，在风险发生时使用
应急应对策略	为应对某些特定的已知风险（有预警或征兆）而提前预定的措施，在特定的条件（征兆或预警）发生时使用
弹回计划	为应对某个已识别的风险，制定了主应对措施，为了防止主应对措施无效，而额外制定的备用应对措施
权变措施	未针对风险事件制定应对措施，待风险发生时临时确定的被动应对措施

2.10.6　实施风险应对

本过程是执行风险登记册中商定的风险应对计划的过程。表 2-72 为本过程的重点输入、重点工具/技术、重点输出。

表 2-72　　实施风险应对过程的重点输入、重点工具/技术、重点输出

重点输入	重点工具/技术	重点输出
• 风险登记册 • 风险报告	无	• 风险登记册更新 • 风险报告更新

1. 重点输入与输出

- 输入——风险登记册：记录了每项单个风险的具体应对措施，以及对应的负责人。
- 输入——风险报告：记录了整体风险的敞口评估、应对策略及重要的单个风险的应对措施。
- 输出——风险登记册更新：当风险发生，执行完具体的应对措施后，需要更新应对的结果，如残余风险、次生风险及可能需要对应对措施做出的调整等。
- 输出——风险报告更新：与上面风险登记册更新的内容相似。

2. 重点工具

本过程的工具不具有独特性，不做单独讲解。

3. 本过程的注意要点

- 考题数量：1～2 道题。
- 再好的风险应对计划如果不落地执行也产生不了作用，要随时关注风险的状态及时执行应对措施。

2.10.7　监督风险

本过程是监督单个风险应对措施的执行情况、跟踪已识别的风险、识别分析新风险，并评估风险管理有效性的过程。主要包括：

- 风险应对措施是否发挥了效果，应急储备是否需要调整。
- 已识别的单个风险状态及整体风险级别是否改变。
- 是否出现新的单个风险，原有的假设条件是否继续成立。
- 风险管理方法是否有效，风险管理政策是否得到遵守。

表 2-73 为本过程的重点输入、重点工具/技术、重点输出。

表 2-73　　监督风险过程的重点输入、重点工具/技术、重点输出

重点输入	重点工具/技术	重点输出
• 风险登记册 • 风险报告	• 技术绩效分析 • 审计 • 会议	• 风险登记册更新 • 风险报告更新

1. 重点输入与输出

- 输入——风险登记册：记录着单个风险的详细信息、责任人、应对措施等。

- 输入——风险报告：记录着整体风险的敞口情况，及商定的应对策略与责任人。
- 输出——风险登记册更新：需要更新单个风险的状态变化、更新新识别的风险、已过时的或已发生的风险，以及应对措施。
- 输出——风险报告更新：需要更新重要的单个风险的状态变化，整体风险的敞口及趋势变化，以及对风险应对效果的评估结论等。

2. 重点工具

- 工具——技术绩效分析：用于将项目取得的技术成果与计划进行比较以判断技术指标（如重量、缺陷数量、故障率等）的达成情况。
- 工具——审计：本过程的审计为风险审计，用于评估风险管理过程的有效性，为风险管理计划的调整提供依据。
- 工具——会议：重点强调风险审查会，主要用于评估风险应对措施的有效性，为风险应对策略的调整提供依据。

3. 本过程的注意要点

- 考题数量：3～5 道题。
- 区分风险审计与风险审查会：风险审计强调审查风险管理过程的效果，如风险管理计划的合理性、风险政策的遵守程度，风险审查会强调审查风险登记册中具体的应对措施的效果。
- 需要在整个项目期间持续的监督风险的状态，如识别新风险、更新残余风险、次生风险、已发生或过时的风险等。
- 需要持续关注风险储备的变化，分析剩余储备的合理性，并根据需要对储备进行增减。

2.10.8 练习题

1. 当你向相关方展示风险的概率与影响时，他告诉你，仅从这些分析风险是远远不够的，他需要关注时间的紧急程度，你建议？

   A. 概率影响分析完后通过概率影响矩阵即可分析风险的优先级

   B. 告诉他你已经对风险的数据做了准确性评估，足够可靠

   C. 你与团队就各项风险的紧迫性、临近性与潜伏期做了进一步的分析

   D. 你通过蒙特卡罗模拟，用更量化的数据为客户释疑

2. 一个项目具有如下风险：20%的概率可能会在客户需求确认中延迟 14 天；10%的概率在采购过程中延迟 21 天；50%的概率在综合中会延迟 14 天。这些风险事件的期望值是多少？

   A. 11.9 天　　B. 35.8 天　　C. 49 天　　D. 7 天

3. 项目相关方相对保守，项目经理计划采用规避的风险策略，以下哪些是风险规避的实例？（多选，三项）

   A. 澄清项目需求　　B. 调整项目进度　　C. 减少流程步骤　　D. 增加资源

E. 减少项目可能受影响的范围

4. 你的项目团队识别了与项目相关的几个风险，你决定采取措施降低某一个风险事件发生的概率以期降低风险的后果，这种风险应对策略称为？

A. 风险规避　B. 风险接受　C. 风险减轻　D. 应急计划

5. 项目经理很高兴公司在新地区取得项目，项目经理识别了该项目风险并予以排序。项目经理接下来应采取下列哪项行动？

A. 风险定性分析　B. 识别威胁和机遇

C. 规划风险应对措施　D. 评估现有风险并识别新风险

6. 用来检查风险应对措施在处理已识别风险及其根源方面的有效性，以及用来检查风险管理过程的有效性的工具是什么？

A. 风险评估　B. 风险审计

C. 偏差和趋势分析　D. 技术绩效测量

7. 项目团队制作了一份图表，将已识别风险的类别和子类别联系起来。项目团队正在制作下列哪一项？

A. 风险登记册　B. 风险分解结构　C. 定性风险分析　D. 定量风险分析

8. 你在项目实施阶段的中期发现，由于未预料的变更，你的钱要花光了。最佳的措施是什么？

A. 对项目进行赶工或快速跟进　B. 重新评估风险和应急储备金

C. 要求对项目预算做变更　D. 使用不对项目收费的资源

9. 设计工程师通知你，找到了更便宜的零部件，但是你不能确认该零部件是否影响产品的性能，你必须首先做什么？

A. 拒绝更换

B. 根据承包商的固定价格评估零部件的成本

C. 考虑使用新部件会带来的风险

D. 与现有的厂商就这个新部件协商一个更低的价格

10. 通过风险分析过程决定已经识别的一个风险事件无法避免，也不能减轻或保险。这是个关键的风险事件，一旦发生可能造成项目失败。项目经理最佳的选择是？

A. 贬低风险的重要性，让项目团队找到一个克服任何失败的方法

B. 非常关注，加强管理该风险事件和其相关事件

C. 让项目评估小组继续分析该风险事件，直到降低预期负值

D. 忽略风险评估，因为不管赋予什么值，都只是一个估计，绝对不会完全等同于预期的状态

答案及解析

1. 解析：答案C。考点“定性风险分析：工具”。包括：紧迫性、临近性、潜伏期、

可控性、可管理性、密切度、关联性、战略影响等；A、B、D 选项均没错，但是跟时间无关。

2. 解析：答案 A。考点“定量风险分析：工具”。预期货币价值；不同情况下的可能性×影响，再相加，可算出风险的预期值：20%×14+10%×21+50%×14=11.9。

3. 解析：答案 A、B、E。考点“风险应对”。记住关键词：澄清需求、改变计划、延长进度、削减范围均是规避的特征；C、D 选项是减轻的特征。

4. 解析：答案 C。考点“风险应对”。降低风险的后果或降低风险发生的概率，都属于减轻。A 选项从根源上是消除风险；B 选项强调被动应对；D 选项是对已知风险处理措施的统称，可以是规避、减轻、转移或接受。

5. 解析：答案 C。考点“风险应对”。A 选项描述的是定性分析，正是题干在做的事；B 选项识别风险，在定性之前；C 选项，规划风险应对，属于定性及定量之后的步骤；D 选项，监督风险，应该在 C 选项之后。

6. 解析：答案 B。考点“工具：风险审计”。风险审计的关键词：有效性。

7. 解析：答案 B。考点“过程：风险识别”。参见：风险管理—识别风险。对项目风险进行分类通常借助风险分解结构，风险分解结构是潜在风险来源的层级展现；风险分解结构有助于项目团队考虑单个项目风险的全部可能来源，对识别风险或归类已识别风险特别有用。A 选项是识别风险的输出，记录全部的单个风险清单；C 选项是对风险分类排序的一个过程；D 选项是对严重的风险或整体风险进行综合分析的过程。

8. 解析：答案 B。考点“工具：储备分析”。在项目过程中要对比风险的变化与储备变化之间的关系，以考虑调整储备，而未预料的变更，相当于未知的情况，需要通过管理储备来应对。

9. 解析：答案 C。考点“风险相关概念”。风险是指未知事件，一旦发生可能对项目目标造成不确定性的影响，所以题干描述的就是风险。

10. 解析：答案 B。考点“风险应对”。题干指出不能规避，也不能减轻或保险（转移），那就只有接受。B 选项是一种相对积极的接受；D 选项是一个比较消积的接受。

2.11 项目采购管理

项目采购管理是为了实现项目目标而向外部采购所需要的产品、服务或成果的过程。本过程的主要依据是合同。

- 通过用合同或协议来明确双方的关系，包括责任与义务。
- 协议中规定所有合法内容都必须遵守，而未规定的事项将没有强制力。
- 采购过程相对于其他知识领域，会更加正式和严格，变更也需要更多的审批流程。
- 采购过程项目经理身份从其他知识领域的乙方变成甲方，要以甲方视角考虑问题。

2.11.1 规划采购管理

本过程是记录项目的采购决策、明确采购方法及识别潜在卖方的过程。表 2-74 为本过程的重点输入、重点工具/技术、重点输出。

表 2-74 规划采购管理过程的重点输入、重点工具/技术、重点输出

重点输入	重点工具/技术	重点输出
• 质量管理计划 • 范围基准 • 里程碑清单 • 项目团队派工单 • 需求文件 • 需求跟踪矩阵 • 资源需求 • 风险登记册 • 相关方登记册 • 组织过程资产	• 市场调研 • 自制外购分析 • 供方选择分析	• 采购管理计划 • 采购策略 • 招标文件 • 采购工作说明书 • 供方选择标准 • 自制外购决策 • 独立成本估算

1. 重点输入与输出

- 输入——质量管理计划：包含了项目需要遵循的质量政策及行业标准，这些会成为招标文件及最终合同的条款。
- 输入——范围基准：编制采购工作说明书需要依据范围基准中的具体范围说明或可交付成果。
- 输入——里程碑清单：里程碑清单中定义了供应商交付成果的具体时间节点。
- 输入——项目团队派工单：记录了团队成员的详细信息，如果团队成员不具备某些能力，则需要考虑外聘人员。
- 输入——需求文件：定义了卖方需要满足的技术要求或其他要求（健康、安全等）。
- 输入——需求跟踪矩阵：参见第 2.4.2 节。
- 输入——资源需求：包含了项目的特定资源需求，这些资源可能需要通过外部采购。
- 输入——风险登记册：记录了风险的详细信息及应对策略，对于使用了转移策略的风险，需要通过采购协议转移给第三方。
- 输入——相关方登记册：记录了相关方的详细信息，其中也包含合同签署人员及法务人员。
- 输入——组织过程资产：本过程中主要考虑组织中的采购政策、潜在的供应商名单，以及合同类型的选择，常见有总价合同（固定总价合同、总价＋激励费用合同、总价＋经济价格调整合同）、成本补偿合同（成本＋激励费用合同、成本＋奖励费用合同、成本＋固定费用合同）、工料合同三大类合同，具体如下：
  - ◆ 固定总价合同（Firm Fixed Price Contract，FFP）：定义明确的工作范围，设置

固定的合同价格，在不增加工作范围的情况下合同价格保持不变。

- 总价＋激励费用合同（Fixed Price Incentive Fee Contract，FPIF）：明确的工作范围，设置目标价格，同时会基于成本、进度或技术定义绩效目标，通过设置激励费用调动卖方的积极性，如果卖方达到了目标会给予相应的财务奖励，此合同中一般会有如下内容：
    - 目标成本：预计项目的目标成本。
    - 目标费用：预计供应商按目标完成项目时的利润。
    - 分摊比例：节约或超支部分的分享或分摊（如 80/20，买方分摊比例在前）。
    - 最高限价：买方付款的最高限额，如果最终成本超出限额部分将不再分摊，由卖方自行全额承担。
- 总价＋经济价格调整合同（Fixed Price with Economic Price Adjustment Contract，FPEPA）：在周期较长的合同中，市场条件或材料价格会发生变化，为了应对这种变化，在预定目标总价的同时，允许根据市场条件的变化来调整最终的实际付款。
- 成本＋激励费用合同（Cost Plus Incentive Fee Contract，CPIF）：成本实报实销，设置一笔激励费用作为卖方的利润，并设置分享/分摊比例，在卖方节约或超支后，对节约或超支的部分按比例进行分享或分摊，此合同中一般会有如下内容：
    - 目标成本：预计项目的目标成本。
    - 目标费用：预计供应商按目标完成项目时的利润。
    - 分摊比例：节约或超支部分的分享或分摊（如 80/20，买方分摊比例在前）。
- 成本＋奖励费用合同（Cost Plus Award Fee Contract，CPAF）：成本实报实销，如果买方在主观上对项目的完成情况感到满意，则额外支付一定奖励费用作为供应商的利润。
- 成本＋固定费用合同（Cost Plus Fixed Fee Contract，CPFF）：成本实报实销，额外设定一笔固定的费用作为供应商的利润，无论成本怎么变化，利润均保持不变。
- 工料合同（Time and Material Contract，T&M）：按事先约定好的工时单价和材料单价，基于项目中实际使用的材料和工时，来计算总成本的合同类型。
- 合同的计算：主要是计算总价＋激励费用合同或成本＋激励费用合同中的总付款金额或供应商的利润。

以成本＋激励费用合同举例：某项目目标成本为 100000、目标利润为 10000、分摊比例为 80/20，若最终供应商的实际成本为 110000，请计算合同总金额与卖方的利润。

计算方式如下：

总付款金额＝目标成本＋目标利润＋超支的公摊部分（节约则是减去节约的分享部分）。即：100000＋10000＋(110000－100000)×0.8＝118000。

供应商的利润＝总付款金额－实际成本＝118000－110000＝8000。

- 输出——采购管理计划：描述采购过程中要开展的各种活动，主要包括：
  - 如何协调采购工作与其他项目工作，如采购工作如何与进度计划匹配。
  - 用于管理合同的采购测量指标，如相关的行业标准。
  - 开展重要采购活动的时间表。
  - 与采购有关的角色和职责，如谈判、合同签订的人员及职责。
  - 争议处理方式、付款方式、币种选择等。
  - 风险管理事件，需要转移的风险相关的合同签署要求。
  - 潜在的合格卖方清单、建议书的评估方法等。
- 输出——采购策略：对于决定从外部渠道采购的产品，制定一套采购策略，主要包括：
  - 交付方法：不同项目的交付方式会有差异，如对于服务项目：可以定义是否允许分包；对于工程施工项目：可以定义工程总承包方式即交钥匙工程（承包商负责一切，业主什么都不用管），或项目管理承包（指定供应商代表业主负责工程项目管理的整体设计与规划，但不参与具体项目的施工过程）等。
  - 采购阶段：采购过程是否分阶段采购，各个阶段的验收标准定义及阶段间的过渡方式。
  - 合同支付类型：根据范围、组织关注的绩效目标等选择总价、成本或工料合同。
- 输出——招标文件：用于各潜在的卖方征求建议书，主要有三种不同的类型：
  - 信息邀请书（Request for Information，RFI）：用于要求卖方提供关于产品或服务的相关信息描述。
  - 报价邀请书（Request for Quotation，RFQ）：用于要求卖方为所采购的产品或服务给出详细的报价。
  - 建议邀请书（Request for Proposal，RFP）：当买方对项目要解决的问题没有明确的方案时，用于要求卖方为项目提供详细的解决方案。

注意：RFI 只是提供基本的信息，如果要进一步的合作，还需要提供 RFP 或 RFQ。

- 输出——采购工作说明书：详细地描述拟采购的产品、服务或成果的信息（如规格、质量要求、数量、绩效目标等），以便于让卖方判断是否具备提供服务的能力。
- 输出——供方选择标准：用于判断供应商提供的方案是否满足采购要求的详细标准，如规模、能力、成本优势、质量水平、相关经验等。
- 输出——自制外购决策：通过自制外购分析做出的关于某些工作是自己完成还是需要外部采购的决策文件。
- 输出——独立成本估算：由内部专家或外部估算师做出来的成本估算，用于和供应商的报价进行比较，以判断供应商报价的合理性。

2. 重点工具

- 工具——市场调研：通过收集各种数据来考察行业情况及卖方的能力的方法。
- 工具——自制外购分析：用于确定某项工作应该由团队自行完成还是从外部采购的方法，考虑的因素：组织的能力、技术专长、风险因素及成本优势等。以考虑成本因素举例如下：
  - 假设：某设备如果自行购买，需要花费 96000 元、且每天的使用成本为 1000 元；如果租赁每天的租金为 9000 元，请问如何进行购买或租用的决策？
  - 解析：假设使用时间为 X 天，则：$96000+1000X=9000X$，解出 $X=12$，即表示如果使用时间为 12 天时，租金与购买成本持平。
  - 结论：当时间超过 12 天时购买、低于 12 天时租赁。
- 工具——供方选择分析：用于考察供应商技术方案的各项指标，以便让投标人了解将会被如何评估，常用的指标见表 2-75。

表 2-75　供方选择分析常用的指标

最低成本	价低者得，一般适用于成熟的产品或标准化的采购
仅凭资质	只要具备相应资格即可，一般在潜在的合格供应商库中选择，适用于价格低、价值小的采购
质量或技术方案得分	基于供应商提供的解决方案进行考评，根据技术解决方案的得分来选择供应商
质量和成本	综合考量供应商提供的解决方案的质量以及成本优势
独有来源	市场垄断，没有其余方案可以选择
固定预算	提前在邀请书中确定预算目标，如果报价在此目标内再进行进一步的技术方案评估

3. 本过程的注意要点

- 考题数量：3～5 道题。
- 常见的采购方法有直接采购、货比三家、邀请招标、公开招标，越往后，潜在卖方之间的竞争越大，对买方越有利。
- 合同的选择：项目经理及团队在选择合同的时候，要选择对买方有利的合同类型，具体如下：
  - 站在买方的角度：风险由小到大依次为：固定总价合同—总价加激励费用合同—总价加经济价格调整合同—工料合同—成本加激励费用合同—成本加奖励费用合同—成本加固定费用合同。
  - 站在范围的角度：范围明确选总价类合同，范围明确但工作量不明确选工料合同，范围非常不明确选成本类合同，需要快速进入工作或加人选工料合同。

2.11.2 实施采购

本过程是获取卖方应答、选择卖方并授予合同（招标、投标、评标、授标）的过程。表 2-76 为本过程的重点输入、重点工具/技术、重点输出。

表 2-76　　实施采购过程的重点输入、重点工具/技术、重点输出

重点输入	重点工具/技术	重点输出
• 采购管理计划 • 采购文档 • 卖方建议书	• 广告 • 投标人会议 • 建议书评价 • 谈判	• 选定的卖方 • 协议

1. 重点输入与输出

- 输入——采购管理计划：包含了实施采购过程需要开展的活动以及开展实施采购过程的方法。
- 输入——采购文档：包括招标文件、采购工作说明书、独立成本估算、供方选择标准，用于获得卖方的应答。
- 输入——卖方建议书：卖方为了响应买方发出的采购文档而编制的建议书，包括供应商的详细信息、各种相关资质、详细的技术解决方案、报价、履约的方式等。
- 输出——选定的卖方：在评标过程被认为合格的备选供应商名单，经过审批后成为最终的供应商。
- 输出——协议：对买卖双方具有法律约束力的合同，定义了卖方提供的产品以及买方要向卖方支付的报酬。

2. 重点工具

- 工具——广告：在大众出版物或媒体上刊登招标信息。
- 工具——投标人会议：即供应商会议，买方邀请潜在的卖方参会，确保所有的潜在卖方对采购需求达成一致的理解，注意点如下：
  - 给参会者留出足够的时间提问，确保对采购背景有清晰的了解。
  - 确保公平公正，不能有任何的潜在卖方获得额外的待遇。
- 工具——建议书评价：将卖方响应的建议书与采购文档进行对比分析，判断是否对采购文档的要求都做出了完整的响应，并基于供方选择的标准对方案进行综合评选，以确定有合格的供应商，常见方法如下：
  - 加权系统：对选择供应商的各项标准设置不同的权重，然后针对每家供应商基于每条标准进行打分，加权计算后总分最高的成为中标者。
  - 筛选系统：列出选择供应商的不同标准，每一轮使用一个标准筛选，不满足此条标准则被淘汰，满足此标准则进行下一轮筛选，最终剩下的将会中标。

- 独立估算：用内部专家估算出的成本与供应商的报价对比，报价最接近估算结果的供应商将会中标。
- 工具——谈判：在合同签署之前，对合同的内容、权利、义务等条款进行充分沟通，建立共识，最终达成协议的方法。注意点如下：
  - 谈判的目的是获得公平合理的价格，维护双方长期合作的关系。
  - 常见的谈判策略：最后期限、既成事实、公平合理、黑脸白脸、撤退、有限授权等。

3. 本过程的注意要点

- 考题数量：3～5道题。
- 本过程主要就是围绕招投标过程的工作，最终的结果就是签订采购协议。
- 项目经理往往无权签署对组织有约束力的协议，但应该充分地参与采购过程以便澄清采购需求。
- 详细的合同条款具有法律约束力，但当地的法律及文化可能会影响合同的执行。
- 协议必须是公平公正地产生，一旦生效，双方必须遵守。
- 合同在双方协商的情况下可以调整，但相比其他项目文件或计划的调整，需要更多的审批程序。

2.11.3 控制采购

本过程是管理买卖双方的采购关系，监督合同绩效，确保买卖双方履行协议条款，满足项目需求的过程。本过程主要工作如下：

- 产品核实与验收：确保成果满足合同规范及采购要求，并获得买方的验收。
- 财务结算：买方根据卖方完成的工作支付合同款项。
- 处理争议与纠纷：处理采购过程中的不合规或违约情况。
- 退还保证金：向卖方发送履约证明，退还履约保证金或质保金。
- 总结经验教训、归档：总结采购过程中的经验教训、归档采购文档。

表2-77为本过程的重点输入、重点工具/技术、重点输出。

表2-77　控制采购过程的重点输入、重点工具/技术、重点输出

重点输入	重点工具/技术	重点输出
• 里程碑清单 • 质量报告 • 需求文件 • 协议 • 采购文档 • 批准的变更请求	• 索赔管理 • 绩效审查 • 检查 • 审计	• 采购关闭

1. 重点输入与输出

- 输入——里程碑清单：定义了卖方需要交付成果的时间点。

- 输入——质量报告：记录了供应商交付的成果中可能存在的质量问题。
- 输入——需求文件：定义了卖方需要满足的技术要求或其他要达成的需求目标。
- 输入——协议：包含了买卖双方应该遵守的条款，对着协议去判断双方的遵守情况。
- 输入——采购文档：采购过程中所发生的一系列文件的汇总，用于评估采购过程的有效性，包括：工作说明书、工作计划、绩效信息、付款信息、往来函件等。
- 输入——批准的变更请求：与采购相关的变更，在经过批准后，与实际完成的成果进行对比，以确定变更执行的情况。
- 输出——采购关闭：通过授权的采购管理员，向卖方发出的证明合同已经完成的正式书面通知，主要内容包括：
  - 已按要求完成并交付的成果。
  - 不存在未决的争议或索赔事项。
  - 全部采购款项均已付清。

2. 重点工具

- 工具——索赔管理：买卖双方在合作过程中出现分歧后，对合同索赔进行处理、裁决和沟通的过程。解决思路如下：
  - 首选是谈判方案，尽量维护双方的合作关系。
  - 协商无果可以使用诉讼程序或 ADR（替代争议解决方案，包括调解和仲裁）。
- 工具——绩效审查：对供应商的质量、进度和成本绩效等进行测量、分析，以判断供应商的履约能力。
- 工具——检查：对供应商的工作及交付的成果进行结构化的检查，以确保工作及成果符合采购要求或合同规范。
- 工具——审计：本过程强调采购审计，对整个采购过程进行结构化的审计，以分析采购过程的有效性并总结经验教训。

3. 本过程的注意要点

- 考题数量：1～3 道题。
- 控制采购中包含了合同收尾的工作（成果移交、结算、归档等），提前终止的采购也需要有完整的合同收尾过程。
- 一旦发生争议，首选的解决方案是谈判，不到万不得已尽量慎用法律途径。
- 区分绩效审查、检查与采购审计，具体见表 2-78。

表 2-78　　绩效审查、检查、采购审计的区别

绩效审查	基于绩效数据，如 SPI、CPI、资源利用率等，以判断供应商的履约能力，作为后续是否继续合作的参考
检查	强调针对具体的工作及成果进行正确性的检查
采购审计	强调分析采购过程有效性，作为改进的基础并总结经验教训

2.11.4 练习题

1. 一家供应商在生存之际，被迫与一家组织签订了一份供货合同，在合同执行期间，供应商由于成本压力无法继续前进，建议的方式是？

A. 合同具有法律效力，必须继续履约

B. 供应商直接中途罢工，避免进一步损失

C. 与组织谈判，修改合同条款，必要时可以通过诉讼流程

D. 暂时搁置，等公司业务状态好转后继续履约

2. 合同类型的选择取决于风险的程度或者项目经理面临的不确定性。从买方的角度来看，项目经理优先签订什么类型的合同？

A. 固定总价合同　　B. 总价加奖励费用合同

C. 成本加固定费用合同　　D. 成本加激励费用合同

3. 项目经理计划为一个建设施工项目采购混凝土。所有供应商的材料质量都一样，只有价格差别。项目经理应向供应商请求哪种应对文件类型？

A. 信息邀请书　　B. 建议邀请书　　C. 报价邀请书　　D. 工作说明书

4. 买方已经与卖方谈成成本加激励费用合同。合同目标成本为 30 万美元。目标费用为 4 万美元，风险分担比率为 80/20，最高费用为 60000 美元，最低费用 10000 美元。如果卖方实际成本为 380000 美元，那么买方付的费用是多少美元？

A. 104000　　B. 56000　　C. 30000　　D. 24000

5. 签约公司未达到质量标准，并且可交付成果频繁延迟。项目经理发现，现有合同条款无法确保卖方提高绩效。为避免卖方的低绩效，项目经理应采取何种行动？

A. 让项目经理团队执行影响分析　　B. 实施采购绩效审查

C. 实施风险再评估　　D. 更新经验教训文档

6. 你的供应商没有完成项目任务，你要和他终止合同，下面哪项是最好的选择？

A. 遵循合同终止程序

B. 会见供应商，解释问题并获得供应商对终止合同的同意

C. 回顾变更请求

D. 将该供应商报告到中立机构进行检查

7. 潜在卖方提交了建议书后，项目组讨论中，一个成员支持其中的一个卖方，而另一个组员想购买另一个卖方的产品。这个项目组处于采购过程中的哪个阶段？

A. 规划采购管理　　B. 实施采购

C. 控制采购　　D. 制定采购决策

8. 你将供应商选择的方式提交给了管理层，其中包括成本、质量、规模等指标，但管理层还是提出了一些顾虑，因为他比较担心供应商对后续服务的支持度，以下哪项不是最好的解决方案？

A. 在合同条款中定义服务年限　　　　B. 签订附属的服务协议
C. 调查供应商在过往客户中的市场口碑　D. 谈判中要求供应商保证服务质量

9. 某个一年期项目，在进行 6 个月后 SPI 为 0.5，根据合同条款，合同被终止了。以下哪一个过程处理合同的提前终止？

A. 结束项目或阶段　　　　B. 报告项目绩效
C. 控制采购　　　　　　　D. 管理质量

10. 在为采购项目主要设备进行谈判期间，卖方开始收拾东西准备离开会场，此时，气氛极其紧张。这属于下述哪种谈判战略？

A. 关键人物不在场　　　　B. 卖方对产品不感兴趣
C. 撤退　　　　　　　　　D. 截止日期

答案及解析

1. 解析：答案 C。考点"采购管理相关概念"。A 选项并没有错，但是合同应该本着公平自愿的原则签订，对于强迫签订的合同，可以申请撤销或调整，故 C 选项合理；B 选项会涉嫌违约，相当于你打我一拳，我踢你一脚，这种不符合 PMI 的理念。

2. 解析：答案 A。考点"合同的选择"。题干没有任何关键词，则按风险大小来选择合同，风险由小到大的选项排序依次是：A—B—D—C。

3. 解析：答案 C。考点"规划采购管理：输出"。A、B、C、D 选项均为输出，而 A、B、C 选项属于同一种文件——招标文件。如果需要卖方提供关于拟采购货物和服务的更多信息，就使用信息邀请书；如果需要供应商提供关于将需要多少成本的信息，就使用报价邀请书；如果项目中出现问题且解决办法难以确定，就使用建议邀请书。题干强调的是价格，故 C 选项合适。

4. 解析：答案 D。考点"激励类合同的计算"。成本已经超支，分摊比例默认买大卖小，站在卖方的角度，分摊部分：(300000－380000)×0.2＝－16000；卖方可得的费用：目标费用 40000 加上分摊费用再减去 16000 等于 24000，费用在最低与最高费用之间，故按实际结果支付费用（这里的费用即利润，并不是付款总额）。

5. 解析：答案 B。考点"工具——采购绩效审查"。对照协议，对质量、资源、进度和成本绩效进行测量、比较和分析，以审查合同工作的绩效。其中包括确定工作包提前或落后于进度计划、超出或低于预算，以及是否存在资源或质量问题。

6. 解析：答案 A。考点"合同结束"。A 选项，按照程序终止合同是最好的选项；B 选项不对，合同是对双方的约定，按合同办事即可；C 选项，这个环节没必要了，现在已经到了要终止合同的时点了；D 选项，应该是出现争议后双方达不成一致时才需要。

7. 解析：答案 B。考点"输入——卖方建议书"。卖方已经提交了建议书，即进入实施采购过程了。D 选项属于规划采购过程的内容。

8. 解析：答案 D。考点“采购的基本做法”。A、B 选项是正式书面的做法，对于重要的问题，应该这样；C 选项是平时采购过程中的一种常规做法，了解过往的履约情况；D 选项，口头的保证没有实际意义。

9. 解析：答案 C。考点“控制采购”。控制采购主要是维护采购关系，检查供应商的履约情况，处理合同争议与纠纷，并结束采购的过程。A 选项，结束项目或阶段主要强调行政收尾、项目文件或组织过程资产归档。

10. 解析：答案 C。考点“工具：人际关系技能——谈判”。A 选项是有限授权；B 选项从题干判断不了，而且这不是一种谈判策略；C 选项，撤退又称离桌威胁；D 选项是最后期限。

2.12 项目相关方管理

项目相关方管理是指识别出与项目有关的人或群体、分析其对项目的影响、制定合理的措施来调动其参与项目的决策或执行并监督效果，以满足相关方的需要和期望的过程。

- 项目相关方是指与项目有直接或间接关系的任何个人、群体或组织。
- 相关方的满意度也应成为项目成功的衡量标准之一。
- 正确识别并合理引导相关方参与的能力，决定着项目的成败。
- 应该尽早开始识别相关方并引导相关方参与到项目中。
- 应尽可能地调动相关方合理地参与项目以帮助项目目标的实现，包括：
  - 明确相关方的项目需求、沟通需求以合理的管理期望。
  - 识别并利用相关方的知识、经验、技能、资源等以服务于项目目标。
  - 为其分配风险责任或其他任务（如识别制约因素假设条件、识别外部相关方、开展可行性分析等）。

2.12.1 识别相关方

本过程是识别出项目所有相关方的基本信息（如姓名、电话）、与评估信息（如权利、利益、参与项目的意愿）的过程。表 2-79 为本过程的重点输入、重点工具/技术、重点输出。

表 2-79　识别相关方过程的重点输入、重点工具/技术、重点输出

重点输入	重点工具/技术	重点输出
• 项目章程 • 商业论证 • 效益管理计划 • 沟通管理计划 • 相关方参与计划 • 协议	• 相关方分析 • 相关方映射分析/表现	• 相关方登记册

1. 重点输入与输出

- 输入——项目章程：该文件里已经列出了一些重要的相关方名单及职责相关的信息。
- 输入——商业论证：该文件包含了论证商业目标时与项目有关的主要相关方。
- 输入——效益管理计划：该文件可能记录了从项目可交付成果中获益的相关方。
- 输入——沟通管理计划：沟通管理计划中的发送方、接收方都是项目相关方，也是了解相关方的主要依据。
- 输入——相关方参与计划：该计划可以有效引导相关方参与项目，帮助识别更多的相关方。
- 输入——协议：签订协议的各方都是项目相关方。
- 输出——相关方登记册：记录关于已识别相关方的信息，包括：
  - 基本信息：姓名、职位、地点、联系方式、在项目中的角色。
  - 评估信息：主要需求、期望、影响项目成果的潜力、影响项目生命周期阶段。
  - 相关方分类信息：作用、影响、权力或利益、外部、内部等。

2. 重点工具

- 工具——相关方分析：分析相关方的各种信息，如在组织职位、项目中角色、对项目兴趣、权利、利益、期望、能提供的知识、对项目的态度等。
- 工具——相关方映射分析/表现：利用不同维度（权利——职权；利益——项目带来的收益；影响——施加影响的意愿；作用——改变项目计划的能力）对相关方进行分类，帮助团队与已识别的相关方建立关系。包括：
  - 权力利益/权力影响/作用影响方格（见图 2-28）：基于这些不同的纬度，对相关方进行分类。适用于小型项目、相关方关系简单的项目。
  - 相关方立方体：将权力、利益、作用、影响取三个纬度进行相关方分类，以便于更全面客观地分析相关方。
  - 凸显模型：从相关方的权力、紧迫性、合法性三个纬度进行分类。适用于复杂的相关方群体，用于确定已识别相关方的相对重要性。
  - 影响方向：包括向上（领导）、向下（团队、专家）、横向（同级）、外部（客户、供应商），注意客户的领导属于向上的相关方。
  - 优先级排序：适用于大量相关方或成员频繁变化的情况，以及相关方和团队之间关系复杂的情况，需要对相关方排列优先级。

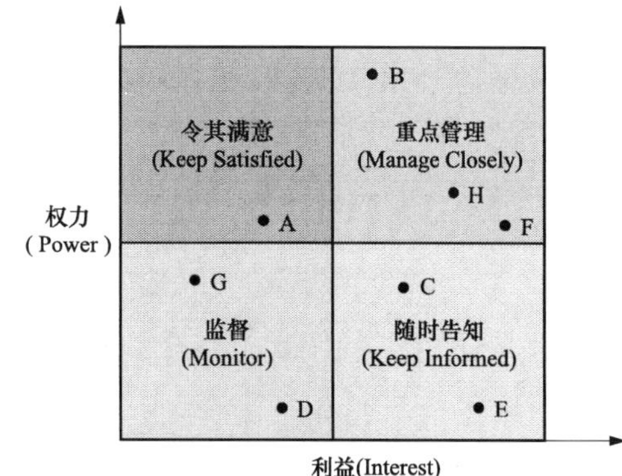

图 2-28　权利/利益方格

3. 本过程的注意要点

- 考题数量：3～5 道题。
- 应尽早、尽可能全面地识别相关方。
- 必要时反复开展此过程，如在每个阶段开始以及项目出现重大变化时重复开展。
- 相关方管理做得不好，往往是造成项目失败的主要原因。
- 注意及时更新相关方登记册，一般考题中提到识别到新的相关方等场景，都需要更新相关方登记册。

2.12.2 规划相关方参与

本过程是基于对相关方分析并分类的结果，制定出引导相关方有效参与项目的计划的过程。表 2-80 为本过程的重点输入、重点工具/技术、重点输出。

表 2-80　　规划相关方参与过程的重点输入、重点工具/技术、重点输出

重点输入	重点工具/技术	重点输出
• 沟通管理计划 • 相关方登记册	• 相关方参与度评估矩阵	• 相关方参与计划

1. 重点输入与输出

- 输入——沟通管理计划：该文件规定了针对相关方的沟通策略，这些策略也会成为相关方管理策略的组成部分。
- 输入——相关方登记册：该文件提供了相关方清单以及分类情况。
- 输出——相关方参与计划：该计划确定了用于促进相关方有效参与项目决策和执行的策略、行动。

2. 重点工具

- 工具——相关方参与度评估矩阵：分析相关方当前参与水平与团队期望的参与水平之间的差距，有助于制定策略引导相关方达成团队期望的参与水平（见图2-29）。相关方参与程度从低到高分为 5 种：

相关方	不知晓	抵制	中立	支持型	领导
相关方1	C			D	
相关方2			C	D	
相关方3				DC	

图 2-29　相关方参与度评估矩阵

C：当前参与程度（ Current engagement）

D：所需参与程度（ Desired engagement）

- 不知晓型：不知晓项目及影响。项目经理应当加强宣传，以获得支持。
- 抵制型：知晓影响但抵制项目，此类相关方一般认为项目对其有负面影响。

- 中立型：既不支持也不抵制，此类相关方一般认为项目与他无关。
- 支持型：支持项目，此类相关方一般认为项目对他有正面利益。
- 领导型：特别支持项目，引领项目前进，此类相关方一般认为项目对他有特别大的正面利益关系。

图 2-29 中，相关方 1 当前是不知晓型，为确保项目成功，需要将相关方 1 变成支持型。据此，要对其开展必要的沟通，有效地引导参与项目，以弥合当前与期望参与水平的差距。

3. 本过程的注意要点

- 考题数量：3～5 道题。
- 注意区分沟通管理计划与相关方管理计划：
  - 相关方参与计划强调的是一份引导相关方合理参与项目的策略文件，便于提升积极相关方的正面影响，降低负面相关方的消极影响。而沟通管理计划强调如何向相关方传递信息。
  - 当题干出现沟通不畅的描述，则查看沟通管理计划，确定沟通管理计划确实有问题，则调整沟通管理计划；如果沟通管理计划没有问题，相关方又非要索要信息或认为有问题（无理取闹），则此时查看相关方参与计划，参考此计划以合理地引导相关方行为。
  - 对相关方参与计划或沟通管理计划的调整，都需要遵循变更流程，只不过此时一般不需要 CCB 批准，项目经理就有权限批准。
- 当相关方发生变化、项目新阶段的开始或组织结构发生变化导致原有的管理策略失效时，都有可能需要更新相关方参与计划。

2.12.3 管理相关方参与

本过程是与相关方一起沟通协作，引导相关方合理参与项目，提升相关方的积极影响、降低相关方的消极影响的过程。表 2-81 为本过程的重点输入、重点工具/技术、重点输出。

表 2-81　　管理相关方参与过程的重点输入、重点工具/技术、重点输出

重点输入	重点工具/技术	重点输出
• 沟通管理计划 • 相关方参与计划	• 基本规则	• 问题日志

1. 重点输入与输出

- 输入——沟通管理计划：通过沟通管理计划中的沟通策略引导相关方有效参与项目。
- 输入——相关方参与计划：通过相关方参与计划中的管理策略引导相关方有效参与项目。

- 输出——问题日志：记录相关方参与项目过程中可能出现的问题（未达成团队期望等）。

2. 重点工具

- 工具——基本规则：根据团队章程中定义的基本规则，来明确项目团队成员和其他相关方应该采取什么行为去引导相关方参与。

3. 本过程的注意要点

- 考题数量：3～5 道题。
- 通过沟通与协作来管理相关方的期望，适时地引导相关方的参与，获取其支持和承诺。鼓励相关方参与项目工作，是获得相关方支持的最好方法。
- 相关方管理原则：应尽早让相关方参与项目，即使是对于负面相关方也要积极主动的管理与接洽，以便于降低他们的负面影响。

2.12.4 监督相关方参与

本过程是监督相关方的关系，并通过修订相关方参与策略和计划以维持或提升相关方参与项目活动的效率和效果。表 2-82 为本过程的重点输入、重点工具/技术、重点输出。

表 2-82 监督相关方参与过程的重点输入、重点工具/技术、重点输出

重点输入	重点工具/技术	重点输出
• 问题日志 • 项目沟通记录	无	• 相关方参与计划更新

1. 重点输入与输出

- 输入——问题日志：基于问题日志了解相关方管理过程的问题或不足。
- 输入——项目沟通记录：基于项目沟通记录了解相关方管理过程的问题或不足。
- 输出——相关方参与计划更新：如果对相关方的引导未产生效果，可能需要对计划进行调整。

2. 重点工具

本过程的工具不具有独特性，不做单独讲解。

3. 本过程的注意要点

- 考题数量：3～5 道题。
- 注意区分管理相关方参与与监督相关方参与：
  - 管理相关方参与强调通过沟通计划与相关方参与计划引导相关方有效地参与项目，与相关方协作，提升积极影响、降低消极影响。
  - 监督相关方参与强调分析相关方参与项目的效果是否符合计划要求或团队的期望，从而根据实际情况调整计划以达成效果。

2.12.5 练习题

1. 用相关方分析技术，已经识别出了项目的所有相关方及其信息，下一步应该做什么？
   A. 分析每个相关方的影响并分类
   B. 评估关键相关方对不同情况可能做出的反应或应对
   C. 制定合适的管理策略
   D. 与相关方一起解决问题
2. 在以下哪一个文件中，可以查询到相关方的基本信息？
   A. 相关方管理策略　　B. 相关方登记册
   C. 相关方参与计划　　D. 相关方分析
3. 要最大限度地获得相关方对项目的支持，项目经理应该如何做？
   A. 尽量回避对项目有反对意见的相关方
   B. 解决与相关方之间的实际问题
   C. 主动影响相关方，防止相关方对项目有不合理的期望
   D. 调动相关方适当参与项目的决策和项目的执行
4. 某个项目相关方常常在项目上提出些变更。下列哪个是项目经理可以在项目开始时采用的管理此情形的最好方法？
   A. 向这个相关方说不，阻止他提出更多变更
   B. 尽早地让项目相关方参与到项目中
   C. 与相关方老板交流，找出方法让相关方去其他项目
   D. 制订相关方参与计划
5. 根据相关方的职权（权力）大小和主动参与（影响）项目的程度，对相关方进行分类，是以下哪种相关方分类方法？
   A. 权力/利益　　B. 权力/影响　　C. 影响/作用　　D. 凸显模型
6. 项目经理多次邀请一位相关方参与项目评审会，都被其以没有时间为由拒绝，可能的原因是？
   A. 相关方可能工作太忙　　B. 相关方在项目上没有太大的利益
   C. 相关方对项目没有影响力　　D. 相关方没有职权
7. 在项目执行阶段，项目经理识别到一位具有高度影响力的新相关方。项目经理应更新哪一项内容？
   A. 项目章程　　B. 相关方参与计划
   C. 相关方登记册　　D. 项目管理计划
8. 一家组织在项目执行阶段发生变化，结果，一位关键相关方离开项目，两位新的项目主管加入项目，项目经理首先应该怎么做？
   A. 评估新的沟通需求　　B. 更新相关方登记册

C. 分析潜在的沟通问题　　　　　　　　　D. 修订相关方参与计划

9. 项目经理已经识别出数十位相关方，针对相关方的分析，合理的是？（多选，3 项）

A. 主管 A 对项目的态度不理不睬，结论是在项目上的利益很低

B. 经理 B 在总经理面前提出一个建议，项目停滞半个月，说明他在项目上有很大利益

C. 某部门员工每天询问项目进展，他属于中立的角色

D. 对于不知晓的相关方应该加强宣传，以获得支持

E. 领导型相关方比支持型相关方对项目的推动更有帮助

10. 项目经理接手一个项目。此时项目章程已经审批，有项目团队成员 16 人，进度限制已经明确。项目经理在制订沟通管理计划之前，应该首先做什么？

A. 识别相关方　　B. 风险规划　　C. 进度计划　　D. 费用预算

答案及解析

1. 解析：答案 A。考点“相关方分析的流程”。按相关方管理的顺序为：A—B—C—D。

2. 解析：答案 B。考点“文件：相关方登记册”。B 选项，相关方登记册中包含基本信息和评估信息（期望）；A 选项的内容被包含在 C 选项中；D 选项是识别相关方的一个工具。

3. 解析：答案 D。考点“管理相关方参与”。A 选项是消极做法；B 选项属于事后动作，不如事前预防效果好；C 选项，相关方的预期是没法防止的，只能是减少，与相关方支持与否没直接关系；D 选项，鼓励相关方参与项目工作，是获得相关方支持的最好方法。管理相关方参与的作用。

4. 解析：答案 B。考点“管理相关方的基本概念”。B、D 选项虽然都可以，但题干问的是项目开始时，所以遵循相关方管理原则，尽早识别，尽早参与，B 选项更符合流程。

5. 解析：答案 B。考点“工具——相关方映射分析”。权力一般指职权大小，影响指参与项目的热情、是否愿意参与项目。

6. 解析：答案 B。考点“管理相关方的基本概念”。从题干分析，B、C 选项均可以选择。C 选项的影响，强调的是相关方是否具有主动参与项目的意愿，而这种意愿往往取决于在项目上的利益，故根源可能还是 B 选项。

7. 解析：答案 C。考点“更新相关方登记册”。所以新识别到的干系人，第一步一定是先更新相关方登记册。

8. 解析：答案 B。考点“更新相关方登记册”。相关方发生变化，首先更新相关方登记册。A、C、D 选项都需要 B 选项作为输入。

9. 解析：答案 A、D、E。B 选项不能说明利益大，只能说明权力或作用大；C 选项，每天询问的相关方应该是高影响的角色，属于支持或反对，肯定不是中立；D 选项，领导型强调主动促进，支持型强调被动支持，故 E 选项是正确的。

10. 解析：答案 A。考点“规划沟通管理—输入—相关方登记册”。沟通管理计划需要考虑相关方对于信息的需求，所以应该先找到有哪些相关方。

3

《PMBOK®指南》第7版详解

随着当今新技术的快速变化和发展，企业竞争日益激烈，导致产品和服务的开发时间缩短，同时在项目生命周期中会出现快速且频繁的变化。项目管理的大环境在不断发展变化。

《PMBOK®指南》第 7 版为了体现对“所有项目”全覆盖的意图，而对整体框架进行了颠覆性的改变。基于《PMBOK®指南》第 6 版关注项目的产出和可交付成果的基础之上，《PMBOK®指南》第 7 版更关注的是通过项目向组织及其相关方交付整体价值。虽然从形式上是全新的，但是也传承了《PMBOK®指南》第 6 版的很多内容。

《PMBOK®指南》第 7 版的主体结构由项目管理标准与项目管理指南两部分构成。

项目管理标准的主要内容：价值交付系统与项目管理十二条原则。

项目管理指南的主要内容：八大项目绩效领域、裁剪说明，以及常用模型、方法和工件。

这两部分的关系：标准中的“原则”是基本规范和价值观，影响着指南中“绩效域”的达成，从而实现标准中所述的“价值”。“原则”是任何项目都需遵守的基本规范和价值观的体现，指导着项目的进行及交付出好的项目成果。“绩效域”是对项目成果评判维度的定义，是项目的目标，是项目的成果展示。

3.1 《PMBOK®指南》第 7 版整体逻辑

为了使读者能对《PMBOK®指南》第 7 版有系统的理解，参考图 3-1，从左至右阐述如下：

- 实际开展项目时，通过对“模型”“方法”“工件”的内容进行裁剪应用于项目中，以实现项目目标。
- 项目的目标则通过对八大绩效域的定义和能力水平体现，最终达到标准中提到的“价值”交付。
- 八大绩效域的完成则依赖于项目管理的十二条原则作为指导方针。

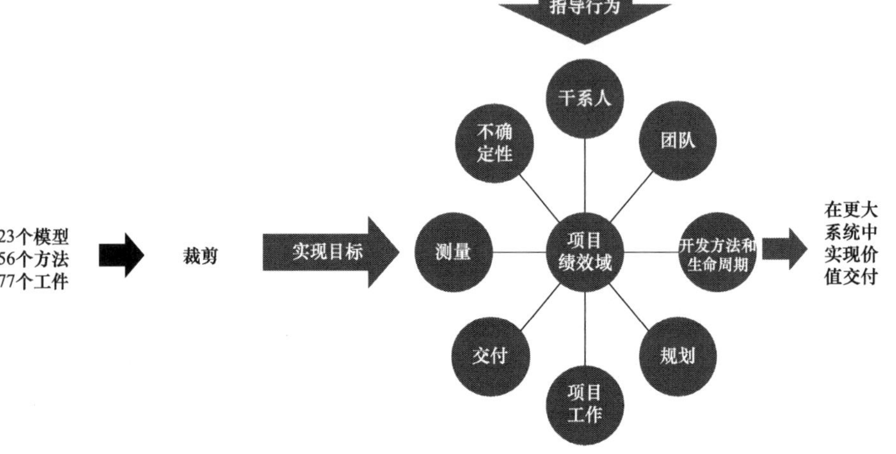

图 3-1 《PMBOK®指南》第 7 版整体逻辑图

3.2 《PMBOK®指南》第 6 版与第 7 版对比

《PMBOK®指南》第 6 版与第 7 版的对比见表 3-1。

表 3-1 PMBOK®第 6 版与第 7 版对比

比较项	PMBOK®第 6 版	PMBOK®第 7 版
总体方法	强调如何做而不是做什么、为什么做，是规定性的要求，而非描述性的内容	强调项目管理的原则与标准，关注项目交付、敏捷、精益，并且以客户为中心进行的设计
主要内容	大多数项目应该这样做： 五大过程组，十大知识领域，49 个过程	任何项目开展的管理原则与理念： 价值交付系统，12 条原则，8 个绩效域
设计依据	以过程为中心，以管理为导向，使用工具技术，特定的过程将输入转成输出	绩效成果的彼此相互作用，依赖的活动域和常用工具技术框架，除了可交付成果（是什么），还聚焦项目成果（为什么）
目标受众	项目经理	对团队成员，团队角色有特定关注的任何人，包括项目领导、发起人、产品负责人

3.3 项目管理标准：价值交付系统

在《PMBOK®指南》第 7 版中，项目管理标准涵盖了价值交付系统，价值交付系统是项目交付商业价值的整体系统。它展示了良好的战略如何在组织中带来预期的商业价值。正如彼得·德鲁克所设想的那样，商业价值是指企业的客户、员工和合作伙伴所获得的有形和无形的利益。项目是通过实现组织的业务目标来交付业务价值的主要工具。

这是通过定义帮助确定业务目标的组织战略来完成的，这些战略随后转变为可行动的主动性，如项目组合、计划和项目，它们产生可交付成果，增加组织的能力，产生有形或无形的结果，从而为客户和最终用户创造利益，这些利益转化为组织产生的业务价值。

以一种平滑和可预测的方式实现此流程的系统就是在组织中构建的价值交付系统。这是通过信息的有效传播和通过预定义的通道反馈而实现的。

价值交付系统由项目组合、项目集、项目和运营组成，并使用治理系统来管理问题，启用工作流，并支持决策制定功能。

一旦项目成功交付，组织也必须获得预期的商业价值。这被称为“业务价值实现”。基于已实现的业务价值（利益）和交付项目的结果，组织推导出他们的战略来启动新的项目组合。项目团队可以通过使用不同的交付方法产生结果。对于某些项目，活动可能是明确的，通过完成活动可以获得项目成果。再通过运营实现业务价值。

因此，在《PMBOK®指南》第 7 版中，“项目交付”取代了“项目管理”来涵盖项目的可交付成果。

图 3-2 显示了《PMBOK®指南》第 7 版附带的“价值交付系统”方法。基于这个系统，一个组织的战略、任务或目标决定了下一个投资组合或投资。

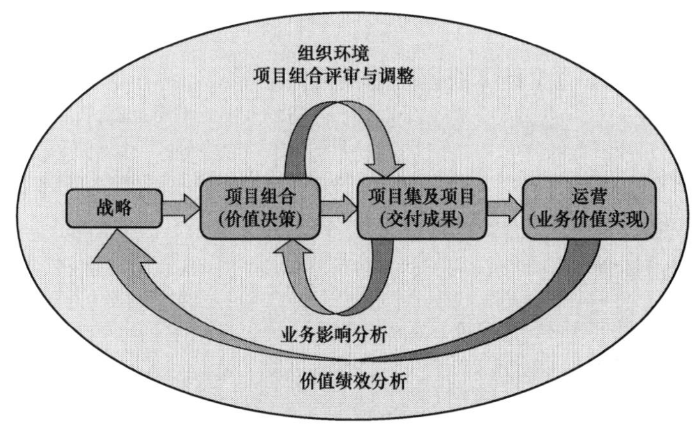

图 3-2　价值交付系统（来自《PMBOK®指南》第 7 版）

项目组合可以包括子项目组合、程序或项目。为了确保项目组合的目标，规划和项目交付必须达到其预期的目标。

3.4 项目管理标准：12条项目管理原则

项目管理原则描述了基本的真理、规范或价值，而不是说明性的。为参与项目的人员提供了行为指导，因为它们会影响和形成绩效域以产生预期成果。这些原则定义了项目交付的“什么”和“为什么”。

为了确保项目交付的预期结果，项目团队成员必须遵循表3-2中这些原则。

表3-2 《PMBOK®指南》第7版12条项目管理原则

原则	关注点
1. 管家式管理	成为勤勉、尊重和关心他人的管家
2. 团队	营造协作的项目团队环境
3. 干系人	有效的干系人（第6版叫相关方）参与
4. 价值	聚焦于价值
5. 系统思考	识别、评估和响应系统交互
6. 领导力	展现领导力行为
7. 裁剪	根据环境进行裁剪
8. 质量	将质量融入过程和可交付成果中
9. 复杂性	驾驭复杂性
10. 风险	优化风险应对
11. 适应性和韧性	拥抱适应性和韧性
12. 变革	为实现预期的未来状态而驱动变革

1. 成为勤勉、尊重和关心他人的管家

关注点：

- 管家式管理需要以透明且可信赖的方式进行领导。
- 管家式管理（Stewardship）涉及三方面工作：
  - 看管着项目。
  - 以负责任的方式规划、使用和管理资源。
  - 维护价值观和道德。
- 管家式管理的职责：诚信、关心、可信、合规。

2. 营造协作的项目团队环境

关注点：

- 环境的形成涉及多个促成因素：团队共识、组织结构和过程。
- 协作的项目团队环境使每个人都能尽最大努力为组织交付期望的成果。
- 对组织而言将从尊重和增强基本价值观、原则和文化的可交付成果中受益。

3. 有效的干系人参与

关注点：

- 从项目开始到结束，识别、分析并主动争取干系人参与有助于项目取得成功。
- 干系人参与在很大程度上依赖于人际关系技能。

4. 聚焦于价值

关注点：

- 价值是项目成功的最终指标。可以在整个项目进行期间、项目结束时或项目完成后实现。
- 团队更应关注项目的愿景或目标，而不是简单地创建特定可交付成果。
- 项目工作的价值可能需要短期或长期的测量，并不一定是在项目结束时。

5. 识别、评估和响应系统交互

关注点：

- 项目是一个系统体系。存在于动态环境中，随着项目的开展，内部和外部条件会不断变化。
- 系统思考的积极效果包括：
  - 提供全面、持续的洞察力以发现项目中的不确定性、风险、问题等。
  - 可向有关干系人清晰沟通计划、进展和预测。
  - 使项目目的、目标与组织的愿景和战略保持一致。
  - 可以不断地调整项目以适应变化。
  - 可以及时发现机会，使组织受益。

6. 展现领导力行为

关注点：

- 任何项目团队成员都可以表现出领导力行为。领导力的分类可参考前文“项目经理的角色”。
- 有效的领导者会根据情境调整自己的风格，因为项目团队成员之间有动机差异。
- 领导者的个性很重要。领导力会被不佳的个性削弱。而优秀的个性会加强领导力。

7. 根据环境进行裁剪

关注点：

- 在一定程度上，每个项目都需要裁剪，因为每个项目都存在于特定环境中。
- 裁剪具有迭代性，根据干系人的反馈了解效果，并持续调整，以增加价值。

8. 将质量融入过程和可交付成果中

关注点：

- 通过检查和测试评估可交付成果的质量，对项目活动和过程则是通过审查和审计进行评估。
- 质量的维度：

- 绩效：是否符合干系人的预期？
- 一致性：是否符合规格？
- 可靠性：是否保持稳定？
- 韧性：能够应对故障并快速修复？
- 满意度：最终用户是否满意？
- 统一性：可交付成果保持统一？
- 效率：最少的输入和人力投入产生最大的输出？
- 可持续性：是否会对经济、社会和环境参数产生积极影响？

9. 驾驭复杂性

关注点：

- 复杂性可能会出现在项目期间的任何时候。
- 复杂性的来源：人类行为、系统行为、不确定性和模糊性、技术创新。
- 了解系统思考、复杂的自适应系统、过往项目工作的经验，项目团队就能增强驾驭复杂性的能力。

10. 优化风险应对

关注点：

- 风险可能存在于企业、项目组合、项目集、项目和产品中。
- 项目团队应该了解相关干系人的风险偏好和风险临界值。

11. 拥抱适应性和韧性

关注点：

- 适应性是指应对不断变化的情形的能力。韧性由吸收冲击的能力和从挫折或失败中快速恢复的能力构成。
- 内部和外部因素发生变化时，应聚焦于期望成果，这有助于能力的提升。
- 较短的反馈循环，持续学习和改进，开放和透明的规划等都是适应性和韧性。

12. 为实现预期的未来状态而驱动变革

关注点：

- 对干系人的利益不断评估产品/服务，对变革作出快速响应，并担当变革推动者。
- 变革管理是结构性的方法，使人或者组织从当前状态过渡到实现预期收益的未来状态。项目变更控制是一个过程。
- 有效的变革管理采用激励型策略，而不是强制型策略。
- 使变革的速度适应干系人和环境接受变革的意愿、成本和能力。

3.5 项目管理指南：8 个绩效域

项目绩效领域是项目管理和项目交付的广泛关注领域，将重点放在结果上。这 8 个绩效域可以放到《PMBOK®指南》第 6 版五大过程组、十大知识领域去对应学习（参考前文“知识图谱”）。

有 8 个项目绩效域，见表 3-3。

表 3-3　　8 个 绩 效 域

绩效域	关注点
1. 干系人	在整个项目中与相关方建立富有成效的工作关系
2. 团队	认识到促进项目团队发展所需的活动并鼓励所有项目团队成员的领导行为
3. 开发方法和生命周期	建立开发方法、交付节奏及优化项目成果所需的项目生命周期
4. 规划	在整个项目中组织、详细说明和协调项目工作
5. 项目工作	高效执行项目活动、有效沟通、资源管理和采购管理；持续学习和流程改进，提高了团队能力
6. 交付	满足要求、范围和质量期望，以产生预期的可交付成果将推动预期的结果
7. 测量	对项目状态的可靠了解，并合理决策，及时和适当的行动以保持项目绩效正常进行
8. 不确定性	对项目发生环境的认识，意识到项目中多个变量的相互依存关系。积极探索和应对不确定性

1. 干系人绩效域

干系人渗透到项目管理的各个方面。在《PMBOK®指南》第 6 版中对应项目相关方管理这一知识领域，可以通过表 3-4 所示成果确认干系人绩效域的有效性。

表 3-4　　确认干系人绩效域的有效性的方法

有效性成果	检查方法
与干系人有良好的合作关系	沟通频率与干系人的连续变化程度
干系人对项目目标认可	变更或修改的数量
积极的干系人支持项目且感到满意	通过调研，问卷可识别满意度和支持情况
消极的干系人未对项目成果产生影响	对问题和风险的审查可查看影响

2. 团队绩效域

创建文化和环境，能使项目团队达到高绩效。需要识别促进项目团队发展所需的活动，并鼓励所有项目团队成员实施领导力行为。在《PMBOK®指南》第 6 版中主要对应项目资源管理这一知识领域。在跟踪团队发展时，以下几方面是任何团队都需要关注的：

- 愿景和目标（项目期间持续沟通）。
- 角色和职责（确保成员了解，及识别能力的差距）。
- 项目团队运作（制定团队章程等行动指南）。

• 指导和成长（向正确的方向前进，并在行进中为成员提供成长）。

在集中式的管理方法中（权责分配给某人），一般由项目经理承担责任。

在分布式的管理方法中（不指定负责人），一般由引导者承担服务式领导的责任或团队成员轮流担任。此类责任行为包括：

• 消除障碍（如排除困难，引导解决成员间冲突）。
• 避免分心（如时间碎片化）。
• 鼓励和发展机会（如鼓励承担更具有挑战性工作）。

团队绩效域强调的是项目团队（包括项目经理）在项目期间使用的技能。可以通过表 3-5 所示成果确认团队绩效域的有效性。

表 3-5　　确认团队绩效域的有效性的方法

有效性成果	检查方法
共享责任	全员了解项目愿景和目标，且主动对项目成果承担责任
高绩效团队	团队成员彼此信任，相互合作，面对挑战时有韧性。团队成员感觉到被赋能
团队成员展示出领导力及人际关系技能	领导力风格适合项目环境。常使用人际关系技能

3. 开发方法和生命周期绩效域

项目可交付成果的类型决定了如何进行开发。项目生命周期及其阶段由交付节奏决定（交付节奏就是交付的时间安排和频率，分为：一次交付、多次交付和定期交付）。

具体生命周期的内容可参考前文“项目生命周期”。可以通过表 3-6 所示成果确认开发方法和生命周期绩效域的有效性。

表 3-6　　确认开发方法和生命周期绩效域的方法

有效性成果	检查方法
与可交付成果相符的开发方法	开发方法（预测或敏捷）反映了产品变更，而且对项目和组织都是适合的
每个阶段能有效地将业务和干系人联系起来	全员理解的有效的项目阶段划分，每个阶段有合适的退出标准
交付节奏和生命周期能促进生成项目的可交付成果	开发，部署的节奏都以生命周期阶段表示

4. 规划绩效域

规划的目的是积极主动地制定一种方法来创建项目可交付成果，除了财务影响之外，在初步规划中考虑社会和环境影响的做法越来越普遍（有时称为“三重底线”）。而在详细规划时的具体内容可参考第 2 章“规划过程组”中的内容。可以通过表 3-7 所示成果确认规划绩效域的有效性。

表 3-7　　确认规划绩效域的有效性的方法

有效性成果	检查方法
项目在有条理、周密地推进	绩效偏差处于临界值范围内
有项目交付的整体方法	进度、成本、资源、采购整体规划，没有不一致之处
对不断演变的信息有详细说明	项目文档越来越详细，可交付成果和需求的初步信息显示了适当的详尽阐述
规划所花费的时间适合于项目	项目计划和文件表明规划水平适合于项目
规划所得的内容足以管理相关方的期望	沟通管理计划和相关方参与计划证明相关方的期望的管理办法
考虑到了不断变化的需求和条件，能自如地对计划进行调整	变更日志和文档表明，变更控制过程正在得到应用

5. 项目工作绩效域

项目工作的具体内容可参考第 2 章“执行过程组”中的内容。可以通过表 3-8 所示成果确认项目工作绩效域的有效性。

表 3-8　　确认项目工作绩效域的有效性的方法

有效性成果	检查方法
好的项目绩效	通过状态报告证明项目的绩效
适合项目的项目过程	通过过程审计和质量保证活动，表明过程的有效性
干系人适当的沟通和参与	沟通管理计划和沟通工作表明沟通与相关方参与的有效性
有效管理实物资源	使用的材料、废料和返工量证明资源利用率
对采购的有效管理	采购审计说明采购流程的适合与否，和承包商是否在按计划工作
有效处理变更	预测方法中的变更日志，敏捷方法中的待办事项列表显示了对项目的全面评估和处理变更的情况
持续学习和过程改进提升的团队能力	团队状态报告表明团队的成长情况和开发速度的提升等

6. 交付绩效域

项目交付，最重要的是关注项目可交付成果本身，满足相关方的相应需求（包含了范围及质量），以及最终通过成果满足需求从而能实现的商业价值。

任何交付成果都是基于需求。在项目中，对于需求的启发、需求的管理尤其重要。需求在预测型的开发方法中，会成为 WBS 的一部分。而在敏捷开发方法中，会通过完成的定义（DoD）检查后，成为可供客户使用的可交付成果。

具体内容可参考第 2 章中“收尾过程组”“范围管理”“质量管理”的内容。可以通过表 3-9 所示成果验证交付绩效域的有效性。

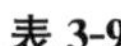

表 3-9　确认交付绩效域的有效性的方法

有效性成果	检查方法
项目有助于实现商业目标	商业计划、项目授权文件表明了商业目标与项目保持一致
项目正在实现预期的成果	商业论证和绩效数据表明项目处于正轨
在规划的时间内实现了收益	效益管理计划，进度等表明财务指标和交付正在按计划实现
项目团队对需求有了清楚的认知	需求的变更在逐渐减少
干系人接受可交付成果，并对其满意	在结束时，最终用户反馈可表明干系人对可交付成果的满意度

7. 测量绩效域

测量绩效域会评估交付绩效域中完成的工作在多大程度上符合规划绩效域中确定的度量指标。项目的关键绩效指标有两种类型：提前指标和滞后指标。

提前指标：预测项目的变化或趋势。比如开发速度越来越慢，虽然进度还未落后，但可以提前识别出原因并改进。

滞后指标：反映的是过去的绩效或状况。比如进度已经发生的偏差。

常见的度量指标类别包括表 3-10 所示内容。

表 3-10　常见的度量指标类别

指标类别	度量内容
可交付成果度量	有关错误或缺陷的信息 绩效测量指标 技术绩效测量指标
交付测量	敏捷方法的测量指标主要是：在制品；提前期；周期时间；队列大小；批量大小；过程效率 可参考第 4 章“敏捷方法”
基准绩效	开始日期和完成日期 人力投入和持续时间 进度偏差（SV）；进度绩效指数（SPI） 特性完成率：也就是功能验收比率 燃烧率：与计划成本相比的实际成本 成本偏差（CV）；成本绩效指数（CPI） 可参考第 2 章“进度管理”“成本管理”
资源	与实际资源利用率相比的计划资源利用率 与实际资源成本相比的计划资源成本
商业价值	成本效益比 与实际收益交付相比的计划收益交付 投资回报率（ROI） 净现值（NPV） 可参考第 2 章“商业环境分析”

续表

指标类别	度量内容
干系人	净推荐值®（NPS）：是否愿意向别人推荐产品或服务的程度 情绪图：跟踪一组非常重要的干系人（项目团队）的情绪或反应，可使用颜色、数字或表情符号来表示其心情 士气 离职率
预测	完工尚需估算（ETC） 完工估算（EAC） 完工偏差（VAC） 完工尚需绩效指数（TCPI） 回归分析 产量分析 可参考第 2 章“成本管理”“整合管理”

在测量时，要小心陷入测量的陷阱，包括以下几类：

- 霍桑效应（Hawthorne Effect）：测量什么就会着重做什么，而忽视了为什么做。比如：测量做题量，可能会导致只关注做题的数量，而不关注质量，更会忽视了做题是为了考试通过。
- 虚荣指标（Vanity Metric）：测量的数据没用。比如：测量网站的页面访问量不如测量新访问者的数量有用。
- 士气低落：如果设定测量指标可能无法实现，士气可能会因持续未能达到目标而下降。设定拓展性目标和激励人心的测量指标是可以接受的，但人们也希望看到他们的辛勤工作得到认可。
- 误用度量指标：可能会扭曲测量指标或专注于错误的事情。比如：专注于做好短期测量指标的工作，而以牺牲长期度量指标为代价。为了改进绩效指标，开展的可能对团队有害的活动。
- 确认偏见：人们倾向于寻找并看到支持我们原有观点的信息，可能会导致我们对数据作出错误解释。
- 相关性与因果关系对比：将两个变量之间的相关性与一个变量导致了另一个变量的因果性混淆起来。比如：看到项目进度落后且预算超支，原因可能不是进度或成本的问题，可能是管理变更的能力和积极地管理风险的能力不足。

具体内容可参考第 2 章“监控过程组”及第 4 章“敏捷方法”中的内容。可以通过表 3-11 所示成果验证测量绩效域的有效性。

表 3-11　　确认测量绩效域的有效性的方法

有效性成果	检查方法
对项目状态有可靠的理解	审计测量结果和报告可说明数据是否可靠
项目按预期进行	测量结果可表明项目是否按预期执行

续表

有效性成果	检查方法
及时采取适当行动，确保项目绩效处于正轨	测量结果提供提前指标及状态。供项目团队决策及行动
基于可靠的预测和评估，做出明智而及时的决策来实现目标	回顾过去的预测和当前的绩效，并评估业务文档可表明项目实现预期价值的可能性

8. 不确定性绩效域

不确定性涉及风险和不确定性相关的活动和功能。主要与以下 4 个领域相关：

- 不确定性（Uncertainty）：缺乏对问题、事件、要遵循的路径或要追求的解决方案的理解和认识。
- 模糊性（Ambiguity）：不清晰的状态，难以识别事件的起因，或者有多个从中选择的选项。
- 复杂性（Complexity）：由于人类行为、系统行为和模糊性而难以管理的项目集、项目或其环境的特征。
- 易变性（Volatility）：快速且不可预测的变化的可能性。风险一旦发生，会对一个或多个项目目标产生积极或消极影响的不确定事件或条件。

而应对这 4 个领域的方法见表 3-12。

表 3-12　　应对不确定性、模糊性、复杂性、易变性的方法

4 个领域	应对方法
不确定性	收集信息：如专家参与，市场分析可获得额外信息 为多种结果做好准备：做好最坏的准备，工作自然就心里有底 基于集合的设计：考虑权衡因素，探索各种可能性 增加韧性：如培训团队的学习能力和适应能力，以应对各种失败
模糊性	渐进明细；随时间推移，信息的增加让事件更清晰 实验：帮助识别因果关系，或减少模糊性数量 原型法：测试不同方案的不同结果
复杂性	基于系统： • 解耦（Decoupling）：简化并分拆系统，以理解系统各组件的工作模式 • 模拟：用不相关的场景模拟系统运作方式，以简化系统各组件之间的关系 重新构建： • 多样性：从不同角度看待系统 • 平衡：综合各方面的数据，以提供更广阔的视角来观察系统 基于过程： • 迭代；敏捷方法，如一次增加一个特性 • 参与：干系人参与，可减少假设，并纳入学习 • 故障保护：对系统中关键要素，增加冗余，提供保护
易变性	备选方案分析：寻找实现目标的不同方法 储备：成本储备或进度储备

应对不确定性的操作步骤可参考第 2 章“风险管理”及第 4 章“敏捷方法”中的内容。可以通过表 3-13 所示成果验证不确定性绩效域的有效性。

表 3-13　　验证不确定性绩效域的有效性的方法

有效性成果	检查方法
了解项目的运行环境	团队评估风险时，考虑了环境因素
积极探索和应对不确定性	应对计划与风险的优先级排序一致
了解项目中多个变量之间的相关关系	有应对复杂性、模糊性的风险措施
能够预测威胁和机会并了解问题的后果	用于识别、捕获和应对风险的系统非常强大
项目很少受到不可预见事件的负面影响	项目满足进度及预算，在偏差临界值之内
利用机会改进项目的绩效和成果	有既定机制识别和利用机会
有效利用进度和成本储备，从而与项目目标保持一致	有机制主动预防威胁，从而限量使用进度和成本储备

3.6　项目管理指南：裁剪说明

裁剪旨在更好地满足组织、运行环境和项目的需要。裁剪会考虑开发方法、过程、项目生命周期、可交付成果，以及与其共同参与工作人员的选择。裁剪过程受“项目管理标准”中的指导性项目管理原则、组织价值观和组织文化的驱动。

可以裁剪的方面包括：

- 生命周期和开发方法的选择。
- 过程（可以增加、修改、取消、混合、调整）。
- 参与（对人员的调整、赋能、整合）。
- 工具、方法和工件（根据不同情形选择）。

裁剪的步骤（见图 3-3）：

1）选择初始开发方法：在项目前，通过“合适性筛选器”等工具，帮助团队选择最适合工作的开发方法。

2）对组织进行裁剪：主要是指对组织定义的很多流程或者方法的裁剪，比如增加、取消和重新配置方法的要素，以使该方法更适合组织。

3）对项目进行裁剪：根据每个项目中产品、团队、文化的不同，对交付方法、生命周期、工具、方法和工件的调整。

4）实施持续改进：裁剪过程并非单一的、一次性的过程。在渐进明细过程中，审查点、阶段关口和回顾会议都提供了必要的检查和调整过程、开发方法和交付频率的机会。

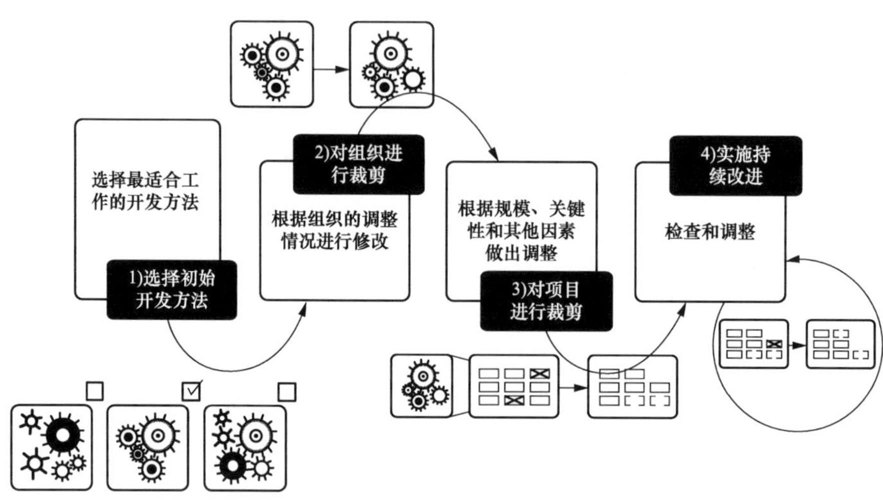

图 3-3 《PMBOK®指南》第 7 版裁剪过程

3.7 项目管理指南：模型（23 个）

23 个模型与绩效域之间的关系见表 3-14。

表 3-14 模型与绩效域之间的关系（来自《PMBOK®指南》第 7 版）

模型	绩效域							
	团队	干系人	开发方法和生命周期	规划	项目工作	交付	测量	不确定
情境领导力模型：								
• 情境领导力® Ⅱ	√				√			
• OSCAR	√				√			
沟通模型：								
• 跨文化沟通	√	√		√	√			
• 沟通渠道的有效性	√	√		√	√			
• 执行鸿沟和评估鸿沟		√				√		
激励模型：								
• 保健因素和激励因素	√			√	√			
• 内在动机与外在动机	√			√	√			
• 需要理论	√			√	√			
• X 理论、Y 理论和 Z 理论	√			√	√			

续表

模型	绩效域							
	团队	干系人	开发方法和生命周期	规划	项目工作	交付	测量	不确定
变革模型：								
• 组织变革管理		√		√	√			
• ADKAR®		√		√	√			
• 领导变革八步法		√		√	√			
• 萨提亚变革模型		√		√	√			
• 转变模型		√		√	√			
复杂性模型：								
• Cynefin 框架			√		√	√		√
• Stacey 矩阵			√		√	√		√
项目团队发展模型：								
• 塔克曼阶梯	√			√	√			
• Drexler/Sibbet 团队绩效模型	√			√	√			
其他模型：								
• 冲突模型	√	√			√			
• 谈判		√		√	√	√		
• 规划			√	√	√			
• 过程组				√	√	√	√	
• 凸显模型		√		√	√			

3.7.1 情境领导力® Ⅱ

1969 年，保罗·赫塞与肯尼思·布兰查德共同提出了情境领导力理论。理论认为：领导的有效性=f（领导者、被领导者、环境），是领导者、被领导者、环境相互作用的函数。此模型帮助领导者更好地观察和理解团队。

此模型通过能力和意愿两个维度，把员工分为 4 种类型：R1～R4。与之相对应有 4 种不同的互动模式，从工作行为与关系行为两个方面展开，如图 3-4 所示。

工作行为：领导者清楚地说明个人或组织的责任程度（干什么、怎么干、什么时候干、在哪里干、谁来干等）。

关系行为：管理多人时，领导者双或多向沟通的程度（倾听、鼓励、协助、提供工作说明及社交支持等）。

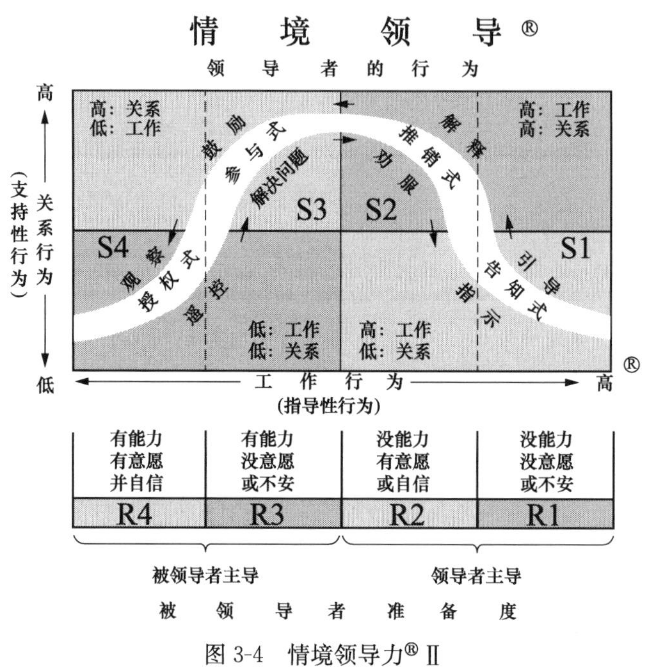

图 3-4 情境领导力® Ⅱ

3.7.2 OSCAR 模型

OSCAR 模型由凯伦·惠特莱沃斯（Karen Whittleworth）和安德鲁·吉尔伯特（Andrew Gilbert）共同开发。它帮助人们调整他们的指导或领导风格，以支持那些有个人发展行动计划的个人。此模型涉及 5 个促成因素（见图 3-5）：

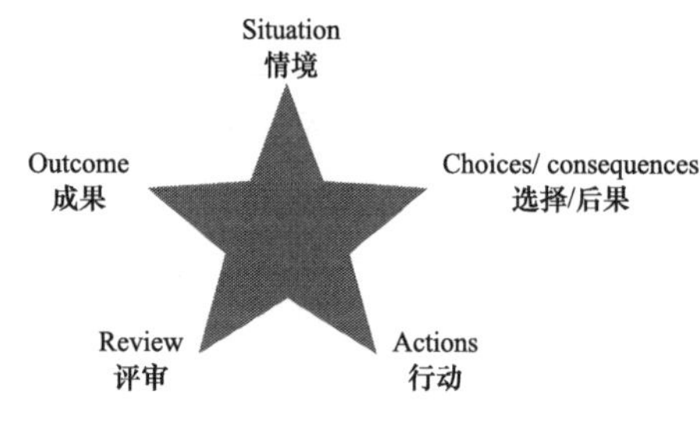

图 3-5 OSCAR 模型

- 成果：下个阶段想要达成的目标。比如：希望 3 年内升职到部门领导。
- 情境：当下的能力如何。评估自己的能力有什么欠缺之处，评估环境如提拔的概率。
- 选择/后果：潜在选择及每种选择的后果。比如：是选择熬资历还是选择做出突出的贡献，或者去拿到什么资质以得到升职，同时评估各种方式对自己精力、时间分配、生活的影响。
- 行动：具体任务清单，改进措施。
- 评审：定期回顾成果及情境，确保个人保持积极状态和正确方向。

3.7.3 跨文化沟通

具体内容可参考“2.9.1 规划沟通管理”中的沟通模型。

3.7.4 沟通渠道的有效性

沟通渠道的丰富度与通过一种媒介传输的知识量有关，如图 3-6 所示。更具丰富性的沟通渠道（例如面对面沟通）可有利于处理涉及复杂、繁杂及个人信息的情况。对传递简单、真实信息的情况可使用丰富性较低的沟通渠道，例如备注或文本消息。

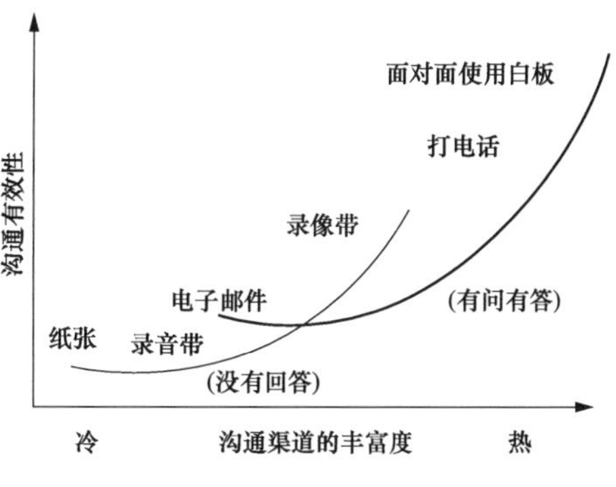

图 3-6 沟通渠道的丰富度与媒介传输的知识量的关系

3.7.5 执行鸿沟和评估鸿沟

执行鸿沟描述为某一项目与人们所期望的行为相符的程度。比如：一辆车有自动停车功能，如果驾驶员按下“自动停车”按钮，希望让这辆车自动停放妥当，可是实际上未能妥当自动停放，那么这个功能就存在执行鸿沟。

评估鸿沟是一个项目支持用户发现如何解读该项目并与之有效互动的程度。基于自动停车为例，如果控制措施的设计方式不能让驾驶员轻松确定如何启动自动停车功能，那就表明存在评估鸿沟。

3.7.6 保健因素和激励因素

具体内容可参考第 2 章“2.8.4 建设团队”中的激励方法。

3.7.7 内在动机与外在动机

丹尼尔·平克（Daniel Pink）在 2012 年《驱动力》一书中提到，他在研究了过往 40 年发展的激励理论之后，揭示了在当今世界，胡萝卜大棒这样的外部激励措施已不是激励我们自己和项目团队的最好方法；他认为在更需要创造性工作的当下，内在驱动力才是激励人们更有创意、团队更有生产效率的激励的关键。而内在驱动力的三大要素是：自主、专精和目的。

自主：指工作有自主性。让员工能够自由而灵活地选择何时、何地及怎样完成其工作。

专精：能够有所提高（任务有挑战从而提升自己）和表现出色（任务不会太难，也不会太简单）。

目的：了解项目的愿景，更能明确知道自己的工作正是达成这一愿景的必不可少的部分。这就让工作有了意义。

3.7.8 需要理论

具体内容可参考“2.8.4 建设团队”中的激励方法。

3.7.9 X理论、Y 理论和 Z 理论

具体内容可参考“2.8.4 建设团队”中的激励方法。

3.7.10 组织变革管理

组织变革管理是指在组织状态过渡中，基于一系列变革管理模型中的常见要素进行的内容。该框架有五个相关元素，通过一系列反馈回路相互连接，如图 3-7 所示。

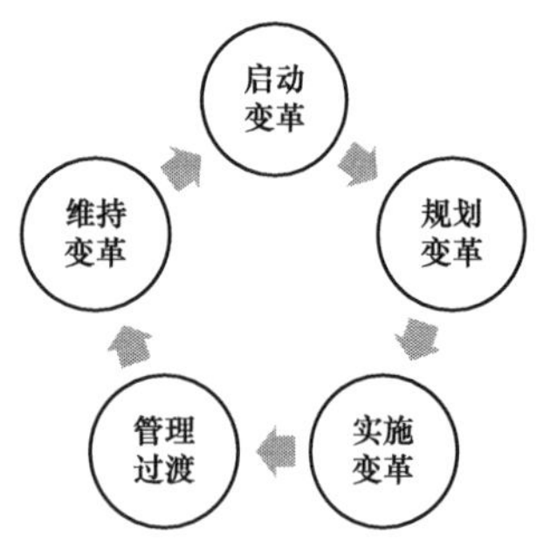

图 3-7 变革管理模型

- 启动变革：确定理由，帮助人们了解为什么需要变革，以及如何使未来状态变得更好。
- 规划变革：确定活动有助于人们为从当前状态过渡到未来状态做好准备。
- 实施变革：表明未来状态的能力，进行检查以确保这些能力能够产生预期影响，并作为应对措施进行必要的改进或调整。
- 管理过渡：该要素会考虑如何应对与未来状态实现后可能出现的变革相关的需要。
- 维持变革：该要素旨在确保新的能力能够得以保持，而以前的过程或行为得以停止。

3.7.11 ADKAR®模型

ADKAR®模型是杰夫·希亚特（Jeff Hiatt）提出的，他认为只有当企业中的个人愿意发生变化时，组织的变革才有可能发生。

而这个模型侧重于个人在适应变化时经历的 5 个连续步骤，如图 3-8 所示。

图 3-8 ADKAR®模型

- 认知：认识到为什么需要变革。比如：我的工作岗位需要我学习成长。
- 渴望：驱动自己的力量（看到别人通过学习后加了薪水，或者工作更高效）。
- 知识：需要了解如何进行改变。比如：考取什么样的证书，能给我的工作哪些帮助，了解的相关知识。
- 能力：在变革中，明确自己能做到什么。比如：发现考取 PMP®证书是自己能力范围所及的事，所以选择考取 PMP®证书。
- 巩固：为维持变革提供持续的支持，包括奖励、认可、反馈和测量。比如：考取 PMP®证书之后，受到领导表扬（反馈），再通过检测发现单项目管理没问题了，但多项目管理还有不足，考虑下一步再加深多项目管理的学习。

3.7.12 领导变革八步法

这个模型介绍了面向转型组织的领导变革的 8 个步骤，它是自上而下的，变革的需要和方法源于组织的最高层，然后通过组织的管理层向下传达给变革接收者。

- 营造紧迫感：确定潜在变革的威胁。
- 组建强大的联盟：确定领导者，变革领导者未必是组织的领导者。
- 创建变革愿景：确定对变革至关重要的价值观，然后能简单地描述它。
- 沟通愿景：在整个变革过程中沟通愿景。
- 清除障碍：所有变革都有障碍。障碍有时是过时的流程，有时源于组织结构，有时是抗拒变革的人。
- 创建短期成果：确定可快速且容易取得的成果，为变革提供动力和支持。
- 促进深入变革：取得短期成果后，组织需要确立持续改进的目标。
- 巩固企业文化中的变革：确保变革更深层次融入文化——继续沟通愿景，讲述成功故事，认可组织中体现变革和赋予变革权力的人。

3.7.13 维吉尼亚·萨提亚变革模型

维吉尼亚·萨提亚变革模型是由美国心理治疗师维吉尼亚·萨提亚（Virginia Satir）创建的变革模型，是一个体现人们如何经历和应对变化的模型，如图 3-9 所示。其目的是帮助项目团队成员了解他们的感受，并使他们能够更高效地实施变革。

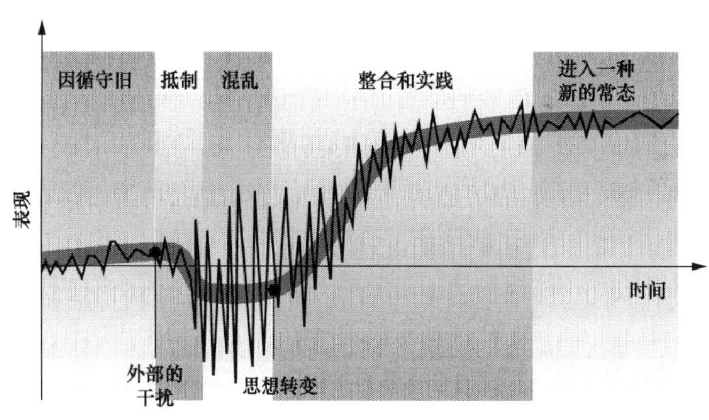

图 3-9 维吉尼亚·萨提亚变革模型

- 因循守旧：维持不变。
- 外部的干扰：发生了改变现状的事情，比如组织构架调整，人员有了变化。通常有一段时间人们会非常抵制，他们的绩效也会下滑。人们可能会忽视这些变革，或对其相关性不屑考虑。
- 混乱：处于陌生的领域，人们不再舒适，绩效下降到最低水平。有些人感到焦虑，有些人可能保持沉默，有些人可能会感到兴奋。人们尝试各种想法和行为，以了解其中哪些想法和行为会产生积极的成果。
- 思想转变：在整个变革过程中沟通愿景。

- 整合和实践：人们尝试实施新的想法或行为。可能会有挫折和一段时间的反复试验，但最终人们会了解哪些有效和哪些无效，这将提高绩效。
- 进入一种新的常态：人们习惯了新的环境，他们的绩效稳定下来。

3.7.14 转变模型

威廉·布里奇斯（William Bridges）开发的转变模型让人们了解组织变革发生时个人的心理状况。

该模型识别了与变革相关的三个转变阶段，如图 3-10 所示。

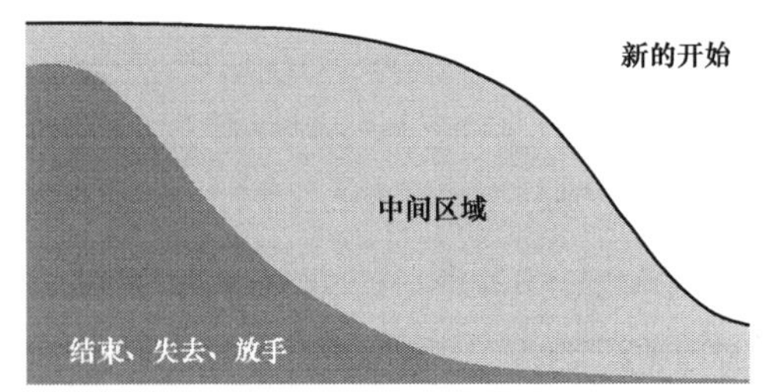

图 3-10 转变模型

- 结束、失去、放手：变革会在这一阶段引入。它通常与恐惧、不确定性、否认和对变革的抵制有关。随着人们学习新的工作方法，生产率可能会下降。在其他情况下，人们可能会变得非常有创造力、创新性，对尝试新的工作方法充满热情。
- 中间区域：变革会在这一阶段发生。
- 新的开始：此时，人们会接受甚至拥抱变革。人们越来越擅长新的技能和工作方式。人们往往愿意学习，并因变革而充满活力。

3.7.15 Cynefin 框架

由达夫·史诺登（Dave·Snowden）于 1999 年知识管理与组织战略中创建的 Cynefin 框架是一个概念性框架，用于诊断因果关系，以此辅助决策，如图 3-11 所示。

- 简单的（右下角）：如果需要决策的问题是简单的，有显而易见且较为直接的因果关系，就运用“最佳实践”来做出决策。
- 繁杂的（右上角）：问题是繁杂的，表明因果虽然明确，但可能有多个未知因素，或者多个正确的解决办法。就需要先“分析情况”后再做出决策。这就是一种优秀的实践。
- 复杂的（左上角）：这里的问题没有明显的因果，也没有明显的正确答案，所以需要探测环境、感知情况并以行动予以响应。很

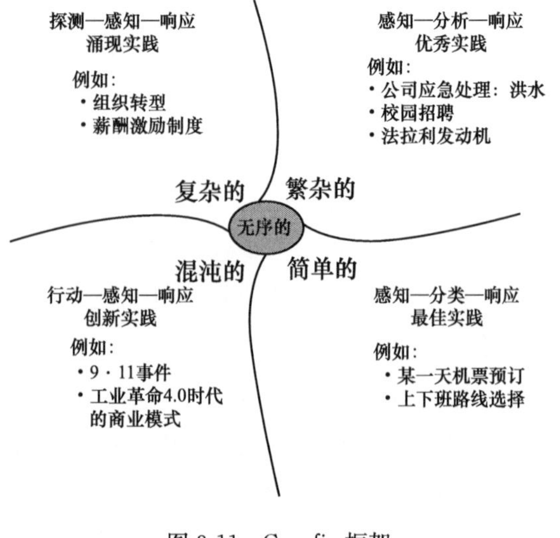

图 3-11 Cynefin 框架

多创新类工作都在这里，在这里交流必不可少，在这里接受失败也是必不可少的。

- 混沌的（左下角）：在混乱的环境中，原因与结果并不明确。危机和紧急情况往往属于这一领域。主要目标是建立秩序和稳定性。这里就需要先采取行动稳定局面，再观察哪里有稳定性，让局面从混沌过渡到复杂。
- 无序的（中间）：很难识别存在什么样的因果关系，在这里就是更多地收集信息，看是否能慢慢过渡到其他四类情况中。

3.7.16 Stacey 矩阵

具体内容可参考第 4 章“4.2.2 生命周期选择”中的介绍。

3.7.17 塔克曼阶梯

具体内容可参考第 2 章“2.8.4 建设团队”中的介绍。

3.7.18 Drexler/Sibbet 团队绩效模型

艾伦·德雷克斯勒（Allan Drexler）和大卫·西内特（David Sibbet）开发了团队绩效模型，共有 7 个步骤。第 1 步至第 4 步描述了建立项目团队过程中的各个阶段，第 5 步至第 7 步则涵盖了项目团队的可持续性和绩效，如图 3-12 所示。

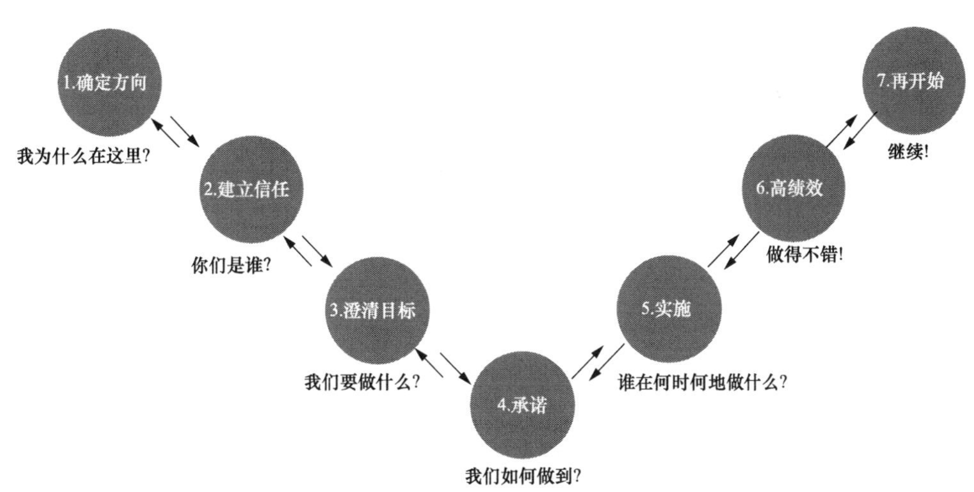

图 3-12 团队绩效模型

- 第 1 步：确定方向。“确定方向”回答了为什么这个问题。在这一阶段，项目团队会了解项目的目的和使命。这通常发生在开工会议上，或者会记录在商业论证、项目章程或精益创业画布中。
- 第 2 步：建立信任。“建立信任”回答了谁这个问题。这一阶段阐明了谁会加入项目团队，以及每个人会带来什么样的技能和能力。

- 第 3 步：澄清目标。“澄清目标”回答了做什么这个问题。在这一阶段，项目团队详细阐述了高层级的项目信息。这可能包括进一步了解干系人的期望、需求、假设条件和可交付成果的验收标准。
- 第 4 步：承诺。“承诺”解决了如何做这个问题。在这一阶段，项目团队开始定义实现目标的计划。
- 第 5 步：实施。高层级计划会分解为更详细的层级，例如详细的进度计划或待办事项列表。
- 第 6 步：高绩效。项目团队合作一段时间后，项目团队成员的绩效达到了很高的水平。他们可以很好地协同工作，无须太多监督，并且项目团队会产生协同效应。
- 第 7 步：再开始。这会使项目团队考虑过去的行为和行动是否足够，或者团队是否需要返回到以前的某一阶段，以重新设立期望和合作方式。

3.7.19 冲突模型

具体内容可参考第 2 章“2.8.5 管理团队”中的介绍。

3.7.20 谈判

谈判模型较多，其中最具指导意义的原则是史蒂芬·柯维（Steven Covey）的“双赢思维”原则，因为其可适用于较多的互动场景。通过思考互动的结果从而准备内容：

- 双赢：这是最佳结果，每个人都对此感到满意。
- 赢—输/输—赢：有人会赢得谈判，而其他人会输掉谈判。
- 双输：当竞争压过合作时，就会出现这种结果。

3.7.21 规划

巴利·玻姆（Barry Boehm）在 2002 年提到规划要平衡，不能为了减少不确定性就做非常详尽的计划，这样花费的时间过长，可能失去的市场份额就越大；也不能为了节省时间就不考虑项目中的不确定性。所以规划时，通过风险、产品、市场之间的函数在时间、成本和不确定中找到那个平衡点。

3.7.22 过程组

具体内容可参考第 2 章中关于五大过程组的介绍。

3.7.23 凸显模型

具体内容可参考第 2 章“2.12.1 识别相关方”中工具的介绍。

3.8 项目管理指南：方法（56 个）

《PMBOK®指南》第 7 版中共有 56 个方法，它们与绩效域的关系见表 3-15。

表 3-15　　方法与绩效域之间的关系（来自《PMBOK®指南》第 7 版）

方法	绩效域							
	团队	干系人	开发方法和生命周期	规划	项目工作	交付	测量	不确定
数据收集与分析：								
• 备选方案分析				√	√	√		√
• 假设和制约因素分析				√		√		√
• 标杆对照						√	√	
• 商业合理性分析				√			√	
◆ 投资回收期			√	√			√	
◆ 内部收益率				√			√	
◆ 投资回报率				√			√	
◆ 净现值			√	√		√	√	
◆ 成本收益比率				√			√	
• 核查表						√	√	
• 质量成本				√		√	√	
• 决策树分析				√				
• 挣值分析				√			√	
• 预期货币价值				√				
• 预测							√	
• 影响图				√				
• 生命周期评估				√				
• 自制或外购分析				√	√			
• 概率和影响矩阵				√				√
• 过程分析				√	√	√	√	
• 回归分析				√			√	
• 根本原因分析					√	√		
• 敏感性分析				√	√	√		
• 模拟				√			√	
• 干系人分析		√		√	√			
• SWOT 分析				√				√
• 趋势分析							√	

续表

方法	绩效域							
	团队	干系人	开发方法和生命周期	规划	项目工作	交付	测量	不确定
• 价值流图				√	√	√		
• 偏差分析							√	
• 假设情景分析				√				√
估算方法：								
• 亲和分组				√				
• 类比估算				√				
• 功能点				√				
• 多点估算				√				
• 参数估算				√				
• 相对估算				√				
• 单点估算				√				
• 故事点估算				√				
• 宽带德尔菲估算方法				√				
会议和活动方法：								
• 待办事项列表细化		√		√	√	√		
• 投标人会议		√		√	√			
• 变更控制委员会					√	√		
• 每日站会				√	√			
• 迭代审查会议		√			√	√		
• 迭代规划		√		√	√	√		
• 开工	√	√			√			
• 经验教训		√		√	√	√		
• 规划				√				
• 项目收尾	√	√			√			
• 项目审查		√			√	√	√	
• 发布规划		√		√				
• 回顾会议	√			√				
• 风险审查					√			√
• 状态					√		√	
• 指导委员会		√			√			
其他方法：								
• 影响地图	√	√		√		√	√	
• 建模						√		

续表

方法	绩效域							
	团队	干系人	开发方法和生命周期	规划	项目工作	交付	测量	不确定
• 净推荐值®		√					√	
• 优先级模型		√			√			
• 时间盒			√	√	√	√	√	

其中大部分内容在第 2 章“十大知识领域”及第 4 章“敏捷方法”中讲到，本处只讲未提及的内容：

- 指导委员会：当需要做出项目团队权限以外的决策的时候，需要由公司高层及资深相关方参与的会议。
- 净推荐值®（Net Promoter Score，NPS）：是否愿意向别人推荐产品或服务的程度，是客户满意度的升级。

3.9 项目管理指南：工件（77 个）

《PMBOK® 指南》第 7 版提到 77 个工件，它们与绩效域的关系见表 3-16。

表 3-16 77 个工件与绩效域之间的关系（来自《PMBOK® 指南》第 7 版）

工件	绩效域							
	团队	干系人	开发方法和生命周期	规划	项目工作	交付	测量	不确定
战略工件：								
• 商业论证		√		√				
• 商业模式画布		√		√				
• 项目简介		√		√				
• 项目章程		√		√				
• 项目愿景说明书		√	√	√				
• 路线图		√	√	√				
日志和登记册工件：								
• 假设日志				√	√	√		√
• 待办事项列表				√	√	√		
• 变更日志					√	√		
• 问题日志					√			
• 经验教训登记册					√			

续表

工件	绩效域							
	团队	干系人	开发方法和生命周期	规划	项目工作	交付	测量	不确定
• 风险调整待办事项列表				√				√
• 风险登记册				√	√	√		√
• 干系人登记册		√		√				
计划工件：								
• 变更管理计划				√	√	√		
• 沟通管理计划		√		√	√			
• 成本管理计划				√				
• 迭代计划				√				
• 采购管理计划				√	√			
• 项目管理计划		√		√	√			
• 质量管理计划				√	√	√		
• 发布计划				√		√		
• 需求管理计划				√		√		
• 资源管理计划				√	√			
• 风险管理计划				√	√			√
• 范围管理计划				√		√		
• 进度管理计划				√	√	√		
• 干系人参与计划		√		√				
• 测试计划				√	√	√	√	
层级图工件：								
• 组织分解结构	√	√		√				
• 产品分解结构				√		√		
• 资源分解结构	√			√	√		√	
• 风险分解结构					√			√
• 工作分解结构				√		√	√	
基准工件：								
• 预算				√	√		√	
• 里程碑进度计划			√	√	√		√	
• 绩效测量基准				√	√	√	√	
• 项目进度计划				√	√		√	
• 范围基准				√	√	√	√	
可视化数据和信息工件：								
• 亲和图				√	√			

续表

工件	绩效域							
	团队	干系人	开发方法和生命周期	规划	项目工作	交付	测量	不确定
• 燃烧图				√		√	√	
• 因果图					√	√		√
• 周期时间图						√	√	
• 累积流量图						√	√	
• 仪表盘					√		√	
• 流程图				√	√	√		
• 甘特图				√	√		√	
• 直方图							√	
• 信息发射源					√		√	
• 提前期图						√	√	
• 优先级矩阵		√			√	√		
• 项目进度网络图				√	√			
• 需求跟踪矩阵				√		√	√	
• 责任分配矩阵				√	√			
• 散点图					√	√	√	
• S 曲线				√			√	
• 干系人参与度评估矩阵		√		√	√			
• 故事图				√		√		
• 产量图						√	√	
• 用例				√		√		
• 价值流图					√	√	√	
• 速度图						√	√	
报告工件：								
• 质量报告					√	√	√	
• 风险报告					√			√
• 状态报告					√			
协议和合同：								
• 总价合同		√		√	√	√	√	√
• 成本补偿合同		√		√	√	√	√	√
• 工料合同		√		√	√	√	√	√
• 不确定交付和数量合同（IDIQ）		√		√	√	√	√	√
• 其他协议		√		√	√	√	√	√

续表

工件	绩效域							
	团队	干系人	开发方法和生命周期	规划	项目工作	交付	测量	不确定
其他工件：								
• 活动清单	√	√		√	√			
• 招标文件		√		√	√			
• 测量指标				√		√	√	
• 项目日历	√			√	√			
• 需求文件		√		√		√	√	
• 项目团队章程	√				√			
• 用户故事		√		√		√		

其中大部分内容已经在第 2 章“十大知识领域”及第 4 章“敏捷方法”中讲到，本处只讲未提及的内容：

- 商业模式画布：一页纸的可视化摘要，应用于精益创业情境，如图 3-13 所示。

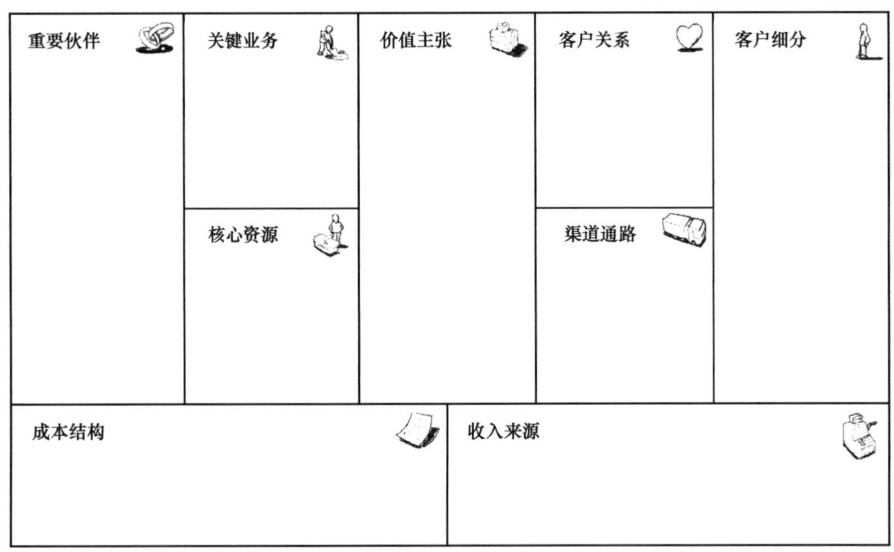

图 3-13 商业模式画布

- 项目愿景说明书：可参考项目章程，本工件主要内容是项目的概要描述及项目的目的。
- 路线图：显示项目的高层级时间线，包括：里程碑、重要事件、审查活动和决策点。
- 风险调整待办事项列表：根据风险调整待办事项列表，在敏捷开发中，可以没有风险登记册，根据风险直接调整工作任务，并记录在待办事项列表中。
- 产品分解结构：此图表是反映产品组件和可交付成果的层级结构。与工作分解结构（WBS）不同，后者主要是进行全部工作范围的拆解。

- 绩效测量基准：整合在一起的范围、进度和成本基准。
- 提前期图：也叫前置期（Lead Time）图，此图形可显示完成事项的平均提前期的趋势。此图可显示为散点图或横道图。
- 产量图：显示一定时间内验收的可交付成果的数量。
- 用例：此工件可描述并探讨用户如何与系统交互以实现特定目标。图 3-14 是学员与管理圈 App 交互的示例。

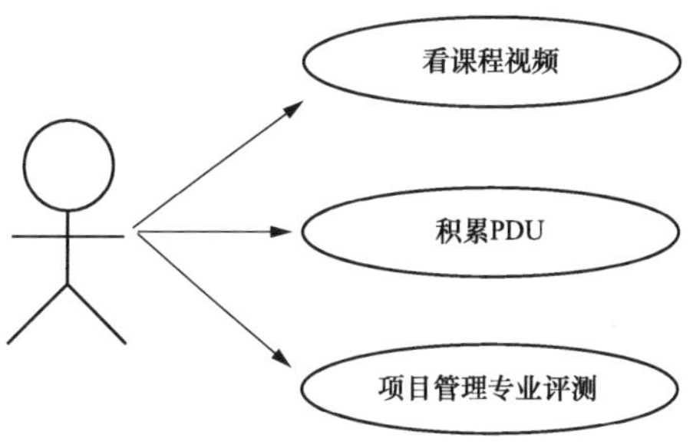

图 3-14　学员与管理圈 App 交互示例

- 价值流图：这是一种精益企业的方法，用于识别浪费情况。记载、分析和改进为客户生产产品或提供服务所需信息流或物流。图 3-15 是客户在面包店采购面包的流程图，从中去发现需要排队的时间浪费情况（柜台取面包要排队，付款要排队），然后就可以有针对性地进行过程改进以消除浪费。

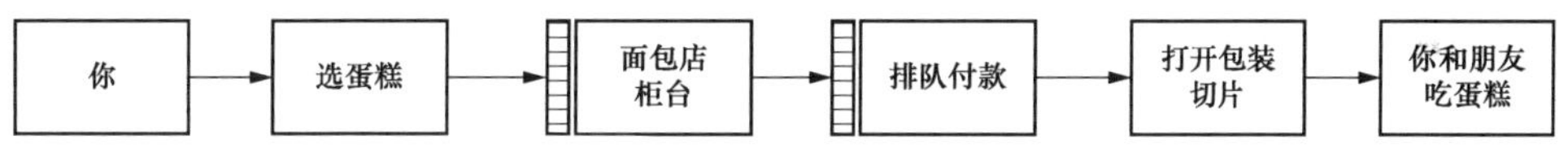

图 3-15　客户在面包店采购面包的流程图

- 不确定交付和数量合同（IDIQ）：此合同会规定必须在固定期间内提供不确定数量（但规定了下限和上限）的商品或服务。

3.10　练习题

1. 你被要求领导一个产品开发项目，该项目将使用敏捷框架。Scrum 管理员、产品经理、程序员和测试人员被分配到产品开发项目中。作为项目经理的你，会使用哪种类型的管理活动？

   A. 仆人式领导　　B. 集中式管理　　C. 分布式管理　　D. 授权管理

2. 组织构思如何定义战略能带来预期的商业价值时，要考虑的要素包括？（多选，三项）

   A. 项目组合的定义　B. 项目的安排　　C. 运营的支持

   D. 人力资源的充足　　E. 财务系统的有效

3. 某公司建立了一个项目管理办公室（PMO），用于协调和管理其众多项目，公司的 PMO 需要你们团队提出建议，帮助公司建立识别项目不确定性的机制，包括如何识别风险、机会等。针对模糊性的问题，你会为 PMO 提供的建议可能是？

   A. 增加组织的韧性，每月安排团队学习

   B. 用迭代的方式开展项目，如一次只增加一个功能

   C. 一定要在项目中建立储备制度，以应对风险

D. 建议 PMO 在开展项目时，多使用原型法来探索不同方案

4. 你是公司 PMO 的其中一个项目经理，正在制定项目管理的流程，以便对项目本身的管理过程有更好的管控，其中涉及裁剪。你在思考裁剪时，会定义以下哪些内容不可裁剪？

A. 生命周期和开发方法　　B. 过程和工具

C. 资源　　D. 方法和工件

5. 在复杂度模型——Cynefin 框架中，有一种组织需要解决的问题，没有明确的因果关系，也没有明显的正确答案。这种问题的响应措施是？

A. 最佳实践　　B. 创新实践

C. 优秀实践　　D. 涌现实践

6. 公司正在启动一个新产品开发项目，项目团队成员正在探讨项目到底是要完成什么，达到什么价值？你会建议团队先查看哪份文件？

A. 商业模式画布　　B. 项目愿景说明书

C. 产品路线图　　D. 商业论证

7. 你的项目有两个承包商，要把两个产品组装在一起，其中一个承包商告诉你：合作有问题，造成了很多浪费的情况。你会推荐哪种工具来发现这些浪费的情况？

A. 价值流图　　B. 累积流量图　　C. 燃烧图　　D. 因果图

8. 以下是内在驱动力的三大要素的是？

A. 自主、尊重和专精　　B. 自主、专精和目的

C. 尊重、自主和目的　　D. 尊重、自主和认可

9. 在项目规划时，项目团队不知道应该怎么编写测量相关的规范和相应的指标，作为项目经理的你给出的建议是？（多选，三项）

A. 指标要涵盖商业价值、资源、基准绩效、可交付度量等

B. 测量指标时要小心虚荣指标、霍桑效应、误用度量指标等情况

C. 绩效测量应该以风险的规避为主要原则

D. 绩效测量不需要关注相关方不重视的指标，比如周期时间、过程效率

E. 绩效能帮助项目基于可靠的预测和评估，做出明智而及时的决策来实现目标

10. 以下不是项目管理原则的是？

A. 管家式管理、重视团队、有效的相关方参与

B. 系统思考、驱动变革、拥抱变化

C. 跨文化沟通、领导变革、计划优先

D. 裁剪、重视质量、关注风险

答案及解析

1. 解析：答案 C。考点“团队绩效域：管理活动”。敏捷团队一般建议使用分布式管

理方式，让团队互相协调，各自承担责任。

2. 解析：答案 A、B、C。考点“价值交付系统”。价值交付系统由项目组合、项目集、项目和运营组成，展示了良好的战略如何在组织中带来预期的商业价值。

3. 解析：答案 D。考点“不确定性绩效域”。D 选项是应对模糊性的方法；A 选项是应对不确定性；B 选项是应对复杂性；C 选项是应对易变性。

4. 解析：答案 C。考点“裁剪”。可以裁剪的项目方面包括：生命周期和开发方法的选择；过程；参与；工具；方法和工件。

5. 解析：答案 D。考点“模型：Cynefin 框架”。简单的问题用最佳实践；繁杂的问题用优秀实践；混沌的问题用创新实践；复杂的用涌现实践。

6. 解析：答案 B。考点“工件”。题干问到产品的内容和价值，这个内容主要在项目章程中，而愿景说明书是项目章程的摘要。商业模型画布用于精益创业是组织经营的内容。路线图只有产品的内容。商业论证的内容是讨论产品值不值得做。

7. 解析：答案 A。考点“工件”。价值流图用于识别浪费情况，记载、分析和改进为客户生产产品或提供服务所需信息流或物流。

8. 解析：答案 B。考点“模型：内在动机与外在动机”。丹尼尔·平克（Daniel Pink）提到的内在驱动力的三大要素是：自主、专精和目的。

9. 解析：答案 A、B、E。考点“绩效域：测量”。C 的错误在于不是以风险规避为前提；D 的错误在于周期时间，过程效率的测量也非常重要。

10. 解析：答案 C。考点“十二条项目管理原则”。C 不是项目管理的原则。其他的都是。项目管理原则包括：

a. 成为勤勉、尊重和关心他人的管家。

b. 营造协作的项目团队环境。

c. 有效的干系人参与。

d. 聚焦于价值。

e. 识别、评估和响应系统交互。

f. 展现领导力行为。

g. 根据环境进行裁剪。

h. 将质量融入过程和可交付成果中。

i. 驾驭复杂性。

j. 优化风险应对。

k. 拥抱适应性和韧性。

l. 为实现预期的未来状态而驱动变革。

4

敏捷方法介绍

通过第 2 章《PMBOK®指南》第 6 版的学习，我们知道了传统的瀑布管理模式，也就是基于 ITTO 的过程方法论是如何开展项目的。通过对第 3 章《PMBOK®指南》第 7 版的学习，我们知道了基于原则的方法论是如何指导项目开展的。其中，针对不同的项目，敏捷方法与预测方法两者互为补充，缺一不可。

预测方法下，通常分为需求、设计、开发、集成、测试、上线等阶段，上一个阶段完成后，进入下一个阶段，俗称“接力棒式”。在这个过程中，不仅经历的周期长，而且客户若要变更需求，需要经过繁冗的变更管理流程，决策速度慢。

但在 VUCA（Volatility——易变性、Uncertainty——不确定性、Complexity——复杂性、Ambiguity——模糊性）的背景下，传统的预测方法可能带来一些问题。而敏捷方法的出现从某种程度上解决了部分问题，敏捷项目管理简单来说就是在最短时间内交付最有价值的产品增量。该方法聚焦于商业价值的尽早交付、产品的持续改进、范围的高度灵活性，以及快速的响应。在短时间内探讨可行性，根据评估和反馈快速调整行动方向。图 4-1 为敏捷框架实施流程概要。

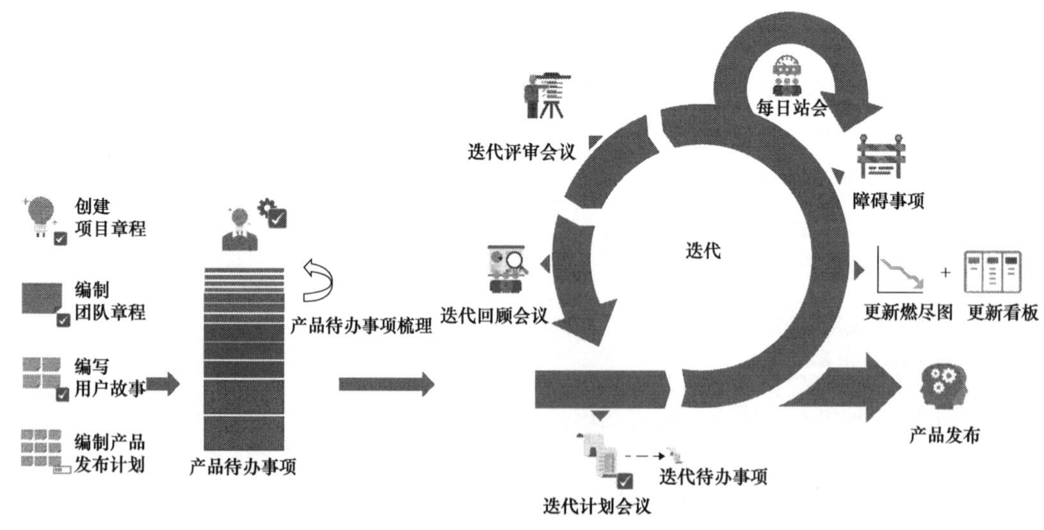

图 4-1　敏捷流程框架

4.1 《敏捷宣言》及原则

4.1.1 《敏捷宣言》

2001 年，一组项目专家聚在一起探讨项目管理成功的相通之处，该小组共同发表了《敏捷宣言》，正式宣告敏捷开发运动的开始。

《敏捷宣言》内容如下：

我们一致在实践中探寻更好的软件开发方法，身体力行的同时也在帮助他人。由此，我们建立了如下价值观：

个体和互动　高于　流程和工具
可工作的软件　高于　详尽的文档
客户合作　高于　合同谈判
响应变化　高于　遵循计划

也就是说，尽管右项有其价值，但我们更重视左项的价值。

《敏捷宣言》内容解读如下：

第 1 条：个体和互动高于流程和工具

- 并非流程和工具不重要，相比之下更重视个体和团队的力量。
- 坚持以人为本，倡导共同参与。
- 敏捷中的个体，并非能力超群者，而是多面手，大家可以形成互补的角色。类似海豹突击队员。

第 2 条：可工作的软件高于详尽的文档

- 轻文档化，不用为了写文档而写文档，文档提倡“3J”原则：刚好足够（Just enough）、刚好及时（Just in time）、刚好需要（Just because）。
- 可用的软件/产品更加重要。在演示会上可以直接将可用的产品演示给相关方，甚至可以都没有 PPT。

第 3 条：客户合作高于合同谈判

- 成功的项目需要定期且频繁的客户反馈。
- 客户不是对立方，聚焦于谈判阻碍客户价值的输入势必会造成对立关系。
- 一旦客户改变想法或优先级，最好的做法就是通过灵活的方法完成新目标，而不是用最初的规定来对抗。

第 4 条：响应变化高于遵循计划

- 最初的项目计划是我们开始的时候制订的，随着工作的进程，我们需要持续更新计划。
- 是响应而非纠正。

4.1.2 敏捷十二大原则

源自《敏捷宣言》延伸出十二大原则，具体如下：

原则 1：我们的首要任务是通过早期和持续交付有价值的软件来满足客户。

原则 2：即使到了开发后期也欢迎需求变更，利用变化为客户获得竞争优势。

原则 3：经常交付可工作的软件，从几个星期到几个月不等，时间间隔越短越好。

原则 4：业务人员和开发人员必须自始至终共同完成项目的日常工作。

原则 5：围绕积极的个体构建项目，给予他们所需要的支持和环境，相信他们能够完成工作。

原则 6：面对面地交谈是研发团队中最有效的信息交流方式。

原则 7：可工作软件是项目进展状况的主要度量。

原则 8：敏捷过程提倡可持续的系统开发，开发人员和用户应该能够维护一种持续的步调。

原则 9：对卓越技术和良好设计的持续关注有助于提高项目的敏捷性。

原则 10：简化（尽量让可以不做或少做的工作量达到最大）也是至关重要的。

原则 11：最好的架构、需求和设计都源于自组织的团队。

原则 12：团队定期反映如何提高工作效率，然后相应地调整其行为。

十二大原则解读如下。

原则 1：我们的首要任务是通过早期和持续交付有价值的软件来满足客户

关注：客户满意。

要点：

- 尽早交付。
- 持续交付。

原则 2：即使到了开发后期也欢迎需求变更，利用变化为客户获得竞争优势

关注：接受变化。

要点：

- 不要惧怕变化，要拥抱变化。
- 努力保持软件灵活性来适应变化，通过更好的实践来保持其灵活性。

原则 3：经常交付可工作的软件，从几个星期到几个月不等，时间间隔越短越好

关注：频繁交付。

要点：

- 尽早地、经常性交付（1～4 周为一个迭代周期）。
- 可以集成运行的版本。

原则 4：业务人员和开发人员必须自始至终共同完成项目的日常工作

关注：一起工作。

要点：

- 业务人员和技术人员全天工作在一起。
- 团队成员和用户能相互理解彼此想法。

原则 5：围绕积极的个体构建项目，给予他们所需要的支持和环境，相信他们能够完成工作

关注：激励人。

要点：

- 再好的流程和工具，都需要人来使用，要更加注重人的作用。

原则 6：面对面地交谈是研发团队中最有效的信息交流方式

关注：面对面沟通。

要点：

- 最高效的沟通是面对面交谈。

原则 7：可工作软件是项目进展状况的主要度量

关注：测量系统。

要点：

- 可工作的软件是进度的首要度量标准。
- 度量不再是所处的开发阶段、文档总量、代码行数等。

原则 8：敏捷过程提倡可持续的系统开发，开发人员和用户应该能够维护一种持续的步调

关注：可持续步调。

要点：

- 提倡可持续开发，不要过于疲惫，保持稳定的开发速度。
- 不提倡加班文化，更不会借用明天的时间在今天完成多一些工作。

原则 9：对卓越技术和良好设计的持续关注有助于提高项目的敏捷性

关注：卓越质量。

要点：

- 编写高质量代码，保持软件的干净、整洁。
- 持续重构（通过调整程序代码改善软件的质量、性能，使其程序的设计模式和架构更趋合理，提高软件的扩展性和维护性）。

原则 10：简化（尽量让可以不做或少做的工作量达到最大）也是至关重要的

关注：简洁。

要点：

- 尽量减少低价值的工作量。
- 减少镀金（做一些与项目无关的、没实际价值的项目活动）。

原则 11：最好的架构、需求和设计都源于自组织的团队

关注：进化设计。

要点：

- 团队自组织，任务的估算、分配，均是团队自行决定，不再是由项目经理分配。
- 团队成员共同解决项目中所有问题。
- 整个团队共同承担架构、需求、设计这些职责，不再是由某个成员负责。

原则 12：团队定期反映如何提高工作效率，然后相应地调整其行为

关注：定期反思。

要点：

- 每个迭代结束都会召开迭代回顾会议，反思过程中的不足，持续调整，持续优化。

尽管这些原则源自软件行业，但现在已经扩展到许多其他行业。这些思维模式、价值观和原则定义了敏捷方法的组成部分。它们之间的关系如图 4-2 所示。

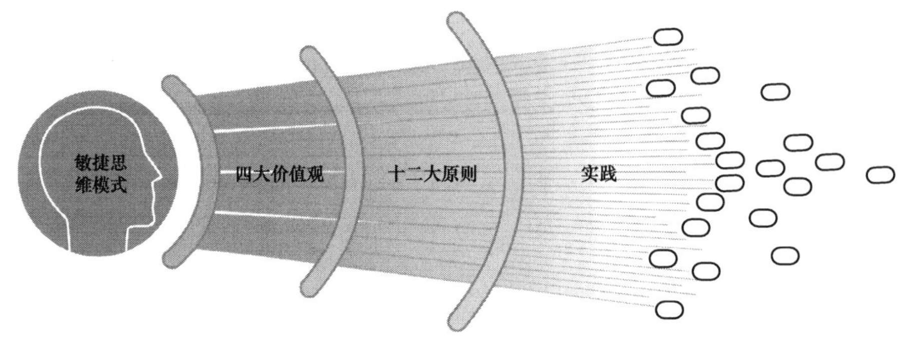

图 4-2　敏捷的价值观、原则和实践的关系（来自《敏捷实践指南》）

4.2　敏捷方法及生命周期选择

4.2.1　常见敏捷方法介绍

敏捷方法是囊括了各种框架和方法的总称，如图 4-3 所示。

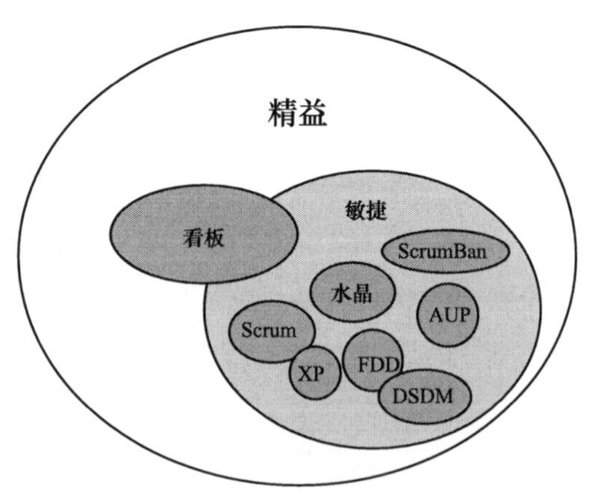

图 4-3　不同敏捷方法的关系（来自《敏捷实践指南》）

图 4-3 中将敏捷方法和看板都视为精益方法的子集，主要原因是它们都是精益思想的具体实例，都反映了关注价值、小批量和消除浪费。以下将介绍考试中常见的敏捷方法的区别。

- 精益：起源于生产制造行业，其重点是实现商业价值和使产品开发之外的活动最小化。包含如下原则：整体优化、消除浪费、打造质量、推迟决策、快速交付、保持成长、建立亲密伙伴关系。

- 看板：字面意思就是“能看的板子”。主要是推动和实现整个系统中工作流的可视化，建立起拉动系统。最简单的看板通常包含 3 列，即准备做（to do）、正在做（doing）、已完成（done）。看板的三个原则如下：
    - 可视化：将每项工作用便利贴的方式粘贴在看板上并跟踪每个工作项的状态，可以可视化展示工作，了解工作是如何运作的并发现工作流程中的改进机会。
    - 限制在制品（ Work-in-progress，WIP）：也就是并行工作的任务数。通过在制品数量的限制，调节流通性，让工作顺畅地流通起来，以防过多的工作项导致任务积压，或者过少的工作导致人员的闲置。
    - 管理流程：通过看板的流通性，找到约束及瓶颈，发现改进的机会点。

看板样例如图 4-4 所示。

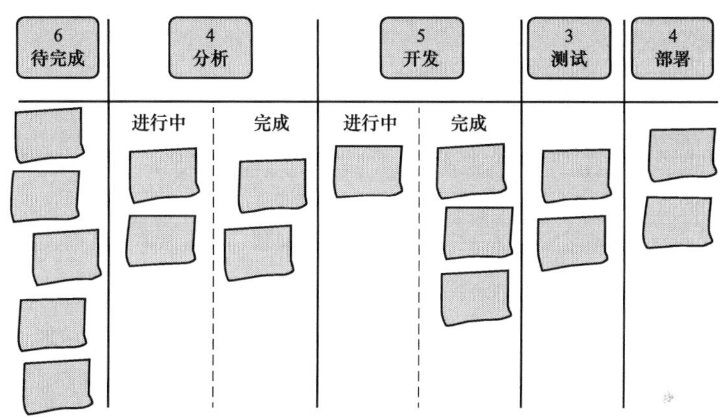

图 4-4　看板样例（来自《敏捷实践指南》）

图 4-4 中“待完成”里的数字 6，代表的就是 WIP，意思是在待完成这一队列中，最多只能同时开展 6 个任务项。“分析”里的数字 4 表示最多只能同时进行 4 个任务项。

看板方法的理论基础是利特尔法则（Little’s Law）的应用。

$$\text{Throughout} = \text{WIP} / \text{Lead time}$$

Throughout（吞吐量）：单位时间完成的工作（如医院每天可以处理核酸检测的数量）。

WIP（在制品数量）：未完成检测的人数。

Lead time（前置时间）：检测平均耗时＝Wait time（等待时间）＋Cycle time（周期时间）。

Wait time（等待时间）：排队等待的时间。

Cycle time（周期时间）：生产能力最直接的体现，一项工作从开始到结束的时间（不包括等待时间）。例如：从医生开始检测到完成检测所花费的时间。

看板的核心度量工具：累积流量图（Cumulative Flow Diagram，CFD），展示功能未完成、过程中工作及完成功能与实践关系的一种图表。可以很好地反映工作项在每个流程环节的流动。

- Scrum：该框架包含 Scrum 角色、事件、工件和规则，通常会称之为“3355”。分别如下：
  - 3 个角色：产品负责人（ Product Owner）、敏捷教练（Scrum Master）[①]、研发团队。
  - 3 个工件：
    - 产品待办事项（ Product Backlog）：一份按照价值优先级排序的需求列表，所有的需求都会放入此待办事项中统一管理。
    - 迭代待办事项（ Sprint Backlog）：当前迭代的目标及完成目标需要做的 task 工作列表。
    - 增量（Increment）：按照价值交付的可用的产品。
  - 5 个事件：
    - 迭代：固定时间盒（固定的单位时间）的事件，在一个迭代中，包含了实现产品目标的所有工作。包括迭代计划会议、每日站会、迭代评审会议和迭代回顾会议。
    - 迭代计划会议（Sprint Planning）：确定当前迭代的目标，以及团队应该如何做才能完成目标。
    - 每日站会（Daily Scrum）：检视达成迭代目标的进展，团队同步信息。
    - 迭代评审会议（Sprint Review）：团队向关键相关方展示本次迭代的工作成果。
    - 迭代回顾会议（Sprint Retrospective）：团队成员讨论本次迭代中做得好的、不好的及如何改进。
  - 5 个价值观：
    - 承诺：团队致力于达成其目标并且相互支持。
    - 专注：专注于迭代的工作。
    - 开放：团队及其相关方对工作和挑战持开放态度。
    - 尊重：团队成员相互尊重，彼此平等沟通。
    - 勇气：团队成员有勇气做正确的事并处理棘手的问题。
- 极限编程（Extreme Programming，XP）：是一种基于频繁交付周期的开发方法，适用于小团队。包含 12 种主要实践，如图 4-5 所示。具体如下：
  - 完整的团队：XP 所有参与者（开发、客户、测试）一起工作。
  - 计划游戏：分为探测、计划、调整三个阶段。

① Scrum Master 有的译为“敏捷教练”“敏捷主管”“敏捷促进者”等，有的不译，本书除模拟题外统一称为“敏捷教练”。

- ◦ 探测阶段：客户和开发一起把需求分解成小的、可估算的部分。
  - ◦ 计划阶段：客户与开发一起制订、发布计划。
  - ◦ 调整阶段：客户与开发一起，根据实际情况调整原有计划或制订新计划。

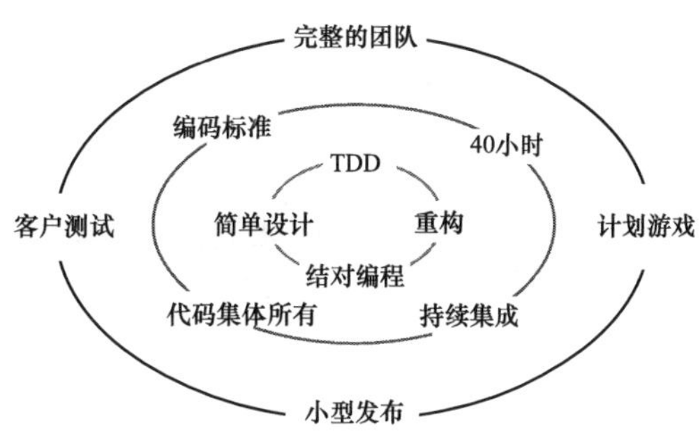

图 4-5 XP 的 12 种主要实践

- 小型发布：非常短的周期以递增的方式发布新版本。
- 客户测试：客户描述一个或多个测试以展示软件如何工作。
- 40 小时：以能够长期维持的速度努力工作，保存精力，可持续的速度。
- 持续集成：每天多次代码集成，及早暴露，消除重构、代码集体制引起的错误。
- 代码集体所有：每个人都有更改代码的权力，都可以参与任何其他方面的开发。
- 编码标准：有严格的代码标准，系统中所有的代码看起来就好像是一个人编写的。
- 测试驱动开发（Test-Driven Development，TDD）：在编写代码之前，先写测试代码。比如：砌墙时，先用激光水平仪打出一条线，每叠放一层砖头，都和此激光线平齐，最终这面墙，也会是水平的。
- 重构：通过调整程序代码改善软件的质量、性能，使其程序的设计模式和架构更趋合理，提高软件的扩展性和维护性。
- 结对编程：两个程序员在同一台机器上进行功能的开发，一个人写代码（充当驾驶员角色），另一个人审查代码（充当导航员角色），两个程序员经常互换角色。
- 简单设计：设计不要在编码前一次性完成。

4.2.2 生命周期选择

项目有多种形式，项目团队要根据项目特点来选择对应的生命周期模型。英国组织理论家拉尔夫·D. 斯泰西（Ralph D. Stacey）提出的模型用于对项目开发的复杂性进行分类，以方便组织选择恰当的管理行为，如图 4-6 所示。

如果一个项目处于“简单的”区域，采用传统的预测型生命周期（瀑布模式）即可，如盖一栋普通的房子。

如果一个项目处于“繁杂的”，或者是“复杂的”区域，适应型方法（敏捷）可能更有效。通过频繁地调整、检查、适应，最终达成客户目标，完成项目。

如果一个项目处于“混乱的”区域，无论是瀑布还是敏捷，都没有良药。随着时间的推移，需求明确一些或者技术更确定一些（转化成“复杂的”“繁杂的”区域），则可以使用敏捷方法来实现。

在当前 VUCA 时代，对于整个项目，有可能采用混合式生命周期管理方法。预测、迭代、增量、敏捷方法的组合，就是一种混合方法。比如在前期需求不太明朗的阶段，采用敏捷方法不断调整、快速试错，找到方向。待需求明确后，可基于确定的需求采用预测型生命周期，按部就班地推进下去。

也有可能在某个生命周期过程中，采用其他生命周期的实践方法。比如团队在使用预测型生命周期，同时也采用了敏捷的实践如每日站会、短迭代、回顾会等。

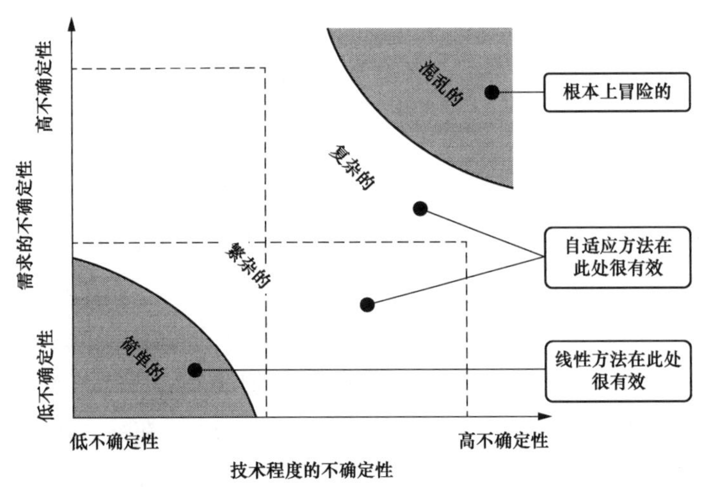

图 4-6　Stacey 模型（来自《敏捷实践指南》）

4.3　敏捷角色及职责

4.3.1　产品负责人

产品负责人通常被称为 PO（Product Owner），类似产品经理的角色，主要是负责指导产品的开发方向。具体职责如下：

- 根据商业价值对需求进行排序，代表客户之声（Voice of Customer，VOC）。
- 与团队开展合作、澄清需求、提供反馈并为交付的下一个功能设定方向。
- 梳理和维护产品待办事项列表（Product Backlog）。
- 决定产品的发布日期。

4.3.2　团队促进者

传统的瀑布模式下，团队成员和领导的沟通，基本上是上传下达的模式，即为指令式管理。敏捷方法强调团队自组织，领导者不再是指令式管理，而是转变为仆人式领导，为团队赋权的方法。领导者关注的是团队的需要和发展，为团队提供帮助、清除障碍事项。其工作重点转变为引导需要帮助的人，促进团队的合作，保持与相关方的需要一致。项目经理、敏捷教练（Scrum Master）、团队领导、团队教练或团队促进者，都可以称为团队促进者。

团队促进者的主要职责如下：

- 实践并传播敏捷，为相关方推广和普及为什么要敏捷，以及如何敏捷。
- 为团队创造一个人人都能成功的环境，倡导可持续发展。
- 努力消除阻碍敏捷过程的组织障碍，如冗长的流程、烦琐的文档等。
- 为团队提供支持，适时地为团队提供所需的技能培训，并做好团队成员的职业发展规划。
- 促进团队内部之间的合作与对话，从管理协调转向促进合作。
- 庆祝团队成功，为团队与外部团队合作提供支持并起到桥梁作用。

4.3.3 研发团队

敏捷团队是由一群跨职能的成员组成，成员个数一般是 7±2 人，且均为 100%专职人员。所谓跨职能即为由不同工种的人员组成，也叫特性团队。团队成员自组织，为同一个目标负责，彼此之间高度协同，以达到快速交付产品的目标。其团队特点如下：

- 小规模（5～9 人）的专职人员，集中办公。
- 跨职能，能作为一个独立的团队交付产品。
- 由通才和专家组成的 T 型（有横向广阔的知识面及纵向的知识深度）团队。
- 团队集体责任，相互承诺。
- 团队自组织，自行决定采用何种技术方案，自己决定谁做什么。
- 团队一起分解任务、评估工作量、自行认领工作，确保符合质量要求。

4.4 敏捷实施前的准备

4.4.1 物理环境的准备

环境准备包括外部的物理环境，以及团队内部的环境。

物理环境有如下类型：

- 为团队提供集中办公的场所，这样更方便面对面地沟通。有一些团队工作场所还会张贴各种图表，这些都是信息发射源（信息的展示）的具体实践。
- 构建一个拥有基本信任和安全的工作环境，确保所有团队都有平等的话语权。
- 为团队创造免打扰的空间，以便于团队可以集中在本职工作上。如遇到分布式团队，则可通过在线共享屏幕、视频会议等方式实现远程协作。

4.4.2 项目管理环境的准备

项目管理环境有如下类型：

- 制定项目章程。在瀑布模式下也有项目章程，在敏捷里会有所不同，往往称为“微章程”，这也贴合敏捷的思想：轻文档化。章程里通常包含如下内容：
  - 项目开展的目的和目标。
  - 项目的价值，通常用电梯演讲（电梯简报）的方式阐述。
  - 项目完成的标准、概要的资源描述、高层次的风险。
- 约定团队章程，让团队高效运转。比如：团队的价值观约定、基本的权利和义务、团队的共识、团队的分工、知识管理、工程实践等。

4.5 敏捷规划过程

4.5.1 编写用户故事

传统的项目管理，在项目启动之后，会从收集需求开始，定义项目的范围、成本、进度和质量等基本属性的标准。敏捷项目中，同样要收集需求，不过需求的表现形式上有所不同，使用的是“用户故事”的方式。

用户故事（User Story）通常写在卡片或便利贴上，它的标准格式是：

作为……（用户角色），我想要……（实现功能），以便于……（完成价值）。

如：作为一个即将参加 PMP®考试的学员，我想要能查看做错的试题的功能，以便于我可以看看错在哪里并有针对性地复习。

用户故事在编写的时候，需要符合 INVEST 原则，具体如下：

- Independent 独立性：
  - 要尽可能地让一个用户故事独立于其他的用户故事。
  - 依赖太强会导致制订计划、确定优先级、工作量估算都变得很困难。
- Negotiable 可协商性：
  - 内容要是可以协商的，用户故事不是合同。
  - 对用户故事的一个简短的描述，不包括太多的细节。
- Valuable 有价值：
  - 每个故事必须对客户具有价值（无论是用户还是购买方）。
- Estimable 可估算性：
  - 研发团队需要去估计一个用户故事以便确定优先级，工作量，安排计划。
- Small 短小：
  - 要确保在一个迭代中能够完成。
- Testable 可测试性：
  - 一个用户故事要是可以测试的，要有验收标准。

4.5.2 估算用户故事

敏捷中的估算，有别于传统瀑布模式下的“人/天”或者“人/周”这样的绝对估算方式。采用的是故事点的相对估算方式。

相对估算：找到一个基准点，其他的故事和这个基准点相比，规模是基准点的几倍，这种就是相对估算的方式。比如去点咖啡，可以买中杯、大杯、超大杯，这个大杯就是相对的估算。再比如，去买衣服，尺码有 S、M、L、XL、XXL 等，都是相对估算的方式。

故事点：敏捷估算时用来计量工作量规模的单位，没有具体的意义。2 个故事点不表示 2 天或者 2 小时，就是“2 倍于基准”的意思。

由于规模越大，不确定性越高，所以故事点的取值，遵循斐波那契数列（1、2、3、5、8、13、21、34…），不是用自然数列（1、2、3、4、5、6、7…）。在实际操作中，为了方便记忆，往往将 21 换成 20，34 换成 40。

估算方式通常有如下几种：

- 亲和估算（Affinity Estimating）。包括咖啡杯容量、T 恤尺码、斐波那契数列等。在估算时，将同等规模大小的需求放到一起，比如某个需求是和 3 个故事点更接近，还是和 5 个点的更接近，并放置到对应的类别下，依次类推，将需要估算的需求都归类估算完毕。
- 宽带德尔菲（Wide band Delphi）。团队成员聚在一起，讨论需求及面临的挑战，然后私下进行估算，并将估算的结果单独匿名汇总给主持人。主持人公布投票的结果后，如存在差异，团队再次讨论存在差异的情况，主持人再组织下一轮继续投票……多轮之后估算会越来越近。这种估算的好处就是彼此之间匿名投票，不用看领导脸色，也有效避免了光环效应。
- 计划扑克（Planning Poker）。计划扑克把专家意见、类比和分解结合到一种令人愉快的估算方法中，可以产生快速而可靠的估算。估算的目的在于合理性，而不是准确性。

方法：产品所有者或客户宣读用户故事并简单解释其功能。团队成员通过将编号的纸牌面朝下放在桌子上而不透露他们故事点的估算值（斐波那契数列：1、2、3、5、8、13、20、40）来进行估算。一起亮出卡片，然后讨论估算值。给出最高估算值和最低估算值的成员需要解释其原因。解释完毕后，所有人可以继续在此出牌，直到结果趋同为止。这种估算的好处是避免“锚定”的认知偏差。

4.5.3 梳理待办事项列表

产品待办事项（Product Backlog，考试中偶尔可能会翻译成产品积压项）。这是一份团队对整个产品或整个特性达成共识的列表，是条目化/量化的用户需求，并将需求文档中需要实际开发的需求（包括功能性和非功能性需求）条目化地表达出来，且会在后续开

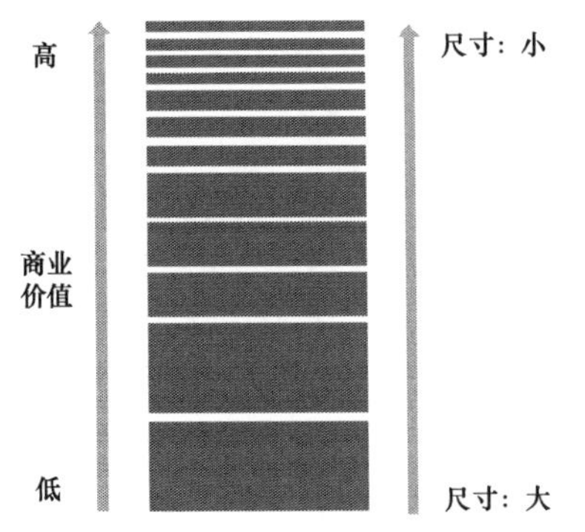

图 4-7　产品待办事项

发过程中不停地对这个列表进行补充（补充新的用户故事）和拆分（拆分大的用户故事），如图 4-7 所示。

产品待办事项在实际工作中，可能会通过梳理会议来单独梳理，梳理完成的标准要符合 DEEP 原则：

- Detailed appropriately（详略得当的）：需求拆分的颗粒度符合“近细远粗”（优先级高的细化，优先级低的可粗略）的原则，不需要全部细化。
- Emergent（涌现的）：产品待办事项并不是唯一不变的，可能涌现出新的需求。
- Estimated（经过估算的）：产品待办事项中的需求需要经过估算。
- Prioritized（按优先级排序的）：产品待办事项中的需求均是按照价值优先级排序的。

对于产品待办事项中的优先级估算，通常采用如下方法：

- MoSCoW 模型。其方法是采用英文 4 个首字母的缩写，代表重要性。
  - M（Must have）：必须有。如果不包含，则产品不可行。“必须有”的功能通常就是系统的基本功能。
  - S（Should have）：应该有。很重要但短期内有替代解决办法的功能。
  - Co（Could have）：可以有。如果没时间，在本阶段可以不考虑。
  - W（Won't have）：不需要有的功能。
- Kano（卡诺）分析。以分析用户需求对用户满意度的影响为基础，体现了产品性能和用户满意度之间的非线性关系，如图 4-8 所示。

其需求分类见表 4-1。

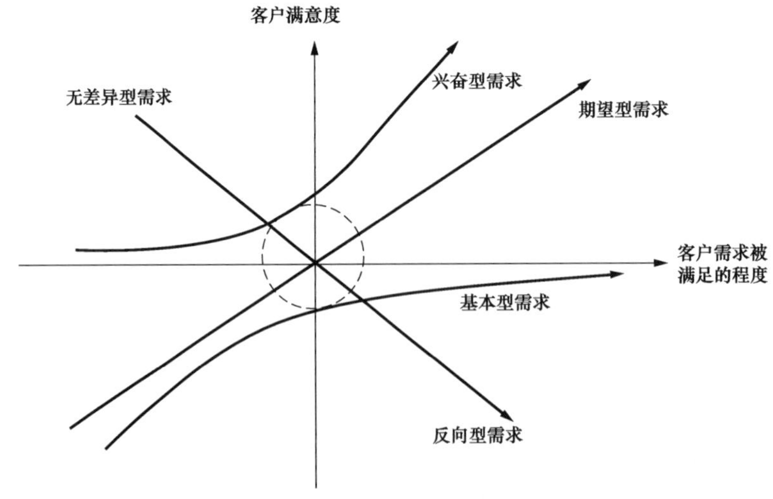

图 4-8　卡诺分析

表 4-1　　卡诺分析需求分类

需求分类	特性
基本型需求	产品“必须有”的属性或功能。当其特性不充足（不满足客户需求）时，客户很不满意；当其特性充足（满足客户需求）时，客户也可能不会因而满意
期望型需求	是指客户的满意状况与需求的满足程度成比例关系的需求。此类需求得到满足或表现良好，客户满意度会显著提升
兴奋型需求	不会被客户过分期望的需求。对于兴奋型需求，随着满足顾客户期望程度的增加，客户满意度也会急剧上升，一旦得到满足，即使表现并不完善，客户表现出的满意状况也是非常高的
无差异型需求	不论提供与否，对客户体验无影响。是质量中既不好也不坏的方面，它们不会导致客户满意或不满意
反向型需求	客户根本都没有此需求，提供后客户满意度反而会下降，而且提供的程度与客户满意度成反比

- 风险价值矩阵。风险价值矩阵用于确定功能的正确开发顺序。综合考虑商业、技术、进度、成本、质量等风险，如图 4-9 所示。对于高风险、高价值的功能要首先开发。对于高价值中的高风险和低风险，应该先做高风险。主要原因是：高风险可以在早期开展实验性的工作，比如我们遇到一些难题，可能会先做个 demo（实验），以确定是否可行。如果无解决方案，说明项目在商业论证阶段就出了问题，可能整个项目都会失败。其次是低风险、低价值的功能。对于低价值、高风险的功能，最好是不做。

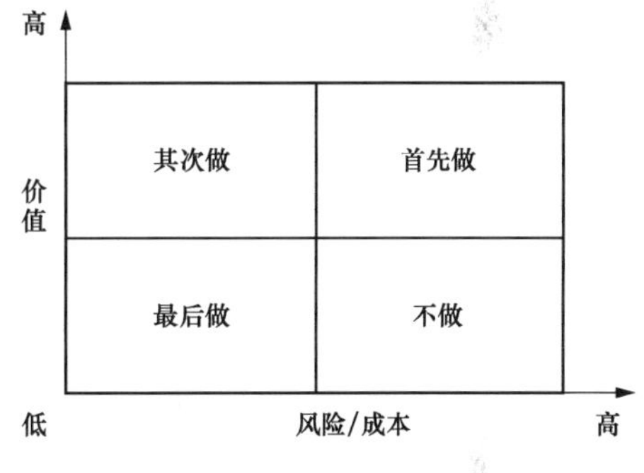

图 4-9　风险价值矩阵

4.5.4　制订发布计划

敏捷通过短周期快速交付，以实现商业价值最大化。发布是指正式发布一组可用的产品特性，发布不需要包含所有的功能，但至少要包含最小可用的特性（Minimal Marketable Features，MMF）。一个有效的发布一般是多个迭代集中交付工作的一个成果，这通常是对市场、业务和客户产生影响的标志性时刻。

通常，在制订产品发布计划的时候，是根据业务场景而不是功能模块进行规划。常用的工具有用户故事地图，该工具是将用户故事按照业务流进行梳理。横向代表业务流，纵向代表功能/价值优先级。这样可以确保在每个发布中交付的是可用的产品，而不是某个单独的功能模块。图 4-10 为“管理圈 App 视频学习”版块的用户故事地图实例。

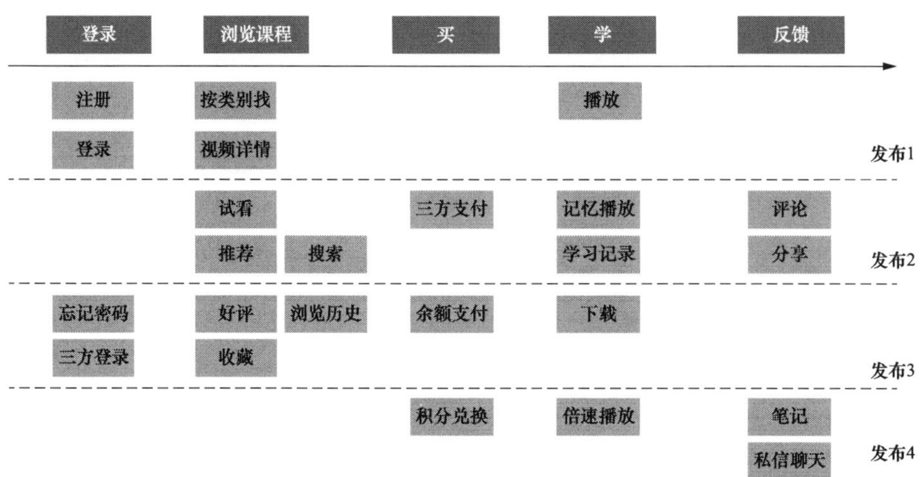

图 4-10　用户故事地图实例

发布计划会议也是敏捷中会定期召开的一个会议。发布计划建立后，即可正式进入迭代的执行过程，并根据风险、涌现的需求或客户的要求，保持对项目产品待办事项的监控。

4.6　敏捷执行过程

当一切都准备就绪后，即可正式进入迭代开发阶段。这些阶段循环往复，每个迭代的正式开始都是从迭代计划会开始，到迭代回顾会结束。本节将详细介绍敏捷的执行过程是如何运作的。

4.6.1　迭代计划会

迭代计划会主要明确接下来的这个迭代目标，以及达成这些目标团队需要如何做的过程。

参与人员：产品负责人（PO）、敏捷教练（Scrum Master）、研发团队。

时长：1 周的迭代对应 2 小时的计划会，不超过 8 小时，每个迭代第一天开。

会前准备：梳理完毕后的待办事项、团队速率。

速率（Velocity）：即一次迭代中团队可以交付的用户故事点数。

会议内容：

上半部分：分析和评估产品待办事项，确定迭代目标。

下半部分：研发团队评估完成迭代目标需要做哪些工作，以及技术方案、架构的设计等。

会议主要输出：迭代待办事项，该输出属于三大工件之一。

注意事项：

- 迭代待办事项是当前迭代工作（任务）的分解。

- 尽量放在方便团队看到的地方。
- 工作不是分配下去的，而是团队讨论与个人志愿的结果，主动认领任务。
- 每个团队成员都可以更新迭代待办事项，它是团队的资产。
- 迭代任务需要估算到小时数。
- 如果任务需时超过一天，要尝试分割成几个小任务，以便于每天可以跟踪。

4.6.2 每日站会

每日站会（Daily Scrum）是研发团队内部的会议，每天聚在一起开个短会，更新团队的进度，同步信息。

参与人员：研发团队、敏捷教练（Scrum Master）。

时长：15 分钟，每天开 1 次。

会前准备：团队提前想好今天要同步的信息。

会议内容：

团队轮流分享如下信息：

- 昨天我完成了什么工作；
- 今天我准备做什么工作；
- 我遇到的障碍是什么。（如果有的话，列出具体障碍事项。）

会议主要输出：

- 团队今天的工作及障碍事项。
- 看板及燃尽图的更新。

注意事项：

- 任何人都可以参加每日站会，但是只有研发团队、产品负责人、敏捷教练可以发言。
- 会议是为了促进团队交流合作，而不是在会上解决问题。如遇到细节的讨论且需要较长的时间，会后私下沟通解决。
- 每日站会是团队成员之间的平等交流，而不是向某个人汇报，如产品负责人或者领导。
- 每次固定时间 15 分钟，固定地点，由团队自行主持，而不是项目经理或者领导主持。

燃尽图：是将项目进展和剩余工作情况可视化的工具。用于表示剩余工作量的工作图表，燃尽图由横轴（X）和纵轴（Y）组成，横轴表示时间，纵轴表示工作量，可以直观地预测工作将在何时全部完成。图 4-11 显示了一个燃尽图的示例，团队计划在 10 天内交付 37 个故事点，从图中可以看到在第 3 天，剩余故事点基本没有下降的趋势，团队将面临交付的风险。

另外，还有一种图叫燃起图（Burn-up chart），横轴（X）和纵轴（Y）与燃尽图一样，只是数据线由下降变成了上升，纵轴表示累计完成的工作量，如图 4-12 所示。

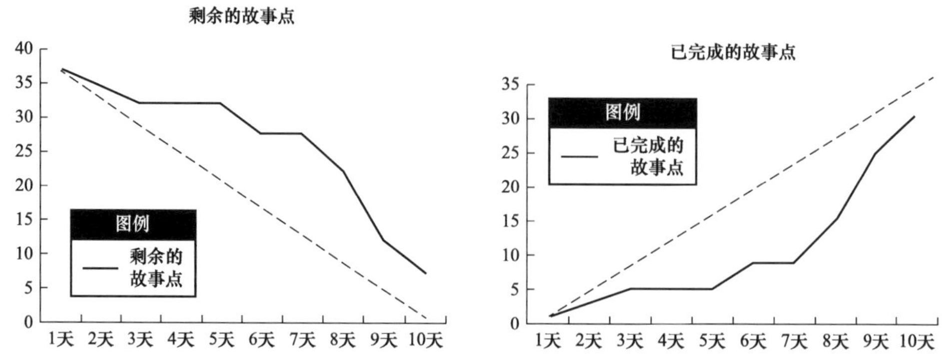

图 4-11　燃尽图示例（来自《敏捷实践指南》）　图 4-12　燃起图示例（来自《敏捷实践指南》）

两种图形，都是基于相同的数据，分别以不同的方式显示，团队可以根据需要选择任一形式。

4.6.3　迭代评审会

在每个迭代临近结束时，团队都会给相关方展示可工作的产品，并得到相关方的反馈，防止其朝着错误的方向前进。

参与人员：研发团队、产品负责人、敏捷教练、管理层代表、客户代表等。

时长：1 周的迭代一般不超过 1 小时。

会前准备：可工作的软件/可用的产品，所需要的演示环境。

会议内容：

- 团队展示已经完成的工作。
- 相关方对成果进行评审并反馈。
- 和关键相关方确认下个迭代的目标。

会议主要输出：

- 相关方的反馈。
- 经过对齐后的下个迭代目标。

注意事项：

- 只演示已经完成的工作，充分做好准备工作，如演示环境、演示数据等。
- 按照业务逻辑演示，最好定义出业务场景，描述本次迭代解决了什么业务问题。

4.6.4　迭代回顾会

迭代回顾会议（Sprint Retrospective Meeting）是回顾过去一个迭代中，整个团队在迭代期间哪些进展顺利，遇到哪些问题，以及这些问题是如何解决（或未解决）的，怎样在未来的迭代中做得更好，其目标是持续改进。

参与人员：研发团队、产品负责人、敏捷教练（Scrum Master）。

时长：1 周的迭代一般不超过 1 小时。

会前准备：安全的发言环境、收集好迭代过程中的数据。

会议内容：

- 团队一起头脑风暴本次迭代中哪些做得比较好，并可视化记录。
- 团队一起探讨本次迭代中哪些做得不足，根本原因是什么。
- 针对本次迭代中的不足，如何改进。

会议主要输出：

- 下个迭代可以尝试做的、应该继续保持的、应该尽量避免的方面。

注意事项：

- 迭代回顾是检查和调整想法付诸实施的最佳时机之一，这样团队才能持续改进。
- 回顾会不是批斗会，是让团队从以前的工作中学习并做出小的改进。
- 不用一次改变太多的事情，一般针对改进事项选出最紧急的前三项即可。

4.7 敏捷收尾过程

4.7.1 发布收尾

发布（也叫“上线”）收尾，表示产品面向最终用户，此时用户可获得新版本的产品功能。通常在此阶段需要考虑是否满足产品发布条件，比如相关部门的配合是否准备完毕、产品的运营与营销资源是否到位、相关的培训或手册是否完善等。

发布结束后，会重新进入下一个发布过程，每个发布过程又是通过一个个迭代来实现。

4.7.2 项目收尾

此阶段是项目可交付成果的最终交付，和瀑布模式下的收尾类似，可参考其收尾过程。

4.8 敏捷与 PMBOK®第 6 版十大知识领域的关系

前面介绍了瀑布管理方法、敏捷管理方法，在瞬息万变的时代背景下，我们不仅要掌握传统瀑布的管理模式，同时也要具备敏捷管理的思维。这两种管理模式并非对立或独立，而是相辅相成的。本节将介绍敏捷与 PMBOK®第 6 版十大知识领域的区别与联系。

4.8.1 整合管理

传统的项目管理计划，在敏捷中更多的是通过每个迭代的迭代计划会（Sprint Planning Meeting）进行滚动式规划。项目经理不再指导工作，主要承担促进者的职责，营造合作的氛围，把产品的交付交给团队来控制。传统的“结束项目或阶段”，在敏捷中通过每个迭代后的迭代评审（Sprint Review）、迭代回顾（Sprint Retrospective）来开展阶段收尾，完成团队组织过程资产的积累。

4.8.2 范围管理

与传统项目管理不同的是，敏捷项目允许变更项目范围，从而开发出更好的产品。如本文此前提到的《敏捷宣言》和敏捷 12 条原则中，有多条都与范围管理密切相关，具体如下：

第 1 条：我们的首要任务是通过早期和持续交付有价值的软件来满足客户。

第 2 条：即使到了开发后期也欢迎需求变更，利用变化为客户获得竞争优势。

第 3 条：经常交付可工作的软件，从几个星期到几个月不等，时间间隔越短越好。

第 10 条：简化（尽量让可以不做或少做的工作量达到最大）也是至关重要的。

敏捷项目范围管理和传统项目范围管理的方法有着本质的区别，具体见表 4-2。

表 4-2　　传统项目与敏捷项目范围管理对比

传统项目范围管理方法	敏捷项目范围管理方法
试图在项目初期确定完整的范围	搜集高层次需求并进一步细化近期要实现的需求，逐步完善
项目经理严格控制变更	拥抱变更，每个迭代开始时重新评估范围，并有机会纳入新的需求。产品负责人对需求进行重新排优先级
需求固定，如不能按期完成，往往通过增加资源的形式实现	资源和时间固定，范围可调整。每个迭代交付的都是高优先级的需求

在敏捷项目管理中，包括敏捷团队、产品负责人及其他有好想法的相关方，都可以提出新的产品需求。产品负责人对这些新需求的重要性及优先级进行评估，并将其加入产品待办列表中。在每次迭代开始时，产品负责人会根据待办列表的优先级来判断是否纳入这次迭代中。如果是低优先级的需求，将会被留在产品待办列表中将来再考虑。如果是属于当前迭代中必不可少的一部分，则可以直接纳入当期迭代待办事项中。但一般情况，除非开发团队要求，否则不要为正在进行中的迭代增加新的需求。

4.8.3 进度管理

敏捷以快速交付为其中一个主要特点，在敏捷进度管理和传统管进度管理中，也有着较大的区别。在敏捷的 12 条原则中，有如下均提及了敏捷进度管理的原则：

第 1 条：我们的首要任务是通过早期和持续交付有价值的软件来满足客户。

第 2 条：即使到了开发后期也欢迎需求变更，利用变化为客户获得竞争优势。

第 3 条：经常交付可工作的软件，从几个星期到几个月不等，时间间隔越短越好。

第 8 条：敏捷过程提倡可持续的系统开发，开发人员和用户应该能够维护一种持续的步调。

表 4-3 列举了传统项目和敏捷项目在进度管理中的区别。

表 4-3　　传统项目与敏捷项目进度管理对比

传统项目进度管理方法	敏捷项目进度管理方法
范围是固定的，范围基准直接决定了项目的进度	范围可变，时间可以固定，并且开发团队可以只处理在时间盒内能够实现的需求
项目经理根据初期收集的需求确定项目时间	敏捷团队评估在给定的时间内，能完成的工作
在启动阶段，项目经理试图预测进度	敏捷团队基于迭代实际开发速率来决定长期的进度计划，并会调整时间的估算
时间容易变化	迭代周期固定

敏捷中的进度规划，也是采用滚动式规划的原则。产品路线图→发布计划→迭代计划→每日计划，渐进明细。在进度管理中通常采用速率来监控迭代执行的进度，并通过燃尽图的方式进行信息的可视化。（关于燃尽图的具体介绍，请参考敏捷章节。）

4.8.4　成本管理

由于范围并未完全明确且经常发生变更，在敏捷中不会做详细的成本估算，往往通过相对估算的方式，做出高层级的预测。后续可以基于每个迭代的故事点数进行成本的估算。

4.8.5　质量管理

在敏捷 12 条原则中，全部都和质量相关。敏捷方法的质量包涵两层含义：产品既能正常工作，又能满足相关方的需求。敏捷项目质量管理在项目生命周期内会开展多次质量反馈循环，不断将反馈整合到产品中，从而提升产品质量，如图 4-13 所示。

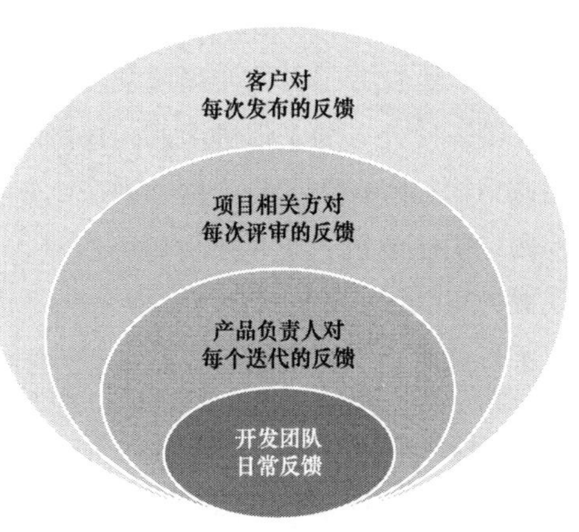

图 4-13　敏捷项目质量管理反馈

在敏捷项目中，开发团队对质量负主要责任，在每个迭代过程中，都会进行频繁的测试，能够及时发现问题并修复。敏捷方法在质量管理中提供了一系列的时间，包括：

- 持续追求卓越技术和良好设计。
- 将质量开发技术引入产品生产中（详见极限编程12种实践）。
- 内建质量，包括DoR和DoD的标准：
  - DoR（Definition of Ready）：进入迭代开发应当满足的条件，否则过于模糊的需求会导致迭代的失败，并且需要在迭代内花费过多的时间去做需求澄清。
  - DoD（Definition of Done）：基于“随时可向用户发布”的目标，制定衡量开发团队工作是否已完成的标准，由开发团队和产品负责人形成共识。
- 可持续的发展。敏捷团队维持一个相对稳定的工作节奏，从而确保团队的工作质量。
- 定期检查和调整。在迭代评审中，会邀请相关方审查成果并提供反馈，如某个需求不满足相关方的期望，会在下次或后续迭代中调整。在迭代回顾中，团队会讨论哪些做得好的，哪些需要调整。在迭代回顾会上，团队还会讨论提升质量的有力措施。这些措施都保证了产品质量。
- 自动化测试。敏捷快速交付，离不开自动化的工具。引入自动化测试技术，大大提升了故障检测效率，让开发团队能够更及时地修复问题。

4.8.6 资源管理

敏捷团队是跨职能、自组织的团队，他们跨职能协作，在团队中承担不同的工作来确保快速完成高优先级的需求。不同于传统管理模式中，敏捷的快速迭代和反馈，同样也给团队成员带来了自我调整的契机。比如回顾会上，团队可以各抒己见，自我复盘。得益于服务型领导风格，团队从以往的指令式管理（上传下达）变成了拉动式管理（主动认领并承担任务）。

4.8.7 沟通管理

在模糊不定的项目环境中，需要进行更频繁和快速的沟通，敏捷提倡面对面、轻文档化的沟通。因此要尽量简化团队成员获取信息的通道，频繁进行团队检查，并让团队成员集中办公。此外，为了促进沟通，还需要以透明（信息发射源）的方式发布项目工件，并定期邀请相关方评审项目工件。敏捷中还提倡采用渗透式沟通（一位团队成员无意中听到另外两位团队成员交谈并知晓相关信息，从而让信息在团队成员之间无意识地进行共享）来获取信息。

不仅如此，敏捷也通过各种仪式/会议的方式来促成高效沟通。如前文中提到的4个会议。

4.8.8 风险管理

敏捷项目的短周期交付，大大降低了项目的沉没成本。通过在早期进行风险刺探

(Spike，做一些实验性的工作来验证方案或想法的可行性)，可以快速地分析风险发生的概率并提早采取应对措施。

从风险管理流程上来看，敏捷风险管理和传统瀑布管理流程大体相同。在敏捷管理中，通常会采用可视化的工具来跟踪风险的处理情况，如风险燃尽图。和敏捷中的进度燃尽图（见敏捷部分）类似，风险燃尽图纵坐标为风险数量，横坐标为时间。通过燃尽图的趋势，判断风险处理情况。

4.8.9 采购管理

正如《敏捷宣言》所言："客户协作高于合同谈判。"协作的方法提倡和供应商共担风险，共享奖励，达到双赢的局面。在合同的签署上包括：

- 多层结构。双方签订框架合同，表示建立正式合作。在框架合同基础上，补充可能的变更的内容并作为附录形式列在服务明细中。
- 多份合同。将项目范围分解成众多的可交付成果，而不是将整个项目范围和预算锁定在单个合同中。
- 取消机制。如最终项目仅完成一半的范围，并且客户不再需要另一半范围，则可以将另一半范围对应的费用退还给客户。
- 固定范围。如增加的需求超出之前合同既定的范围，则可以动态置换，用新增的高价值需求替换掉同等工作量的低价值的需求。

4.8.10 相关方管理

敏捷中更加注重相关方的有效互动和参与。团队会直接和相关方互动，而不是通过管理层逐级下达。并且敏捷团队会主动邀请相关方全程参与迭代评审，或将项目的信息主动推送给相关方。在整个项目期间保持与相关方的有效互动、建立信任。

4.9 练习题

1. 项目经理被要求为一个明确定义了可交付成果的项目确定最合适的项目实施方法，但是资金来源的不确定性很高。每个交付物的资金取决于客户对先前可交付成果是否接受，不接受该项目将被终止。哪种项目方法是最合适的？

   A. 预测型　B. 迭代型　C. 增量型　D. 适应型

2. 一家公司决定在一个项目中首次使用敏捷方法。在第三个迭代的中间阶段，很明显项目沟通不充分，而且大多数团队成员不了解其他团队成员在做什么。项目经理应该做什么来避免这个问题？

   A. 每周召开状态会议　B. 每天举行站立会议

   C. 实现信息发射器　D. 制订沟通管理计划

3. 一家国内的全球性供应链管理企业，正在推行敏捷方法以应对 VUCA 环境，公司安排了一个为期 3 天的敏捷思维训练，你正在跟大家进行敏捷基础理念的讲解，以下讲解不合适的是？
   A. 敏捷方法中强调个体间的沟通与高效互动，但是流程和工具更为重要（尤其是大型组织）
   B. 敏捷方法认同目标导向是成功的关键，而目标是“可工作的软件”，而不是面面俱到的文档
   C. 敏捷方法把客户当成了合作者和伙伴，把自己的使命定位为“帮助客户取得竞争优势”
   D. 敏捷方法强调欢迎变化、拥抱变化，并可坦然应对变化，正是这些变化为客户和项目带来了价值
4. 产品所有者将已经确定的风险通知项目经理。项目经理应该做什么？
   A. 要求敏捷团队停止迭代，并制定风险应对措施
   B. 将风险状态作为每日站会的一部分
   C. 在迭代评审中检查风险状态
   D. 在细化待办事项时，将风险应对策略包含在其中
5. 一个新的支付系统正在使用敏捷原则建立。在客户演示期间，产品所有者要求对一个模块的特性进行改进。在检查范围文档和用户故事之后，可以清楚地发现最初的项目文档中没有包含该特性。项目经理下一步应该做什么？
   A. 要求增加预算以适应变更
   B. 在下一个迭代中包含变更
   C. 请求 PO 开展价值优先级排序
   D. 修改项目基线以包括变更
6. 一个项目经理正在管理一个两年的敏捷项目，每月进行一次迭代。项目经理在项目启动过程中识别了以下风险：“行业和利益相关方正在使用的快速变化的新技术可能会降低交付的价值。”项目经理可以使用哪种方法来减轻所述的风险？
   A. 用过去使用相同技术的项目的基线作为本项目的基线
   B. 在每次迭代中评审和更新项目管理计划和风险管理计划
   C. 在合同中包括应急条款，以确保在发生变更时获得额外的资金
   D. 延长每次迭代的时间，以允许更多的时间和资源来减轻这种风险
7. 你被要求领导一个产品开发项目，该项目将使用敏捷框架。目前，你正在起草项目章程，你希望将涉众和主题专家聚集在一起，讨论可感知的项目风险、成功标准和其他主题。实现这一目标的最佳方式是什么？
   A. 促进迭代回顾
   B. 邀请相关参与者参加每日的 Scrum 会议
   C. 与确认的个人进行面谈
   D. 安排一个焦点小组
8. 你是一位敏捷项目经理，致力于开发电子支付在线应用程序。你的开发团队希望看到发生了什么及进展如何。以下哪一项是敏捷项目的重要组成部分，可以帮助开发团队

清楚地看到正在发生的事情及每次冲刺期间的进展情况？

A. 资源直方图，它显示了资源与任务之间的关系

B. 迭代燃尽图，用于追踪迭代未完项中尚待完成的工作

C. 敏捷发布计划，它显示了整个产品的愿景图

D. 待办事项清单，它显示了项目中的所有待办事项

9. 最近在你的项目上经常出现一种现象，实现价值驱动与快速交付，虽然引入了敏捷方法，但还是经常出现任务积压的情况，有些人经常没有工作，而有些岗位上的工作经常堆积如山让人适应不了，你应该怎么处理？

A. 安排资源赶工　　B. 使用资源优化技术

C. 使用 RACI 矩阵，保证任务分工合理　　D. 引入按需进度计划

10. 在项目生命周期中，团队有时必须采用一些敏捷仪式。这样做是为了在紧迫的最后期限内更快地进行沟通。不幸的是，团队成员在仪式期间没有得到所需的信息。确认接收和理解信息的最佳选择是什么？

A. 与团队确认信息已获取并促进反馈讨论

B. 每个活动之间的仪式间隔数月，以确保理解

C. 要求所有项目组成员在每次仪式后更新信息发射源

D. 减少参加仪式的项目团队成员的数量

11. 团队正在给客户完成一个项目，然而客户需要使用的是一种全新的用户界面（UI）技术。这项技术导致实施团队的生产力下降。若要提高生产力，敏捷团队教练应该怎么做？

A. 要求客户识别采用新技术带来的相关风险

B. 建议停止迭代过程，因为团队表现不佳

C. 为团队安排额外的培训

D. 增加团队中的专家数量

12. 一个跨地区的敏捷项目团队正启动一款新产品开发项目，国外的团队成员推荐一种新的、基于网络的会议应用程序，将在不产生额外成本的情况下改善团队信息通信。但该团队反对应用程序，因为他们更倾向于面对面会议。敏捷管理专业人士应该怎么做？

A. 鼓励团队尝试新的应用程序，然后一起评估该程序

B. 解释新的应用程序未被所有团队成员批准并讨论替代解决方案

C. 确定什么应用程序最适合团队

D. 要求产品负责人决定哪个应用程序最合适团队

13. 在迭代回顾会议上，敏捷团队提出改进项目绩效的建议，但是敏捷团队领导了解到一个更好的方法。敏捷团队领导应该怎么做？

A. 鼓励团队一起探讨更多改进建议

B. 向团队说明更好的方法，并让他们使用该方法

C. 通过向项目发起人寻求指导，展示服务型领导能力

D. 通过同时使用产品团队的建议和这个更好的方法来折中管理绩效

14. 一个敏捷团队的待办事项中包含大量针对某个版本的工作项。产品负责人担心这些工作项无法按时交付。敏捷管理专业人士应向产品负责人提供什么建议？

A. 引导一次与项目干系人的会议，确定增值工作项，并对待办事项重新排列优先顺序

B. 引导一次与敏捷团队的会议，确定哪些工作项需要较少的实施工作

C. 向业务发起人请求获得更多敏捷团队资源

D. 与客户讨论变更产品发布日期的可能性

15. 在一个多迭代的新产品开发项目中，一名公司高管要求敏捷管理专业人士提供建议以确保项目干系人完全理解产品目标。敏捷管理专业人士应提供什么建议？

A. 沟通产品业务计划

B. 与关键干系人一起召开会议

C. 邀请项目干系人参加迭代规划会议

D. 制定产品愿景及路线图

16. 项目团队正在进行敏捷转型，在一个新的项目中，如果敏捷团队使用故事点集体估算50个故事的相对规模大小，敏捷团队应该使用的是哪两种估算技术？（选两项）

A. 规划扑克　　B. 参数估算　　C. 类比估算　　D. 团队估算

E. 专家判断

17. 在组织的某个新产品开发项目中，一名专注于生产细节的团队成员为了生产高品质的产品，导致经常延迟交付功能。敏捷管理专业人士应该怎么做？

A. 鼓励团队成员在不影响质量的情况下提高速度

B. 要求产品负责人延迟产品发布计划，直到速度和质量匹配为止

C. 接受产品高品质和低速度之间的权衡

D. 更改迭代周期以适应产品延迟交付

18. 一名开发人员开始实施客户最近请求的一个新功能，然而，该开发人员并未事前咨询项目团队的意见，敏捷主管应该怎么做？

A. 确保该开发人员理解，该功能必须由产品负责人确定优先级

B. 通知客户他们的请求未获得敏捷原则的支持

C. 支持该开发人员的决定，主动解决客户的需求

D. 在产品待办事项中添加该特性，不需要进行进一步讨论

19. 敏捷团队正在开发一个即将与客户进行系统集成的产品。然而系统频繁地更改，导致某些版本未能通过集成测试。敏捷管理专业人士应该怎么做？

A. 要求客户不要那么频繁地更改系统，并在集成中重新测试失败的版本

B. 建议团队在每次发布版本前进行额外的测试

C. 将问题分配给集成主题专家（SME）

D. 在项目团队和客户之间实施有效的反馈回路

20. 在产品开发过程中，团队已完成几次迭代的交付，然而一名新的高管加入一个项目，他表示不清楚一些特性的意图，感到非常的困惑，敏捷管理专业人士应该怎么做？
 A. 安排一次产品负责人与高管的会议
 B. 邀请该高管参加发布计划会议
 C. 邀请该高管参加迭代演示
 D. 邀请该高管参加回顾改善活动
21. 在一个新产品的开发过程中，迭代的速度低于预期，敏捷团队成员应该怎么做？
 A. 限制团队成员和客户之间的沟通，以防止不必要的焦虑
 B. 管理沟通，以重置相应团队成员和干系人的期望
 C. 管理几名团队成员和客户之间的沟通，让他们可以将信息传达给其他团队成员
 D. 引导团队成员之间的一对一沟通，以减少冲突和低效率
22. 一家敏捷性组织中，高层管理人员希望基于团队正在开发的新产品来预测公司未来发展的趋势。高管们希望在下次股东大会上演示产品的特性和功能。敏捷管理专业人士应该怎么做？
 A. 邀请股东参加每日站会
 B. 向高层管理人员提供产品演示
 C. 为股东分享、发布和更新产品路线图和故事地图
 D. 邀请高层管理人员参加每日站会
23. 组织正在向敏捷转型，新产品采用敏捷方法，团队成员对如何处理用户故事的意见不一致，因此用户故事仍不完整。敏捷教练在站会上了解到这个问题。敏捷教练应该怎么做？
 A. 让业务经理确定用户故事的最佳使用方法
 B. 要求合适的干系人向团队提供澄清，以让团队能够达成一致意见
 C. 利用这个机会让授权团队的领导选择最好的方法
 D. 要求对不同方法请求非正式报告，然后选择最佳的方法
24. 一家组织正在经历敏捷的转变，由于采用了不同的开发方式，组织遇到很多阻力。该组织计划逐步采取“混合生命周期”的开发过程。项目经理受聘来领导组织转变和产品开发。项目经理下一步该怎么做？
 A. 建立工作授权和工作分解结构（WBS）
 B. 避免微观管理和日常管理
 C. 宣导敏捷方法，让干系人参与，并定制过程
 D. 形成小工作组和独立孤岛工作方式
25. 敏捷团队成员认为每日站会并不会增加产品价值，是因为小组规模太大。在回顾会议上，他们提出将现有的项目团队分解成更小的小组。Scrum 主管应该怎么做？
 A. 缩小团队规模，使站会更易于管理
 B. 在采取行动之前寻求项目发起人的指示

C. 告知团队站会的价值

D. 允许团队做出重组的决定

26. 组织正在从预测转型敏捷过程，然后似乎遇到了不小的阻力，下列哪一项可用于促进敏捷项目团队的持续过程改进？（选两项）

A. 迭代回顾　　B. 迭代计划　　C. 每日站会　　D. 持续集成

E. PBI 梳理会

27. 组织正在开发新产品，但其中两名项目干系人的需求正好相反。产品负责人不确定要编写哪些用户故事，并希望让一名敏捷教练参与，在这个情景中，敏捷教练首先应该怎么做？

A. 监督将编写用户故事的主题专家（SME）

B. 请求项目发起人安排召开一次故事编写研讨会

C. 开始使用产品路线图独立编写用户故事

D. 与团队安排一次故事编写研讨会，定义产品需求

28. 在一次迭代计划会议上，团队同意客户提出的对某项特性进行的变更将增加产品价值。然而，由于这些变更需要额外工作，将影响进度计划。敏捷团队领导下一步应该怎么做？

A. 与产品负责人讨论变更的影响，然后继续执行

B. 包含尽可能多的变更，同时遵守初始进度计划

C. 使用初始计划完成该产品

D. 与团队评估变更的影响，并形成一份项目的重新估算

29. 一家新型材料的研发设计组织中，风险和问题导致干系人失去信心，敏捷管理专业人士应该怎么做以获得一份可视的、可监控的并具有优先顺序的风险和问题清单？

A. 开展团队建设活动、风险评审和迭代回顾

B. 利用信息辐射体、每日站会和规划会议

C. 确保项目具有全面的文档

D. 确保定义详细的风险清单和问题日志

30. 由于一直重复执行相同的任务，一个敏捷团队的主题专家（SME）士气低落。敏捷管理专业人士应采取哪一项行动？

A. 增加团队的资源数量，协助主题专家完成任务

B. 让团队成员执行其活动的价值流分析

C. 计划一次团队建设活动以提高团队的士气

D. 引导结对编程，让主题专家培养新的技能

答案及解析

1. 解析：答案 D。考点“敏捷基础知识：生命周期”。“不确定性高”，每次都需要可交付成果的接受，这就是敏捷中分成每个迭代可以使用的方法。

2. 解析：答案 B。考点“团队绩效”。通过每天的站立会议沟通每个团队成员的工作情况。

3. 解析：答案 A。考点“《敏捷宣言》的四大价值观：个体和互动高于流程和工具、可工作的软件高于详尽的文档、客户合作高于合同谈判、响应变化高于遵循计划”。A 选项流程固然重要，但个体和互动高于流程和工具。

4. 解析：答案 D。考点“问题发现与解决”。发现问题，就通过加入待办事项来解决。A、B、C 选项都不是敏捷的正常做法。A 选项太极端；B 选项，每日站会不讨论风险具体内容；C 选项用时比较长。

5. 解析：答案 C。考点“敏捷变更管理”。敏捷强调拥抱变更，应该通过 PO 做价值优先级判断来确定变更的价值。A、D 选项属于预测型方法的特点。B 选项，是否在下一个迭代包含变更，应该由 PO 做完价值判断再决定。

6. 解析：答案 B。考点“风险管理”。风险管理通过在项目中持续的识别，分析和调整来进行。B 选项合适；D 选项调整迭代长度，不对；A、C 选项与题干的相关性不高。

7. 解析：答案 D。考点“项目管理基础知识”。这个问题说的是正在起草项目章程，这意味着项目正处于启动阶段。焦点小组是一种数据收集技术，它可能有利于项目章程的制定。焦点小组将涉众和主题专家聚集在一起，以比一对一访谈更直接的方式了解可感知的项目风险、成功标准和其他主题。在适应性（敏捷）的环境中，项目经理的期望不会改变，但是详细的产品计划和交付的控制被委派给了团队，在描述的场景中，他们可以被认为是主题问题专家。在所有选项中，安排一个焦点小组是最好的答案。

8. 解析：答案 B。考点“控制进度—工具—迭代燃尽图”。这类图用于追踪迭代未完项中尚待完成的工作。在燃尽图中，先用对角线表示理想的燃尽情况，再每天画出实际剩余工作，最后基于剩余工作计算出趋势线以预测完成情况。

9. 解析：答案 D。从题干分析，引入了敏捷方法，非但没有加快进度，反而导致任务积压，所以需要消除积压问题，按需进度计划基于精益生产的理念，常用于看板体系，基于制约理论，根据资源的可用情况来安排生产或开发，从而最大限度地减少在制品的积压。A 选项治标不治本；B 选项实现不了快速交付反而可能导致工期延误；C 选项，题干重点不是在解决任务分配的问题。

10. 解析：答案 A。考点“团队绩效”。题干中谈到的“仪式期间没有得到所需的信息”，肯定是在当场就要及时地沟通，所以 A 选项是最好的答案，好过 C 选项的事后让信息透明。

11. 解析：答案 C。新技术的使用影响了生产力，所以需要提高技能，培训是提高技能的有效方法，本题不管是在敏捷环境还是在预测环境，都应该开展培训以提高技能。A 选项并不能提高生产，而且也不能要求客户去识别风险；B 是消极选项，而且与提高生产力无关；D 选项增加专家数量不一定能解决技术的问题，且团队规模会影响开发效率，也不符合敏捷小规模团队的特征。

12. 解析：答案 A。国外的团队无法面对面交流，在线工具是一个合适的替代方案，应该鼓励团队尝试新技术，同时一起评估该程序如何更好地运用在本地团队和远程团队之间。B 选项没有错，但是与 A 相比，A 选项鼓励团队的建设性意见，并有效地推进更符合团队管理的积极原则；C、D 选项不应该由 PO 或敏捷教练来决定程序，在敏捷项目过程中，敏捷教练可以提出建议，决定权在团队手中。

13. 解析：答案 A。敏捷强调鼓励团队的自组织，团队自我决策和管理为核心，一般有好的方法，敏捷教练应该提出建议供大家探讨，最终的决策权在团队手中，所以应该鼓励团队继续探讨并做决策。B、C、D 选项均不符合敏捷团队自组织的理念，敏捷教练应该淡化在敏捷中的管理地位。

14. 解析：答案 A。从题干分析，项目的需求交付可能会出问题，基于敏捷的原则，应该快速交付高价值的可用产品，所以应该进行优先级排序，首先开发优先级最高的功能。B 选项不符合价值驱动原则；C 选项，敏捷团队强调小规则团队，增加资源在敏捷中一般都属于错误选项，除非没有答案可选的情况；D 选项，敏捷强调快速交付，工期不能满足时应该通过优先交付高价值的功能来解决，而不是改变工期。

15. 解析：答案 D。产品愿景及路线图提供了产品的高层次目标及产品的版本规划，理解产品目标需要从产品愿景入手，故 D 选项合理。C 选项，迭代计划会议无法理解产品目标，只能理解下一个迭代的工作目标；A 选项，产品业务计划强调的是产品如何服务于市场，与题意无关；B 选项，会议没有明确的指向，无法判断是否能够理解目标，而且在敏捷项目中，要减少会议的频率。

16. 解析：答案 A、D。敏捷规划扑克是一种典型的使用故事点来估算用户故事相对规模大小的方法，故 A 选项正确；另外，敏捷强调团队集体估算，扑克法也是大家一起开展，故 D 选项正确；B 选项通过收集参数计算，C 选项通过历史项目比较，E 选项寻找专家给出建议，均是传统预测方法的工具，与题意描述的方法不匹配。

17. 解析：答案 A。敏捷强调高品质的质量，从设计开始，到站会、评审会及回顾会的多次反馈机制，都是在倡导高质量，所以不能以牺牲产品品质来换取速度，因此 A 选项较为合理，而 C 选项错误。B、D 选项，敏捷强调快速交付，不能轻易延长发布计划，尤其是更改迭代周期，故 B、D 选项不合理，相对来讲，A 选项更积极。

18. 解析：答案 A。敏捷虽然强调拥抱变更，但是必须由产品负责人确认价值，并且给予相应的优先级排序，所以应该帮助团队成员明确该敏捷的原则，故 A 选项正确，而 C、D 选项不符合原则；B 选项，相当于不响应客户的变更，不符合敏捷中拥抱变更的原则。

19. 解析：答案 D。题干涉及团队与客户的系统集成，又因为频繁的变更，导致集成不能通过测试，所以有效的团队协作与沟通能有效地解决，故 D 选项符合；A 选项不符合敏捷拥抱变更的特征；B 选项，题干强调的是未能通过测试，做更多的测试也解决不了不能通过测试的问题；C 选项不符合敏捷团队自组织的特征。

20. 解析：答案 C。对于特性（产品功能）不了解，可以参与评审会议，通过对产品特性的演示深入了解该功能特性。A 选项不是高管的责任，不符合敏捷自组织及轻会议的特征；B 选项，发布会议的目的是发布产品，而不是演示功能特性；D 选项，回顾会议的作用是团队总结经验教训以改善迭代过程。

21. 解析：答案 B。敏捷倡导适应型原则，随着团队对于工作的深入认识，计划可以进行调整以适应项目工作的特征，同时应该通过沟通，合理引导干系人的期望。A 选项，限制沟通不符合敏捷原则；C 选项的问题在于仅仅鼓励少数人与客户进行沟通，违反敏捷倡导的多维度沟通的理念以及透明的原则；D 选项，团队一对一沟通并不是最佳沟通方式，同时冲突和低效在题目中并没有体现出来。

22. 解析：答案 C。题目重点在预测公司的未来发展，产品路线图和故事地图提供了产品的愿景与全景视角以及随时间发展的路线，更有助于提高对未来的预测能力。B 选项，演示产品是在产品评审会议时开展的活动，强调的是演示一个迭代完成的功能，无法通过一个迭代的功能预测发展趋势；A、D 选项的每日站会是为了团队之间同步开发进度，如昨天完成的工作、发生的问题、今天需要完成的工作等，对预测公司发展趋势没有帮助。

23. 解析：答案 B。团队对用户故事细节不理解，需要 PO 及相关干系人进行澄清。B 选项，合适的干系人（相关方）澄清并达成一致，符合敏捷原则；A 选项，业务经理或领导都不一定是 PO，所以不如 B 选项；D 选项，遇到问题通过非正式报告，进行处理，属于传统预测方法的特点。

24. 解析：答案 C。本题的考点为敏捷转型及敏捷教练的职责。C 选项宣导敏捷方法，推动敏捷转型，属于 SM 的职责，另外，与干系人（相关方）共同协商强调合作，也符合敏捷流程；A 选项中的 WBS 不是敏捷里的工具；B 选项与题意混合敏捷相关性不大，而且题干强调的是转型与变革；D 选项，孤岛式做法不符合敏捷中适应性与信息透明的原则。

25. 解析：答案 D。敏捷强调自组织团队，回顾会上主要是经验教训总结，并对敏捷过程做改进，团队做出的合理建议应该给予支持，同时，敏捷倡导小规模团队。A 选项属于迷惑选项，缩小团队规模的说法本身没问题，但后半句的目标错误，并不是为了更便于管理站会；B 选项属于敏捷迭代过程中团队管理中的问题，不需要向发起人请示；C 选项不是题干中问题的核心。

26. 解析：答案 A、C。通过站会对每日工作过程进行改进，通过评审会对产品进行改进，通过回顾会对整体敏捷流程进行改进；B 选项强调的是定义迭代的工作任务和工作方式；D 选项强调的是在过程中持续开展功能集成，避免技术问题积压；E 选项强调的是对产品待办事项列表做优先级排序与优化。

27. 解析：答案 D。敏捷过程中，由 PO 与客户一起确认需求，在成熟的敏捷团队中，团队也需要一起参与故事的编写以实现价值的共创，敏捷教练对整体敏捷过程负责，当 PO 或团队有困难时需要 SM 支持，故 D 选项符合；A 选项，主题专家确认需求属于传统项目的做法，而且“监督”一词不合适；B、C 选项，在敏捷项目中需求不由发起人或敏捷教练编写，而是 PO 主导，并让客户及团队参与。

28. 解析：答案 A。敏捷强调拥抱变更，而变更的拥抱强调价值驱动，由 PO 负责判断价值，故 A 选项符合；B 选项需要 PO 确定价值，而不是敏捷教练确定是否变更；C 选项不符合敏捷拥抱变更的原则；D 选项，预测方法的变更流程，在敏捷中强调拥抱变更，由 PO 确定价值即可接受变更，不需要复杂、完整的变更流程。

29. 解析：答案 B。信息辐射源（看板、燃尽图等）具有高度可视性，属于敏捷中透明的沟通原则，通过计划会议和每日站会创建风险和问题清单以可视化的方式持续不断地进行监控。A 选项，团队建设与题意无关，而且整个选项描述与可视无关；C、D 选项属于预测生命周期的信息传递方式，不符合敏捷透明的信息传递、轻文档、轻会议的特征。

30. 解析：答案 B。精益属于敏捷的一种方法，强调消除浪费（非增值活动）。重复的工作可能存在可以优化的空间，执行价值流分析，找出其中的非增值活动，以进一步改进；C 选项是迷惑选项，一个人低落不需要马上开展团队建设，而应该解决他的问题；A 选项，增加资源与重复任务无关；D 选项，结对编程技术是指两位程序员坐在一起开发软件，与各自独立工作相比，结对编程能编写出质量更高的代码，与题意无关。

5

模拟题

1. 敏捷团队有一个预先制订的计划，以固定节奏为期 3 周的迭代（Sprint）工作，每两次迭代后，邀请相关方审查进展情况。产品负责人应如何确保团队为客户提供价值？

   A. 让团队继续按照预先制订的计划工作

   B. 确保为交付功能而进行的工作对下一次迭代仍有价值

   C. 要求客户继续确保优先顺序并确认待办事项列表

   D. 要求客户创建并确认待办事项列表

2. 在项目执行期间，一位新的项目经理被指派负责该项目。项目经理意识到，新的税收政策正带来一个使成本超支 25%的风险，项目经理更新了风险登记册使项目照常运作，CEO 宣布该项目可能会被取消，因为可接受的成本超值仅为 20%，项目经理对此决定颇感惊讶，因为这是一条新消息。项目经理本应该采取什么措施来避免这种情况？

   A. 提供适当的风险应对方案

   B. 妥善实施沟通管理计划

   C. 确保该公司的风险承受能力得到适当的更新

   D. 恰当地实施相关方参与计划

3. PM 作为乙方，其所在公司的销售经理让他去参加甲方的 Kick-off 会议。然而，PM 告诉销售经理，一个必需的资源两周以后才能加入此项目，销售经理认为没有什么大影响，坚持让 PM 参加此会议，PM 应该？

   A. 不参加 Kick-off 会议，因为没完成项目管理计划

   B. 不参加 Kick-off 会议，告诉销售经理有一个资源两周后才能到位

   C. 正常参加会议，并按计划开展项目

   D. 要求将 Kick-off 会议延迟两周召开

4. 公司希望在竞争激烈的市场上提高某一产品的商业价值，为此，该公司委托项目团队开展一个项目，你创建一个原型，该团队增量式构建了该原型，项目经理应该将哪项行动作为优先任务？

   A. 确保项目发起人指导上市日期　　B. 尽快交付商业价值

C. 强调使用看板方法　　D. 实施 PDCA 周期

5. 几个月来，某团队一直在开展一个项目，但何时完成任务不明朗。因为随着新情况的不断出现，项目范围经常变化不定，一些可交付成果已经完成，但当新的相关方加入团队时，他们抱怨项目结果不符合业务目标。项目经理如何才能防止未来发生这种情况？

A. 创建 WBS 和里程碑进度计划，并得到相关方的批准

B. 创建优先级已确定的待办事项列表，并与相关方一起定义迭代审查会议

C. 安排每日例会以审查团队绩效和障碍因素

D. 安排举行每个项目阶段的启动会，以便向所有相关方分享项目管理计划

6. 敏捷项目的经理被要求削减预算 30%，由于这是一个小规模团队，预算主要分配给了资源，项目经理使用什么样的策略，来在受限的环境中持续交付价值？

A. 为减少成员，相应地调整范围和期限，以便于削减预算

B. 将项目范围仅限于基本的关键功能，在所有预算耗尽之前，按当前的人员配置开展项目

C. 对寻求高商业价值和低人力投入的产品未完项确定功能优先级，并调整相关预算和人员配置，以便对这些事项作出说明

D. 使项目团队的人员比例保持协调，以便克服各种预算挑战并提供培训，从而减轻低绩效的风险

7. 敏捷项目正在开展会议以定义最小可行性产品（Minimum Viable Product，MVP），在会议期间，项目经理发现了一些强制性的规范，但是否将这些规范包含进 MVP 中团队还没有达成共识，因为他可能会使项目持续时间延长，项目经理该做什么？

A. 让团队承诺将所有必要法规包含进来

B. 告知与会者需要仅聚焦于产品功能

C. 按照管理层的要求，向团队提供新法规方面的培训

D. 让发起人为项目分配更多时间

8. 某大型水电厂开发项目正处于实施阶段，是运用混合方法管理的，项目经理该做什么来确保在执行阶段完全符合质量要求？

A. 规划质量管理　　B. 持续审查可交付成果的质量

C. 分析质量要求　　D. 制定质量政策和程序

9. 某市已决定建立新火车站，该项目将采用多种方法施工，基础设施工作使用预测方法，软件使用迭代方法。一些邻近的居民抵制该项目，一直要求市长停止项目，并发出诉讼威胁，项目经理应该采取哪两项措施？

A. 与居民举行会议，争取他们对项目的认同

B. 将此情况登记为风险并制订减轻计划

C. 在该市网站上发布相关信息，介绍火车站带来的收益

D. 与市长举行会议，解释火车站的重要性

E. 与实施团队讨论新火车站迁至其他地点的替代方案

10. 某项目团队最近完成了为公司开发一个自动化薪资管理系统的首个冲刺，项目经理已安排与产品负责人和团队举行冲刺规划会，以讨论接下来应该开展哪些功能方面的工作，为了使会议富有成效且产生预期成果，项目经理需要哪两条？

A. 产品待办事项列表

B. 产品发布计划

C. 公司的使命与愿景

D. 冲刺目标

E. 迭代燃尽图

11. 某新成员被增加到一个自组织团队，该新团队成员不愿开口说话和团队讨论策略。团队应采取哪两种措施，让新成员加入进来？（选两项）

A. 向经理报告该成员的行为

B. 指导新成员，提高对团队活动的参与度

C. 强迫新成员参加被视为很容易的活动

D. 针对各种想法和观点，推动举办一场开诚布公的讨论

E. 重新审查团队关于团队行为和准则的讨论

12. 团队已在每日站会上报告了一些障碍，这些障碍和项目经理采取的措施描述正确的是什么？（选两项）

A. 障碍一：我正在等待另一个团队的资源，然后才能继续处理这个故事，采取的行动是创建或修改故事

B. 障碍二：我完成了我的故事，但发现验收标准导致我的故事与另一个故事发生冲突，行动是请教产品负责人

C. 障碍三：我不得不处理一些任务板之外的事项，行动是请教产品负责人

D. 障碍四：我完成了我的故事，但是我发现这些故事无法得到客户的验收，行动是升级

13. 为了对一个新项目（与去年的一个项目非常类似）进行估算。项目经理与来自先前项目的专家组开会，该专家组采用的是三点估算。项目经理将估算的预算提交发起人，以待审批，项目经理是公司的新人，他忧心忡忡，因为预算超出了预期，项目经理该做什么？

A. 运用软技能说服发起人批准项目的预算

B. 回顾去年项目的历史信息和经验教训，以证明新预算的合理性

C. 将预算的方法改成更准确的自下而上的成本估算

D. 审视组织流程评估，以确定是否在预算估算中考虑了应急储备

14. 项目经理被指派领导一个部署新系统的项目，相关方对项目的目标和方法意见不一，项目经理该做什么？

A. 分析这一情况，确定产生分歧的根源，然后与各相关方和参与的实体共同确定他们的确切角色和职责

B. 根据项目章程创建角色责任矩阵，让发起人将该矩阵分享给所有相关方，以此彰显该矩阵具有可信的权威性

C. 与所有相关方举行会议，为他们每个人审查并拟定活动清单

D. 与团队举行范围研讨会，以创建 WBS，同时向各实体分配任务，将此情况告诉所有相关方并要求团队按计划完成任务

15. 项目经理的人际关系技能非常重要，关于人际关系和情景的使用场景，以下正确的是什么？（选两项）

A. 两名团队成员就工作争论不休，在情况失控前，项目经理打断他们，让他们休息一下再回来讨论，这属于冲突管理

B. 团队成员总是大喊大叫，骂骂咧咧，让其他的成员感到不舒服，项目经理努力管理团队的情绪，以免其他团队成员感到不舒服，并让此人管好自己的情绪这属于领导力

C. 项目经理将愿景告知相关方并激励他们为项目的工作和结果提供支持，这属于情商

D. 项目经理对团队中的一名开发人员重视有加，因为他总是与合作伙伴保持互动，是能积极持久与相关方保持联系的出色的资源，这属于人际交往

16. 项目经理如何制订项目管理计划以确保项目持续交付预期收益？

A. 对每次发布进行集成测试　　B. 将整个项目团队纳入测试

C. 向发起人澄清项目效益　　D. 确定各个工作产品的目标

17. 项目经理需要去了解组织的架构与组织的特征。那么，以下关于组织的特征描述正确的是？（选两项）

A. 敏捷专家尽可能地采用敏捷技术和实践，强调的组织特征是通过以身作则表明对变更的偏好

B. 工作被分解到各个部门，产生的依赖关系可能妨碍快速交付，这属于组织实施变更的障碍

C. 将工作分解成迭代原型，涉及返工，需要运用变更管理技术来解决过渡到敏捷的障碍，这属于变更公差

D. 组织改变其审视和评估员工工作方式的意愿，这属于与敏捷相关的变更

18. 项目团队采用混合型框架进行项目交付，在执行某项目时。团队获得客户提出一个新的合规性需求，必须先于任何其他需求交付，项目经理应该如何应对？

A. 与合规团队开展协作审查并优先交付该需求

B. 将合规负责人纳入相关方名单，并等待召开下一次状态会议

C. 将该新的合规需求增加至待办列表，因为技术团队无法腾出人手开展工作

D. 让该团队将该合规需求纳入当前冲刺并交付该需求

19. 项目章程刚刚获批，发起人授权开展项目，项目集经理确认按要求应加入项目的一个关键资源还需要同时参加另一个项目，这会对项目的交付产生影响，项目经理应该做什么？

A. 向该关键资源支付加班费，让他在工作时间之外开展工作

B. 与客户沟通了解鉴于存在的资源可用性问题，客户能否推迟交期

C. 与另一个项目经理开会，寻求达成同时能够满足两个项目要求的资源优化的解决方案

D. 与项目集经理沟通，了解能够将己方项目的优先级置于其他项目之上，以便己方项目能够使用关键资源

20. 一场全球性的石油危机正在对开展建筑项目地区的原油分配产生影响，材料无法按时交付，此阶段的施工已经落后于最初计划，项目经理首先做什么来防止项目进一步延期？

A. 提议此阶段暂停作业，减少人工成本和资产折旧

B. 进行风险评估，定义风险应对措施

C. 使用管理储备继续开展项目，以应对任何延误或损失

D. 与其他供应商建立合作关系，同时对任何的延误情况做出预期

21. 一个大型项目正对其所在地的居民产生影响，居民对项目非常不满。他们对该项目的抵触情绪可能使项目无法在截止时间完成项目，经理应该采取哪两项措施？

A. 与邻居代表开会，争取他们的合作

B. 分析形式，查明邻居负面态度的原因

C. 请求客户延长项目最终期限，以便有时间解决冲突

D. 致函邻居言辞恳切地请求他们不要干扰项目

E. 请求市长运用职权限制居民的抵制行为

22. 一名外部项目经理正在管理一家大型公司的新办公室建设工作，项目管理计划规定必须与训练有素的外部资源签合同，尤其对重要的项目要求加以修正和验证。由于成本高昂，尽管项目在预算之内，但是客户拒绝了雇用外部资源。项目经理应该如何解决这一个问题？

A. 雇用相关资源以便实现目标

B. 评估后果与客户会面，并解释可能会出现的问题

C. 尽力通过公司内部其他项目的资源实现目标

D. 与客户开会，向其说明将不会履行该任务

23. 一位关键相关方即将离开。他非常支持项目团队的工作，也是项目团队的工作动力，项目团队现在士气低落，团队合作意识薄弱。项目经理应该做什么来提振士气？

A. 加强团队联系增加情感纽带

B. 通过引导团队参与活动达成共识

C. 设定目标并推动团队实施目标

D. 确定团队的希望和渴望

24. 一位技术方面的主题专家发现，某事件应被记录为项目的经验教训，该主题专家让项目经理记录该事情，并将其纳入经验教训登记册，项目经理应该做什么？

A. 主动负责将这些信息记录下来

B. 让该主题专家记录该事件

C. 请求该主题专家在项目结束阶段之前耐心等待

D. 将记录任务分配给某一团队成员

25. 一位项目经理正在一家跨国公司管理一个重要项目，他正在与所有团队成员一起举行

进度会议。其中一名团队成员在会上指出，他们正面临一个关键问题，将会导致他们无法完成所分配的任务。项目经理应该做什么？

A. 让团队成员提出变更请求，以便对该问题做出详细评估

B. 安排与有顾虑的团队成员开会，共同审查并更新问题日志

C. 让团队成员遵循获批的沟通管理计划，以便就问题进行沟通

D. 与团队成员一起审查风险登记册，找到针对该问题的适当应对措施

26. 以下显示了所创造的商业价值，以及在产品中实施各项功能所需要进行的开发工作。团队应优先实施哪项功能？

A. 商业价值是 6，开发周期是 2　　B. 商业价值是 10，开发周期是 4

C. 商业价值是 4，开发周期是 4　　D. 商业价值是 8，开发周期是 8

27. 在对一个项目进行分析以便阅读状态报告时。项目经理注意到：SPI＝0.75，CPI＝1.25。项目经理必须尽快提供首份项目状态报告，并强调项目处于受控状态。项目经理应该如何向关键相关方报告项目状态？

A. 就挣值为相关方制作详细的演示文稿，包含计算方法和该项目当前的挣值结果

B. 报告该项目未按预期进行跟踪，但仍处于受控状态，因为下一个里程碑还有一个多月

C. 报告该项目进度已经落后，但可增加一名经验丰富的资源，以便遵循进度计划并维持预算

D. 利用帕累托图和鱼骨图分析根本原因以表明项目处于受控状态

28. 在一个特定用户遍布多个国家的项目完成后，项目经理的主管询问项目用户对项目运作方式是否满意。项目经理应采取哪两种措施？

A. 将项目材料交付给用户，看看他们是否会提出任何意见

B. 向项目参加者发送问卷寻求反馈

C. 整理该项目阶段的经验教训

D. 从各个国家获得关于该新过程的正式批准

E. 参考沟通管理计划

29. 在一个新组建的团队中，一名经验丰富的成员因为任务复杂而不知所措，他对项目团队不是很满意，项目经理应该做什么？

A. 举办团队建设活动，让团队成员参与其中，消除紧张情绪

B. 让团队成员将这一潜在的进度计划延迟的情况记入风险登记册

C. 积极倾听团队成员的想法，支持他们为完成任务而提出的需求

D. 说明这些任务无可避免，并要求团队成员想方设法克服挑战

30. 在开展职能部门的一个项目执行期间，项目经理遇到了范围变更和关键任务交付延期的问题。项目经理如何应对这种问题？

A. 提出变更修改范围并调整时间

B. 召开团队会议以决定是否应该做出变更

C. 在每周状态报告中，将这些顾虑告知 PMO

D. 进行影响分析，并将成果提交给指导委员会以期待审批

31. 财务部门正在实施一个项目预算规划的新系统。关于新系统的功能及可能产生的影响在整个部门中流传。项目经理应该如何处理这个问题？

A. 更新沟通管理计划，以在系统开发期间包含财务部门的员工

B. 确保组织变更在变更管理计划中得到说明，并以可接受的速度引入

C. 与财务部门员工一起审查变更管理计划，以确保正确记录变更过程

D. 向财务部门保证变更管理计划将考虑他们的担心

32. 一个新的产品开发项目在公司启动，产品负责人及客户如何快速确定当前 Sprint 的团队工作进展情况？（选两项）

A. 查看即将到来任务和可交付成果的完成百分比

B. 查看即将交付的可交付成果演示

C. 查看燃尽图

D. 查看燃起图

E. 要求团队发送状态报告

33. 产品负责人指出一个未发布但已识别的重要需求未得到满足。若要确保未来发布的产品满足目标需要，敏捷管理专业人士应该怎么做？

A. 在下一次 Sprint 计划会议前，让产品负责人对产品待办事项列表排列优先顺序

B. 要求团队成员与客户确认需求

C. 确保产品负责人与相关方一起分析需求的价值

D. 从产品负责人获得批准的 ROI

34. 项目发展良好，SPI 及 CPI 均大于 1，此时指导委员会要求项目经理提前终止项目，并尽快投身于另一个新的项目，项目经理应该？（选两项）

A. 将反映项目健康的状态报告递交给指导委员会，证明项目是健康的，不应该提前终止

B. 开展收尾过程，向其他方移交项目已完工和未完工的可交付成果

C. 项目由指导委员会停止或关闭，直接解散团队

D. 实施根本原因分析，查明取消项目的原因

35. 项目经理中途接管了一个项目，刚开始团队成员不配合，但项目经理通过以身作则、公平客观的形象树立了榜样，最后赢得了团队的依赖。以下关于权力的说法正确的是？（选两项）

A. 项目经理不断提升专业能力，并在行业出版物上发表论证以体现魅力权力

B. 项目经理敢于担责，以身作则的行为体现了参照权力

C. 项目经理通过分析行业及组织的相关信息，及时做出决策体现了情境权力

D. 项目经理擅长处理各种关系，团队及客户均能与其轻松协作体现了人际关系权力

E. 在强矩阵或项目式组织，项目经理拥有绝对的正式权力，指令式的领导力能有效促

成项目

36. 项目团队正处理敏捷转型阶段，PO 由一位业务能力非常强的主题专家担任，当收到了客户的用户故事后，团队对时间和成本的估算产生了困难，为了尽可能保证估算的准确，项目经理应该关注？（选两项）

A. 通过故事拆分，更小的颗粒度会让估算更容易

B. 基于之前项目的数据做类比估算

C. 在第一个迭代中先粗略估算，等经过 1～2 个迭代后基于数据对后续迭代做出参考指导

D. 由具备业务能力的 PO 直接对故事定出成本和工期

E. 由敏捷教练对估算结果做出正确判断

37. 一个迭代即将完成，项目发起人建议在当前迭代中添加一个故事，而此时在待办事项中仍然存在未完成的承诺的故事。敏捷管理专业人士应该怎么做？（选两项）

A. 要求产品负责人提供一个新故事

B. 独立完成故事，为发起人交付价值

C. 等到回顾会议，要求团队批准开展新的故事

D. 提供团队支持，帮助完成 Sprint 中的其他故事

E. 协助进行列表估算并排列优先级

38. 一个公司总部搬迁的项目正在计划阶段。项目成员正在为是采用敏捷项目管理还是传统项目管理方式而争论。对于敏捷方法采用的依据，合理的解释是？（选两项）

A. 敏捷方法为自组织团队，团队自我管理，对项目经理的能力要求更低

B. 对于需要批量交付的项目而言，敏捷方法不适用

C. 对于需求不确定、环境变化快的情况下，敏捷的快速验证及快速交付模式有利于风险应对

D. 敏捷方法短周期快速交付的特征，相比于预测生命周期而言质量上没有保障

39. 一名敏捷团队成员很安静，很少在会议上发言，且很少在回顾会上提出疑问，因为一项未分享的意见，给团队当前迭代的交付产生了影响，敏捷管理专业人士应该怎样鼓励团队成员更积极参与？（选两项）

A. 坚持要求团队成员在回顾会上发表意见

B. 与该团队成员单独沟通，以明确他对于提供反馈的舒适度

C. 开展团队建设活动

D. 与该团队成员的职能经理沟通，获得其对沟通风格的反馈

E. 更换更认可团队文化的成员

40. 一家新的制造型组织欲成为全球市场行业领军企业，启动一个项目来研发具有创新技术的新产品。在商业分析过程中，公司的项目发起人首先应该完成下列哪些工作？（选两项）

A. 分析组织的商业目标与战略目标以完成商业论证

B. 要求项目经理制订项目计划　　　　C. 完成产品需求描述

D. 确保项目在合规环境下启动　　　　E. 获得对项目资源的支持

41. 由于产品负责人添加了新需求，损害了团队当前的迭代，导致时间盒结束时，无法完成该完成的增量。敏捷管理专业人士应采取什么初步行动？（选两项）

A. 与产品负责人和团队合作，重新确定待办列表的优先顺序

B. 延长在待办列表梳理和规划迭代方面所花的时间

C. 与产品负责人开会，与其分享敏捷原则

D. 正式请求将产品负责人从项目中开除

E. 要求团队努力在当前迭代完成目标

42. 组织已经开始运用敏捷方法管理项目，敏捷专家带领团队进入迭代过程，以下哪些是在站会中需要纠正的问题？（选三项）

A. 团队成员在分享工作进度时通过详细的背景介绍试图让大家理解

B. 团队成员直接将问题记入问题 Backlog，而不再讨论解决方案

C. 团队成员针对昨天出现的问题探讨解决方案

D. 团队成员直接更新看板而不向敏捷专家汇报进度

E. 到了规定的开会时间，团队需要等待敏捷教练到场才开始分享

43. 组织正在转型敏捷方法，项目被定义为 20 个迭代，然后由于时间紧急，团队每两个迭代结束后邀请相关方参加评审会，在第 10 个迭代的时候，功能开始大面积出现问题，Scrum Master 应该怎么办？（选两项）

A. 在回顾会上开展讨论，并更新问题 Backlog

B. 要求产品负责人确定问题原因

C. 团队对敏捷方法不擅长，为了降低风险，建议将开发方法重新调整回预测型生命周期

D. 将评审会的时间调整为每个迭代召开

E. 为项目增加测试人员

44. 产品经理要求项目主管更新产品待办列表。这些更新包括添加新需求，以及对现有需求重新排列优先排序，产品经理坚持要尽快实施新需求。项目主管应该怎么做？

A. 对添加的新需求及现有需求重新排列优先顺序

B. 拒绝所有新需求，但允许重新确定现有需求的优先顺序

C. 保持现有需求的优先级，但允许添加新需求

D. 保留变更，指导产品负责人重新规划一次产品路线图

45. 一名团队成员担心与项目无关的邮件数量过多，认为其中一个可交付成果将会延迟，因为在读和回复邮件上花费了大量时间。项目经理应该怎么做？

A. 要求团队成员加班完成工作　　　　B. 要求项目团队更改项目沟通管理计划

C. 与项目团队一起评估进度管理计划　　D. 与项目团队一起评估沟通管理计划

46. 风险登记册中记录了一项风险，即根据之前的观察结果，某种材料价格可能会上涨，然而，该材料的价格涨幅超过预期，该项目的成本绩效指数（CPI）为 1.05，离项目完工还有一年的时间，项目经理下一步应该做什么？

A. 重新评估该风险的影响　　B. 使用该项目的应急储备

C. 申请批准管理储备　　D. 接受该风险并记录经验教训

47. 几名相关方经常进入团队工作现场，虽然他们并不专业，但是他们好像非常热衷于对过程进行监督，你无意中得知，相关方对你们团队是否有能力提供合格的产品心存质疑，你应该？

A. 向客户的管理层说明情况，要求相关方减少对项目的干扰

B. 和团队成员一起审查质量管理计划，开展质量保证活动

C. 修订相关方参与计划

D. 要求发起人剔除这几位相关方

48. 客户要求在项目在某个具体日期完成交付。在创建进度计划时，项目经理识别到由于外部不可控制事件会造成的潜在进度延迟问题。项目经理应该做什么？

A. 通知客户需要额外资金来解决外部事件

B. 告知客户项目的交付日期将会受影响，并确定后续步骤

C. 通知团队他们必须满足进度计划，因为外部事件造成的延迟是不可接受的

D. 接受进度延迟，并通知赶工或快速跟进活动将影响降至最低

49. 在一个项目中途，两个相互关联的低影响风险同时发生，风险成倍增加，项目进度受到影响。项目经理本来应该怎么做？

A. 为落后的任务增加资源　　B. 分析风险的连通性指标

C. 提前识别出项目风险　　D. 对所有风险开展定量分析

50. 两位重要相关方对一个关键项目有不同的期望。这造成项目进度拖延。若要减轻这个问题，项目经理应该做什么？

A. 与相关方的主管会面，就相关方的需求、期望、利益和潜在影响达成一致

B. 使用专家判断和决策，以继续项目可交付成果，并确保他们的交付不受影响

C. 分别与每位相关方接触，以重新确认项目章程的目的和目标

D. 安排与相关方开会，审查相关方参与计划，并根据需求更新计划以反映他们的期望

51. 敏捷团队正在从事一个项目。该项目包含内部和外部相关方。在项目期间，识别到一个将延迟交付两个月的新需求。团队应该怎么做？

A. 首先完成并交付已计划的事项，然后处理新需求

B. 与产品负责人一起，更新并确定待办列表的优先级

C. 将新需求添加到即将发布的版本计划当中

D. 通知相关方，并重新根据交付日期倒排工期

52. 敏捷团队正在为客户交付一个备受瞩目的解决方案。但是，由于客户需求不断变化，

产品负责人难以从客户那里获得需求相关的信息。敏捷团队应该怎么做？

A. 与产品负责人和客户召开联合设计会议以获得所有需求

B. 采用经过验证的学习方法，与客户一起经常审查和核实小幅增量

C. 运行一次刺探迭代来分析客户需求，并提出一个假设的解决方案

D. 建议产品负责人接受需求收集相关的培训

53. 敏捷团队正在为期两周的迭代（Sprint）工作，在迭代期间，对团队正在开发的功能，应该怎么做？（选两项）

A. 在迭代结束时演示产品，以获得产品负责人的验收

B. 不断要求产品负责人对正在从事的功能提供反馈

C. 要求产品负责人回答相关方的问题以保证迭代的效率

D. 每日同步项目的进展以反映项目的状态

E. 邀请客户参加站会为功能开发提供意见

54. 敏捷团队正在为一个史诗故事的工作做准备，该故事可能要求集成一项新技术。由于下一个迭代已经计划完毕，敏捷管理专业人士应该怎么做？

A. 详细分析问题，更好地了解使用这项新技术的风险

B. 将该故事添加进风险登记册

C. 在每日站会将其作为一个问题提出

D. 更改该故事，避免继承新技术

55. 某个项目上的团队成员 A 和团队成员 B 发生冲突，项目经理将两个团队成员叫到一起，针对问题研究了几种不同的解决方案，项目经理使用的是下列哪一项技巧来解决冲突的？

A. 合作/解决问题　　B. 妥协　　C. 缓和　　D. 强迫

56. 你的管理层想要削减你的项目估算的 10%，目前，你的新项目的范围还不清楚，项目包含了 30 多个相关方，管理层预计实施该项目将降低 25%的停机时间，这种情况下哪项是最好的解决办法？

A. 重新计划获得 25%的停机时间的改进方案

B. 减少估算，并在风险应对计划中注明可能的变更

C. 提供准确的实际成本估算并提交支撑该估算结果依据

D. 与团队一起讨论，评估减少 10%的估算的可能影响

57. 一家组织在启动实施新系统项目时遇到麻烦，由于对项目可交付成果的讨论广泛且矛盾，项目经理离开公司。一个新的项目经理接手这个任务。那么新的项目经理首先应该采取什么行动？

A. 正式确定项目管理计划，并传达给相关方

B. 通知项目发起人，并请求支持处理正在进行的讨论

C. 制定工作分解结构，并传达给所有相关方

D. 形成一套完整的项目章程，并且能够得到项目发起人和关键相关方的支持

58. 软件项目的结算模块被外包给了某家分包商，然而分包商的公司不能根据合同条款提供服务。项目经理接下来应该怎能做？

A. 查看采购协议中的提前终止条款并发起谈判

B. 选择备选的供应商安排开发

C. 发送法律诉讼文件

D. 请求与项目发起人开会获得建议

59. 设计制造关键设备的项目正处于收尾阶段。虽然目前项目团队很满意，但是项目经理担心，由于产品质量偏差，在产品正式投入使用之前必须获得新的监管批准。目前的计划是由另一个团队在项目的下一阶段管理监管批准相关的活动。项目经理应该做什么？

A. 通知发起人，建议采用跳过监管批准过程的方案推出产品

B. 交付产品，由后面的团队处理后续的监管问题

C. 签发变更请求，将监管批准的额外范围包含进当前项目阶段

D. 在最终报告中记录与该问题有关的产品质量数据

60. 团队成员按要求制订的沟通管理计划的草案，在交你审批的时候，你发现有一个重要相关方的敏感信息需求被暴露在计划当中，你应该？

A. 剔除敏感信息，并批准沟通管理计划

B. 直接批准沟通管理计划，按相关方的信息需求发送信息

C. 与特定相关方沟通敏感信息的处理方式

D. 上报给项目发起人

61. 为了创建项目进度计划，项目经理估算资源活动制约因素。全球项目团队成员在不同的时区并遵循不同的节假日。另外，团队成员被分配到多个不同项目。若要更好地理解资源制约因素及对项目的影响，项目经理应该怎么做？

A. 创建资源分解结构　　B. 执行蒙特卡罗分析

C. 执行资源储备分析　　D. 创建资源日历

62. 项目经理得知，因为未得到足够的支持，一位团队成员无法满足指定的截止日期。原计划由另一个部门的职能经理直接管理的一位人员能够支持该团队成员，但因其超负荷无法提供支持，组织内目前没有其他资源可用。项目经理应该怎么做？

A. 联系该超负荷人员的职能经理，审查资源计划并开展资源平衡

B. 要求该团队成员与该超负荷人员联系，以解决该问题

C. 将问题反馈给高级管理层以获得支持

D. 要求超负荷的人员利用下班时间协助该成员

63. 一个对组织未来发展有重大意义的项目被提出，项目经理发现多位相关方不了解项目的业务方向，在项目可行性分析会议上，若要确保相关方对项目有足够的了解来获得批准，项目经理应该做什么？

A. 要求高级管理层提供了解项目重要性的更多相关方参与会议

B. 邀请质量团队帮助定义项目的质量标准

C. 与相关方一起分析市场前景，并分析财务可行性

D. 向相关方解释项目所涉及的业务问题，并向他们提供项目的战略和商业价值

64. 项目经理加入一个价值数百万美元的新项目，要求成功实施来自各部门的可交付成果。若要成功实施该项目，项目经理首先应该怎么做?

A. 拜访客户以确保已为关键客户相关方识别到所有沟通渠道

B. 立即识别在该项目上工作的最佳资源

C. 执行相关方分析并进行详细的需求会议

D. 与表现良好的外部供应商签订合同

65. 项目经理接管一个处于执行阶段的项目，项目是一个全新的领域，客户无法详细地定义所有需求，项目团队成员已经开始抱怨，因为需求的不断变化导致无法进行工作估算和进度编制，项目经理应该怎么做?

A. 将团队成员的抱怨告诉客户，并要求更多的详细要求

B. 要求团队成员暂停项目，直到收到详细的需求

C. 制定更加严格的变更管理流程，防止范围蔓延

D. 建议在后续的阶段中采用敏捷方法开展项目

66. 项目经理领导着一支包括其本人在内的 12 名成员组成的跨职能团队。在创建沟通管理计划时，团队确定出两名额外的项目相关方。这两名额外的项目相关方是项目发起人及公司副总裁。潜在的沟通渠道有多少个?

A. 24　　B. 91　　C. 14　　D. 78

67. 项目经理签订了一份合同，领导一个供应商团队，执行全国性的系统实施项目。项目启动后，合同签订组织宣布对系统进行变更，因为另一个独立供应商团队完成了额外的工作，这导致合同发生变化，项目经理应如何处理这些变化?

A. 审查协议并为额外工作项开具发票

B. 支持供应商团队根据初始合同实施这些变更

C. 与供应商合作，提供有关工作的专家指导和检查点

D. 与该组织合作制订支持变更和升级上报流程的计划

68. 项目经理通知客户，计划安排在一周内开始项目实施，期望客户团队准时参加，但在计划日期，客户团队未能参加。若要防止这个问题，项目经理应该事先做什么?

A. 向客户强调团队参加的重要性

B. 在计划日期前向客户发送提醒

C. 向客户团队发送一份详细的实施计划并获得批准

D. 要求发起人制定奖惩规则与制度

69. 项目经理在第三次迭代开始时加入一个项目，之前迭代的相关文档可用，但是前任项

目经理已不在公司工作，由于出现在之前迭代中遇到的问题，第三次迭代的运行将要落后于进度计划。项目经理应该?

A. 联系前任项目经理获取帮助

B. 询问团队成员以确定可能影响项目的因素

C. 查阅历史数据和经验教训

D. 评估项目的影响因素，并调整进度计划

70. 项目经理正在管理一个由跨职能团队执行的软件重新设计项目。该公司正在进行敏捷转型，项目管理办公室（PMO）发布了更新后的政策和程序，要求当前项目迭代开发整合到项目管理方法中。若要确保每次迭代交付都考虑交付合格的质量，项目经理应该怎么做?

A. 与相关方以及项目团队合作，以确保有明确定义的“已完成的定义”（DoD）

B. 将测试和验证活动分配给具有业务背景的团队成员

C. 安排该项目最后一次迭代的所有测试活动，以便整个团队可以关注同一目标

D. 分配专门的软件测试人员，以确保在整个项目生命周期中进行测试

71. 项目经理正在解决两名团队成员间的纠纷。一个人说系统应在测试之前集成，另一个说每个系统应该在集成之前分别测试。该项目包含 30 个人，要集成 12 个系统。出资人要求集成必须近期完成。项目经理应该怎么沟通才能够最好地解决这个冲突?

A. 由于时间紧急，不要争论，马上执行集成

B. 技术问题我不太了解，你们可以去找技术经理寻求帮助

C. 我们先都冷静一下，各自完成手头工作，下周再来处理

D. 让我们集成之前先做部分测试，集成之后再做全部测试

72. 项目经理正在为新项目确定项目章程。此时一名关键项目相关方提出与原先略有不同的新需求。项目经理应该怎么做?

A. 要求项目发起人增加额外资金以适应新需求，并对其他方案召开头脑风暴

B. 审查项目相关方登记册，重新分类项目相关方，并根据新的需求更新项目章程

C. 审查谅解备忘录（MOU），重新定义项目的初始意图，并将新需求包含进项目章程中

D. 与项目相关方和项目发起人开会，讨论新需求的影响，并获得一致意见

73. 项目经理正在为新项目制订进度计划，项目的成功取决于使用需要政府颁发特殊环境许可证的设备，在网络图的设计过程中，项目经理应该做什么以确保正确的活动排序?

A. 使用滚动式规划考虑项目不确定性

B. 分析外部依赖关系，并包含提前量和滞后量

C. 分析选择性依赖关系，并更新活动清单

D. 更新风险登记册，以考虑政府许可证颁发的不确定性

74. 项目经理正在为一家有过项目进度延误及变更历史的公司制订成本管理计划。作为公司文化的一部分，通常会为此类变更分配额外资金。考虑到所有已知和未知成本后，

项目超出预算并可能延迟。项目经理应该做什么？

A. 审查进度，看是否有压缩进度的机会

B. 进行备选方案分析并重新审视任务以减少项目成本

C. 让发起人考虑这种情况，并在项目章程中包含更多资金

D. 与关键相关方开会，审查项目挣值（EV）并减少项目成本

75. 项目经理注意到项目团队落后于燃尽图。经过一番调查后，项目经理得知一名团队成员没有积极参与开发任务，从而导致整个团队落后。项目经理应该做什么？

A. 与团队成员一起制订消除不履约任务问题的行动计划

B. 要求人力资源部门调整绩效管理过程

C. 要求项目管理办公室（PMO）将团队成员进行重新分配

D. 与项目团队一起开会讨论该问题，并将会议记录分发给相关方

76. 项目时间非常紧急，在得到发起人的示意后，项目经理起草完章程，便立即开始了需求收集的工作，管理层在会议上斥责了项目经理的行为，以下说法正确的是？

A. 项目经理没有权利起草项目章程，如果发起人授权起草，应该得到书面授权，而非口头示意

B. 项目经理在时间紧急的情况下可以起草章程，并快速执行

C. 项目经理参与章程的起草可以有助于理解章程，但需要交发起人批准

D. 项目章程关系组织的战略目标，只能由发起人起草和批准

77. 项目团队包括项目经理共有 15 人。团队遇到意外问题，需额外增加团队资源。项目经理额外获取三名团队成员。为什么项目经理了解项目沟通渠道的数量很重要？

A. 项目经理必须了解该数量，以便决定是否采用正式或非正式沟通

B. 了解沟通渠道数量，以便于消除沟通过程中的噪声

C. 项目经理必须了解该数量，以便制订一份有效的沟通计划

D. 该渠道数量随着沟通管理复杂性的增加而增大

78. 项目团队成员正在识别项目质量需求，并记录项目应该如何遵守这些需求。他们应该执行下列哪一项？

A. 根据质量管理计划开展过程分析，以提升过程的效率满足质量需求

B. 参考质量需求，分析可交付成果，以确保成果满足需求

C. 结合组织质量政策，定义质量标准，以及如何实现质量标准的最佳实践

D. 分析质量需求的合理性，并根据需要调整需求

79. 项目执行到一半，一个挑剔的客户要求提供定期报告，报告包含比沟通管理计划中批准的更详细且没价值的信息，这项请求将导致项目成本超出预算。项目经理不能承受让这个客户生气的后果，但客户又拒绝见面讨论此事。项目经理应该怎么做？

A. 提醒客户注意相关方参与计划中列出的要求，并请求采取纠正措施

B. 请求在该相关方组织中有影响力的人物帮助指导客户的期望，使其与商定的计划保

持一致

C. 提交变更请求以支付制作报告的额外费用

D. 接受该请求，让客户满意并更新沟通管理计划

80. 一个具有多元文化的项目团队分布在不同的地理位置，这会带来挑战，因为密切沟通对团队的成功绩效非常关键，若要最大限度地减少团队的错误沟通，项目经理应该怎么做?

A. 安排每日虚拟会议

B. 制定并审查项目仪表板

C. 发送每日项目状态报告

D. 每天通过电子邮件与团队核对

81. 一个敏捷项目在逐步交付功能，然而最近 4 次迭代的团队速度已经下降，团队成员担心产品负责人会通过频繁地与他们单独接触来进一步影响他们的生产力。敏捷团队领导应该怎么做?

A. 建议减少迭代过程中会议的召开频率来加快交付

B. 与产品负责人沟通，建议不要影响团队的迭代开发过程

C. 与团队与产品负责人开会，确定根本原因

D. 向产品负责人承诺团队可以尽快提升迭代效率

82. 一个项目正在按计划的速度进行，项目范围继续不断增加，危及项目的截止期限。敏捷团队坚持认为，由于速度良好，不会有问题。敏捷教练应该怎么做?

A. 确定范围增加的原因，并禁止范围进一步增加

B. 要求产品负责人评估范围增加并确定下一步行动

C. 确保客户了解范围增加对项目的影响

D. 在下一次回顾会上讨论范围增加，确保团队了解其影响

83. 一个新项目需要一名关键项目人员的支持，该人员是由多个项目共用的资源，项目经理联系人力主管，希望获得该人员的参与，却收到了负面答复。项目经理下一步该怎么做?

A. 与其他项目经理协商，提前让出该项目人员

B. 聘用一名拥有类似技能的外部承包商来支持项目实施

C. 利用管理层的影响来获得这名项目人员的时间

D. 在项目风险登记册中记录该风险，并制订风险应对计划

84. 一家公司正在实施一项产品来解决监管问题。项目经理必须让来自几个国家的不同团队参与进来，并使他们与承诺的里程碑保持一致。项目发起人要求项目经理在本周创建并分发项目进度计划。项目经理应该怎么做?

A. 根据所需的里程碑创建进度计划并发布

B. 要求团队提供意见，并根据团队可用性创建进度计划

C. 获得团队的估算，并使用进度计划工具来调整和满足里程碑

D. 使用暂定日期分发活动清单和活动属性

85. 一款销售系统被部署使用在一家大型超市，项目团队报告系统中存在一个税务方面的漏洞，这会危害到商家的声誉并涉嫌违规，项目经理指示团队马上停用系统，项目经理应该如何做？

A. 项目经理无权私自停用系统，应该记录问题上报后等待审批结果

B. 所有的变更都应该经过整体变更控制过程批准后才能被执行

C. 指示团队继续使用系统，并针对问题制订解决方案

D. 项目经理可以紧急停用系统，但需要记录问题并汇报给发起人

86. 因为项目进度不满足时间制约的因素，项目经理将最困难的任务外包给一家有能力但条款特别强势的供应商。该供应商要求必须是成本加固定费用合同。项目经理不需要考虑什么问题？

A. 要确保供应商交付的每项功能都是合理的

B. 合同的管理难度相对较大，因为供应商可能不受控

C. 工作说明书不需要太完整，但要阐述清楚采购物品的需求

D. 项目经理需要监督供应商的绩效，以根据绩效表现支付固定费用

87. 在实施一个关键项目可交付成果时，新的监管经理对可交付成果是否遵守某一环境法规表示担心，项目经理下一步应该做什么？

A. 修改可交付成果以遵守该环境法，并将结果告知新的监管经理

B. 提交一份变更请求，从范围中删除可交付成果以遵守该环境法

C. 签发一份变更请求，将新监管经理纳入项目的相关参与计划

D. 在风险登记册中记录一项可交付成果风险，并与项目团队制订减轻计划

88. 在项目规划期间，项目经理收到一项建议，通过使用质量较低的材料可以显著地降低成本，而这些材料仍然可以满足基本的质量要求。但是，一位关键相关方表达了担忧。项目经理应该做什么？

A. 向该相关方保证会有一个有效决策质量建议的过程

B. 立即更新质量管理计划，并分发以获得批准

C. 与项目管理办公室（PMO）重新评估该建议

D. 将该建议转交给项目质量部门做决定

89. 在项目执行规划研讨会后，所有相关方均讨论、细化了项目范围并达成一致意见。在审查文档之后，项目经理发现在项目生命周期中没有与范围变更相关的参考。若要解决这个问题，项目经理应该怎么做？

A. 要求项目发起人更新范围，以保护这项变更

B. 确保范围变更得到管理层的批准

C. 继续执行项目并根据需要对范围变更的影响进行分析

D. 讨论遗漏范围变更程序的影响并制定范围变更流程

90. 在项目执行阶段之前，一名新项目经理被任命管理项目，前任项目经理在完成交接工

作之前就已辞职，新项目经理需要了解项目开展的目的和理由。下列哪一份文件将为新项目经理提供该信息？

A. 商业文件　　B. 需求文档

C. 项目范围基准　　D. 项目章程

91. 作为 PMO 的经理，你必须经常判定哪些项目应该得到额外的资源。你还要建议哪些项目应该启动、继续进行或取消。有利于你做出这些决策的方法是？（选两项）

A. 明确项目的整体风险级别　　B. 基于项目产品的详细范围措施

C. 对各种风险和条件进行排序　　D. 评估风险定性分析结果的趋势

E. 基于高层级的假设条件分析

92. 你已经注意到你的项目经理表现出了成为一个好领导的所有迹象，项目经理是一个团队的领导者，同时需要管理团队以便按计划开展项目，最终实现项目目标，对于管理与领导的描述，正确的是？（选两项）

A. 领导与管理没有本质区别，在各种场景下可以复用

B. 项目经理在遇到问题时勇于承担责任、以身作则是领导力的体现

C. 项目经理要求团队必须遵守制度，并通过各种治理框架控制团队的行为体现的是领导力

D. 领导一般强调激励，相对更适用于敏捷项目；管理一般强调控制，相对更适用于预测项目

93. 项目经理正在实施一个公司范围的 IT 系统，该系统预期将对组织和许多相关方产生重大影响。为了尽可能地减少后续过程的范围变更，应该使用下列哪一项来收集需求？

A. 问卷调查　　B. 引导技术　　C. 原型法　　D. 观察/交谈

94. 项目团队由多人组成，分布于不同的地点和时区，项目经理产生了困惑，因为他经常与大部分的成员都不属于同样的工作时间，导致项目出现很多的障碍，下列哪项是正确的？（选三项）

A. 由于地点的不同，团队没有相同的项目目标，你的角色是让某些团队成员理解你的目标

B. 团队成员应该理解你对他们在项目中的期望，你应该确保他们理解决策过程

C. 你的角色是保证团队成员有效沟通，并确保他们理解用于与你和其他人通信的协议

D. 你的角色是确保有效的激励团队，保持团队的凝聚力

E. 你的角色应该是在团队出现工作失误的时候即时进行处罚，避免其他成员效仿

95. 一家公司的 CEO 通知项目经理：客户抱怨说，他们提前发布产品的要求被拒绝了，客户担心产品将会滞销，并暗示在未来的项目中可能不会使用这家公司了。项目经理应该怎么做？

A. 立即联系客户，说明为什么拒绝请求，并同意提前发布

B. 提供有关该请求产生影响的所有必要信息，以及做出该决定的理由

C. 创建变更请求更新项目进度计划，并通知客户和项目相关方

D. 更改建议的进度计划，并通知项目相关方

96. 为了满足客户的时间差要求，在全球不同位置聘用了两个项目团队，团队成员共同商定项目的状态会议议程，团队成员将在哪个阶段工作？

A. 形成阶段　　B. 规范阶段　　C. 震荡阶段　　D. 成熟阶段

97. 在一次迭代结束时，一位团队成员告诉项目经理，由于几天前出现了无法解决的问题，一个计划任务未完成。项目经理接下来应该做什么？（选两项）

A. 在回顾总结会议上讨论该问题　　B. 将该问题放入待办事项清单

C. 在下一次迭代规划会上讨论该问题　　D. 在每日站会上审查该问题

98. 在每周团队会议期间，项目经理注意到一名团队成员持续不断地表达一个与项目范围不相符的个人议程。项目经理拒绝理会这么具有破坏性的团队成员，项目经理使用的是哪种冲突解决办法？

A. 撤退/回避　　B. 缓和/包容

C. 妥协/调解　　D. 合作解决问题

99. 项目变更管理计划规定所有变更均必须由变更控制委员会批准，一名相关方对一项未决变更的期限感到担忧，要求项目经理通过向相关方发送电子邮件催促成本变更单。项目经理应该怎么做？

A. 要求变更控制委员会（CCB）修订流程

B. 遵循变更管理计划，并冒着项目延期的危险

C. 向相关方发送电子邮件，然后更新变更管理计划

D. 记录相关方所担心的问题，然后与项目团队一起讨论

100. 一个已识别的项目风险发生，项目经理实施了风险管理计划中的应对措施，这将为两条项目路径中的其中一条路径增加 5 天时间，这两个项目路径原本都不在关键路径上，应对措施所影响到的路径原本有 4 天的总浮动时间，项目将延迟几天？

A. 0　　B. 1　　C. 4　　D. 5

101. 一家公司转向采用跨职能团队进行项目开发的敏捷方法，并将项目经理分配到一个关键的项目，因担心团队缺少整体感而离开项目，项目经理应该如何避免员工辞职的可能性？

A. 进行圆桌讨论、研讨会和一对一的会议增强团队协作

B. 成立一个委员会来确定敏捷方法

C. 要求人力资源部门制定制度并参与该项目以协助员工管理

D. 为所有项目团队成员协商更好的工资（保健因素）或项目奖金

102. 项目经理被任命管理一个处于执行阶段的项目。审查状态报告和可交付成果后，项目经理意识到项目已经出现了一种镀金情况。项目经理本应该怎么做？

A. 确保所有团队成员对范围基准都具有明确的概念

B. 审查并改善沟通管理计划

C. 更新进度计划和预算，考虑额外的可交付成果

D. 在执行过程中拒绝任何的范围变更

103. 敏捷团队正在根据商业分析师团队提供的用户故事开发产品。在第四次冲刺之后，相关方举行了一次演示，其中三个已完成的故事获得通过，其余两个故事未能满足相关方的期望（验收标准），项目经理应该怎么做?

A. 要求商业分析师开发新的用户故事

B. 审查用户故事并签发变更请求

C. 确认相关方的期望，然后更新并重新编写用户故事

D. 启动一个新项目，将修订后的用户故事纳入工作范围

104. 一个软件解决方案项目的相关方询问项目经理，一项关键需求为何未包含在开发项目中。调查该问题后，项目经理了解到供应商未将这项需求包含进预期的项目范围内，由于未估算相关的工作量，供应商不愿意开发缺失的需求，但这项需求不能放弃，必须作为软件解决方案的组成部分，并且交付日期即将来临，项目经理应该怎么做?

A. 让当前供应商估算缺失的工作量，以在当前时间线内完成项目

B. 与相关方协商，并解释包含该需求将不可行

C. 与供应商讨论该问题，并坚持让他们在不增加成本的情况下包含该需求

D. 执行相关方分析，并与供应商一起审查需求跟踪矩阵

105. 竞争对手目前在市场非常活跃，而组织的新产品开发周期可能比较长，为了能快速地应对市场变化，确保价值驱动并快速验证产品，你应该?

A. 采用快速跟进，以保证项目的交付日期

B. 为项目增加资源，确保提前工期

C. 确定项目整体范围基准，并采用敏捷方法以快速交付产品

D. 采用敏捷方法快速迭代，并在迭代计划会议时根据团队的速度确定迭代任务

106. 一家跨国性组织正任命一名经验丰富的项目经理管理一个可能不能实现项目目标的项目。若要降低这种情况发生的可能性，项目经理应该怎么做?（选两项）

A. 管理相关方参与，管理合理的期望值

B. 审查变更控制程序

C. 管理质量，通过质量保证提升相关方信心

D. 上报给高级管理层

E. 建议完善商业分析论证过程的流程

107. 由于缺乏相关方的参与，项目经理在完成项目需求时遇到问题，若要确保相关方的参与，项目经理应该事先做什么?

A. 在项目开踢会议前制订相关方参与计划

B. 在项目启动会议前执行相关方分析

C. 确保使用适当的沟通技术

D. 查看过往项目的经验教训文档

108. 项目团队成员对于相关方合理参与项目的程度难以达成一致的意见，确定相关方参与项目程度的最佳方式是什么？

A. 每周召开相关方信息报告会，并将此会议作为唯一沟通渠道

B. 为所有相关方制定一份综合性项目更新报告

C. 为每个相关方创建一份单独的沟通计划

D. 制定相关方分类矩阵，以及相应的相关方参与度评估矩阵

109. 一个在地理位置上分散的团队正在从事一个 IT 项目，他们发现经常会改写彼此的代码，有时还会处理相同的功能，Scrum 主管正在评估他们如何能够促进团队成员之间更加一致地沟通，从而避免这些问题，Scrum 主管应该怎么做？

A. 举行冲刺评审　　B. 召开回顾总结会议

C. 安排每日站会　　D. 通过日报的方式汇报每日工作

110. 在一个多阶段项目的中途，由于该项目不再符合组织上的业务需求，发起人终止了项目工作。下列哪种情况可以避免这个现象？

A. 在制订项目管理计划时多花些精力

B. 正确制定项目商业论证

C. 在项目开始时分析法律要求

D. 更为详细地描述项目范围说明书

111. 项目经理发现，一些团队成员不清楚其职责和活动，哪一项工具或技术能够帮助项目经理明确定义这些职责和活动？

A. 组织图　　B. 工作分解结构

C. 执行、负责、咨询和知情矩阵（RACI）　　D. 项目成员派工单

112. 在项目中途，一名团队成员告知项目经理，鉴于项目范围的复杂性，估算的项目进度不充分，进度已经开始出现延期，项目经理首先应该怎么做？

A. 管理风险并实施风险响应活动

B. 申请增加资源开展进度压缩

C. 收集并记录经验教训

D. 执行详细的分析，如需要的话可提交变更请求

113. 在一个敏捷项目的演示期间，项目经理缺席，在审查已完成的工作之后，产品负责人要求进行一项变更，然后获得房间中每个人的一致同意。开发团队立即开始实施这项变更，当项目经理回来工作后，这项变更已经完成，项目经理下一步应该怎么做？

A. 将该不一致性问题通知相关方

B. 将已完成的变更更新到工作范围中

C. 与项目团队开会，讨论变更控制过程

D. 向变更控制委员会（CCB）登记这项变更并请求批准

114. 由一个跨国公司（MNC）启动的项目中，有说不同语言的跨文化团队成员，若要确保团队协作、行为一致，避免冲突以确保项目成功，项目经理应该怎么做?

A. 引入团队绩效奖励　　B. 开展团队建设活动

C. 识别培训需求　　D. 制定团队章程

115. 在项目执行期间，由于其他组织的优先事项，一名关键资源不可用，项目经理与职能经理交谈，并确定内部也没有可用的类似资源，项目经理应该怎么做?

A. 等到关键资源可用为止　　B. 获得一名外部资源

C. 使用虚拟团队　　D. 实施人际交往

116. 与项目发起人一起制定并审查项目章程，项目发起人认为由于项目风险不高，没有必要批准项目章程，项目经理应该怎么做?

A. 向项目发起人解释项目章程批准对正式建立项目经理的职权意义重大

B. 通知发起人项目章程批准是一项管理合规性要求

C. 同意项目发起人的意见，然后制订项目管理计划

D. 将项目发起人的决策记录作为潜在风险

117. 一个具有多元文化的项目团队分布在不同的地理位置，这会带来挑战，因为密切沟通对团队的成功绩效非常关键，若要最大限度地减少团队的错误沟通，项目经理应该怎么做?

A. 安排每日虚拟会议　　B. 制定并审查项目仪表板（Dashboard）

C. 发送每日项目状态报告　　D. 每天通过电子邮件与团队核对

118. 一家公司的CEO属于某个项目的相关方，但在该项目享有的利益很低。若要与预期保持一致，项目经理应该怎么做?

A. 仅向CEO通知项目上报重大事项

B. 向CEO提供与项目状态有关的每日文件更新

C. 重点管理相关方的期望

D. 仅向CEO提供高层次信息，然后每月与其开会确认其满意度

119. 风险识别过程中，团队识别了大量风险后，分析了风险的概率影响并制订了应对计划，所有的步骤都非常规范和有效，但最终，所有的风险还是发生了，且并未得到如计划般的有效处理，这极有可能是因为?

A. 风险管理计划无效，需要更新

B. 风险应对策略无效需要重新评估风险

C. 团队成员缺少风险管理的经验，需要培训

D. 团队成员忽略了一个问题，再好的风险计划和应对策略，也需要执行和落实

120. 组织正在为下一年度新产品上市开展项目，一名相关方通知项目经理公司拥有最优秀的人才资源可供使用，并可在不影响项目的情况下，减少项目持续时间，项目经理下一步应该怎么做?

A. 将其记录为一项机会，更新风险登记册

B. 直接聘用该资源为项目工作

C. 更新资源管理计划

D. 接受资源以规避进度风险

121. 来自竞争公司的一名新职员加入项目团队，新项目团队成员试图纳入一些与已经批准过程不同的流程。项目经理应该怎么做来帮助新员工遵守批准的过程?

A. 要求新成员必须严格遵守流程

B. 说明员工的角色和职责

C. 开展绩效评估

D. 让另一名项目团队成员在工作时间指导新员工

122. 项目经理被任命管理一个项目，项目发起人已经批准该项目的里程碑进度计划，分析进度计划之后，项目经理得出进度计划不现实的结论。项目经理下一步应该怎么做?

A. 根据一份更现实的进度目标创建项目进度计划

B. 获得项目发起人的批准取消项目

C. 与项目发起人一起评审进度目标，并提交一份修订后的进度计划

D. 与项目团队一起评审进度目标，并制订解决方案，满足批准的进度计划

123. 一名经验丰富的项目经理正在为新的服务项目准备项目启动大会，已经提供这项服务的高层描述，项目经理下一步应该怎么做?

A. 制定项目章程　　B. 制定执行、负责、咨询和知情（RACI）

C. 定义项目范围说明书　　D. 创建工作分解结构

124. 风险管理过程中，团队成员将有些活动外包、对有些无法解决的问题安排在计划的进度期外执行，对重大的风险直接汇报给了管理层，对有些小问题直接忽略处理，并在开始之前反复地测试产品性能，在这个风险管理过程中，哪些是可以在积极风险过程中使用的策略?

A. 回避与减轻　　B. 开拓与提高　　C. 转移与分享　　D. 接受与上报

125. 项目发起人要求项目经理细化项目估算，项目经理确定项目管理计划中某个具体活动需要细化。根据初始估算，最可能的活动持续时间为两天，但是最乐观的情况为一天，最悲观的情况为四天。使用计划评审技术（PERT），项目经理应在项目管理计划中写入的预期活动持续时间是多少天?

A. 2.33　　B. 1.88　　C. 2.17　　D. 3.23

126. 一家公司开始进行敏捷实践，以便更好地接触全球客户和市场，在过渡期间，很多团队都在与这个变化做斗争，因此影响士气，敏捷教练应该怎样做才能最好地利用敏捷实践并实现高绩效？（选两项）

A. 与团队成员单独开会，为他们解释项目对组织带来好处的一个大蓝图

B. 与团队及其经理紧密合作，通过辅导、指导、教学来推进和解决问题

C. 仅在团队层面教导，提供有关期望的信息，并帮助个人提升技能

D. 传达相关方及管理层对团队的期望与决心

E. 通过选择一个复杂性适中的项目进行转型，以便有效地推进敏捷实践

127. 在审查项目商业论证时，项目经理发现文档制作得很差，且未提供项目论证，项目经理应该怎么做？

A. 启动实施整体变更控制过程

B. 查阅变更管理计划

C. 询问项目发起人

D. 基于历史项目的商业论证作为制定项目章程的输入

128. 在一个国际化项目执行过程中，因政策影响，客户提出了一项成本的变更，项目经理带领团队开始讨论如何处理变更的流程，这是哪一项实例？

A. 需求收集不完整　　B. 缺少变更管理计划

C. 缺少处理变更的经验　　D. 团队缺少应变能力

129. 项目经理向项目发起人告知一个与项目外部依赖有关的问题，一个项目合作伙伴需要升级其销售点的业务系统，这在上线日期之前似乎不可能发生。虽然将发生额外成本，项目发起人决定继续向前推进该项目。这属于什么类型的实践？

A. 风险喜好型相关方　　B. 第三方风险转移

C. 风险规避　　D. 风险接受

130. 在一个施工项目挖掘期间，发现了历史文物，因为收集文物需要数周的时间，该项目可能会被推迟了，项目经理应该做什么？

A. 要求团队小心，确保在不破坏文物的情况下继续工作

B. 将问题汇报给客户及管理层，等待进一步指示

C. 准备变更请求，要求延长项目工期

D. 停止工作，直到文物部门处理完毕

131. 在优势、劣势、机会与威胁（SWOT）的分析期间，团队发现另一个项目通过与该团队合作可能从规模经济中获益。两个项目的成本都可能大幅降低，并可能实现公司的利益。项目经理应该怎么做？

A. 在风险登记册中记录该发现

B. 询问项目发起人的意见

C. 与另一个项目经理合作，开拓机会并让收入最大化

D. 将该机会作为一项假设条件记录在风险管理计划中

132. 质量部门提交一个变更请求，请求引入新的测试结果跟踪系统，该变更请求已经通过过程控制拒绝，项目经理下一步应该怎么做？

A. 记录变更并分析影响　　B. 评审其对项目进度和成本的影响

C. 要求质量部门经理取消该变更请求　　D. 更新变更日志并通知相关方

133. 在项目执行阶段，项目经理收到多名评审员抱怨说文档难以检查，因为不清楚哪些地方发生了变更，项目经理应该怎么做？

A. 使用变更控制系统　　B. 使用配置管理系统

C. 查阅团队章程的工作协议　　D. 对评审员展开文档检查相关的培训

134. 一家公司准备一直采用预测方法管理项目，CEO 希望在软件开发项目上使用敏捷实践。他们想让一位内部的候选人做 Scrum Master 的角色，以下关于 Scrum Master 的角色说法正确的是？（选两项）

A. 应该扮演仆人式领导，保护团队

B. 应该扮演参与式的领导，帮助团队做出决策

C. 帮助组织及团队普及敏捷实践方法

D. 帮助组织制定项目治理框架，以推进敏捷项目管理

135. 项目经理权力往往比较小，通过分析组织的特征，对项目经理的权力分析发现，在平衡矩阵以下（弱、职能）式的结构中，项目经理的人际关系技能尤其重要，主要体现在？

A. 项目经理可以修炼人格魅力，以确保团队成员愿意跟随

B. 项目经理可以以身作则，公平决策，以确保体现参照权力

C. 项目经理应该培养愧疚和说服能力，以确保能够有效地管理团队

D. 项目经理应该提升专业能力，以确保团队成员的信任

136. 项目发起人要求项目在三个月内完成，项目经理立即开始工作。项目进行两周时，工程部主管识别到一些关键可交付成果缺失。若要避免这个问题，项目经理应该事先做什么？

A. 识别完整的相关方清单　　B. 确定项目发起人的需求

C. 识别并收集相关方的需求　　D. 定义工程团队的需求

137. 项目的进度绩效指数（SPI）为 0.8 成本，成本绩效指数（CPI）为 1.1，若要将项目拉回正轨，项目经理应该怎么做？

A. 使用管理储备　　B. 消除非关键路径上的活动

C. 外包一些活动　　D. 对项目进行赶工

138. 一名支持型项目发起人职位发生变动，由一名反对型的发起人替代。若要让项目继续向前进展，项目经理应该怎么做？

A. 请求高层次经理为新发起人制定一份战略

B. 请求高层次经理开除该发起人

C. 请求即将离任的发起人干预

D. 搁置项目，直至获得新发起人的同意为止

139. 在审查一个工期紧张的项目工作分解结构时，团队在编制计划和相关文档时花费了一些时间，因担心工期延误项目发起人对是否需要项目计划文档提出疑问。项目经理应该怎么做?

A. 同意项目发起人的意见，并将文档活动推迟到下一个阶段

B. 通知发起人，将会尽量减少文档的编写以优先考虑工期

C. 向项目发起人解释，需要项目文档进行审计或者供未来项目参考

D. 向发起人解释文档的重要性，要求发起人增派专人负责文档编写

140. 虽然之前识别的项目风险并未成真，但项目似乎遇到了麻烦。项目经理实施了相应的风险应对措施，但未能让项目回到正轨。项目经理下一步应该怎么做?

A. 执行应急储备

B. 更新风险登记册

C. 请求风险审计

D. 开展定性分析

141. 在一个项目历时 6 个月时，一名应用程序开发人员被晋升为项目团队主管。项目经理如何才能够确保该团队主管能够拥有坚持完成项目应用程序开发任务的动力?

A. 请求高级管理层为该团队主管开会，强调项目的目标和组织的目标

B. 祝贺该团队主管获得晋升，然后强调其技能对项目成功的重要性

C. 私下与该团队主管讨论完成项目应用程序开发任务的计划

D. 与该团队主管的职能经理开会，强调其应用程序开发任务的重要性

142. 公司同时运用多种敏捷方法，Scrum 团队的成员经常与另一个使用看板的团队产生误解，项目经理应该如何解决问题?

A. 和每一个团队的领导进行沟通以确保共同的理解

B. 通过使用电子沟通的方法对团队的决定进行记录

C. 请求管理层统一使用一种敏捷方法

D. 讨论选择不同敏捷方法的原理，建立共同的术语表

143. 一名新任的项目经理确定项目目前符合时间和预算要求，但是一名供应商的可交付成果出现延迟。新任项目经理下一步该怎么做?

A. 实施一次定量风险分析，并确定如何解决该风险

B. 与供应商开会，并要求立即解决

C. 定义问题，确定并评估对项目成本、进度的影响

D. 通知客户，更新进度计划

144. 项目遇到两名相关方之间相互敌对，这两名相关方都参与并投入项目工作中，但各自又确定了不同的项目目标作为优先考虑的工作，项目经理应该怎么做?

A. 与冲突的相关方保持公开的沟通，减少差距

B. 与两名相关方协商获得共同点

C. 将该问题上报给项目发起人

D. 重新定义项目范围

145. 在准备项目的第三次进度报告时项目经理发现，由于材料延迟交付，项目可能会延期。前两次项目报告指出，项目处于正常轨道。项目经理下一步应该怎么做？

A. 与项目团队讨论，确定最适合的应对方式

B. 将其添加进问题日志中，并将其包含在项目报告中

C. 联系采购经理催促材料交付

D. 将问题上报给项目所有者并请求进度变更

146. 在与管理层对一个一年期的复杂项目（活动多且复杂）的预期目标进行沟通的过程中，管理层告知了项目高层次的成果描述，希望在一天之内了解项目的预算，组织此前有过类似项目的经历，项目经理应该？

A. 利用自下而上的估算

B. 利用参数估算

C. 利用类比估算

D. 告诉领导项目复杂，无法在一天内完成预算

147. 准备每周状态报告时，项目经理注意到该周的计划里程碑满足要求。但是，项目的进度绩效指数为 0.8。项目经理接下来应该怎么做？

A. 对项目进行赶工

B. 由于所有里程碑均已满足，不需要任何行动

C. 由于所有里程碑均已满足，可以在之后考虑进一步行动

D. 核实是否存在逾期的任务

148. 职能经理雇用了一名新团队成员，项目经理认定其为一名优秀的项目人员，但是项目经理在后来认识到这名新成员缺乏一些让项目成功所必需的技术专业知识。项目经理下一步该怎么做？

A. 释放该人员，并将该人员分配到另一个项目上

B. 调整岗位，让其完成他能力范围内的工作

C. 引入有效的绩效考评机制

D. 确保新团队成员获得必要的技术培训

149. 产品负责人抱怨，迭代中的任务进展是不可见的，声称客户已经对团队失去了信心，项目团队应该如何增加客户对团队的信心？

A. 与客户会面解释项目是可控的

B. 提供一个可视的信息发射源

C. 通过卡诺分析明确客户的需求

D. 通过每日状态报告向客户发送项目进展信息

150. 团队成员正在对一个已经完成的项目阶段进行经验总结，他们分成了 A、B、C、D 4 个讨论小组，你观察了他们各自的做法，认为不恰当的是？

A. A 团队正在通过讲故事的方式分享心得

B. B 团队首先完成了一个互动感激烈的游戏，接下来开始讨论

C. C 团队经过简短的讨论后，要求团队在项目结束的时候统一更新经验教训

D. D 团队采用公司的知识管理平台，各自更新了知识文档

151. 在一个新项目的开发过程中，项目经理和供应商就交付某个具体部件的固定总价合同达成一致，在项目中途，项目团队发现需要供应商交付的产品功能发生变化，项目经理首先应该做什么？

A. 开展合同谈判

B. 向管理层询问，是否愿意帮供应商承担功能变化导致的成本超支

C. 参阅变更管理计划

D. 因为是固定总价合同，要求客户在预算内交付功能

152. 在执行一个实施法规变更的项目时，根据专业技术专家的建议，项目经理发现新流程不符合法规指导方针，进行项目变更要求额外的资源，否则项目会受到负面影响。项目经理首先应该怎么做？

A. 调整法规以适应新流程

B. 提交变更请求，以请求额外的资源

C. 请求专家团队批准额外的资源

D. 上报给发起人，在发起人授权的情况下继续开展项目

153. 虽然向客户定期更新项目状态，但客户的高级管理层仍然对每季度更新中提供的一些内容感到吃惊。审查时发现，定期的项目状态更新未传达给高级管理层。若要在将来避免这个问题，项目经理应该更新下列哪一项？

A. 相关方登记册　　B. 相关方参与计划

C. 需求文档　　D. 沟通管理计划

154. 团队成员向项目经理提供一份培训手册，这份培训手册属于预期在明天交付的可交付成果的组成部分。项目经理发现了几个可能导致客户拒收可交付成果的错误，项目经理应该怎么做？

A. 即将进入收尾阶段，不适合变更，建议在后续的项目中给予解决

B. 将问题上报给该团队成员的主管

C. 让团队成员修正错误，并提供修正后的手册

D. 询问客户意见，是否可以不提供手册的情况下交付

155. 一名具有高度影响力的相关方认为没有得到必要的信息，要求每日提供项目更新。由于这名相关方可能阻碍项目进展，项目经理应该怎么做？

A. 告诉该相关方他们将按照沟通管理计划收到项目状态的更新

B. 按此重要相关方的需求每日发送状态报告

C. 联系该相关方，了解其详细的沟通需求

D. 分析影响力，适当更新相关方参与计划

156. 项目经理识别到一个风险，如果该风险发生将影响项目进度计划。分析风险时，发现很多团队资源被过度分配，项目经理决定优先处理资源问题，项目经理应该？

A. 采用进度压缩　　B. 制定风险减轻措施

C. 采用资源平衡法　　D. 提交变更请求

157. 在执行一个基础设施施工项目期间发生了大地震，为项目风险所准备的应急储备已经所剩无几，管理储备剩余 1 万美元。项目经理应该怎么做？

A. 分析损害带来的影响　　B. 使用应急储备应对风险

C. 接受风险　　D. 签发一个转移风险的变更请求

158. 审查项目状态时，项目经理发现团队成员在未向其告知的情况下接受客户变更。这导致额外的工作流程及未记录的变更。项目经理应该怎么做？

A. 拒绝变更并尝试恢复至原始范围

B. 更改项目范围包含这些变更

C. 接受变更，并修订范围基准、进度计划和成本基准

D. 审查情况并更新变更日志以遵循整体变更流程

159. 一个为期一年的项目进入 4 个月的时候，客户请求一项变更，变更控制委员会评审并批准变更。但是一名相关方认为该变更超出范围，从而向项目经理抱怨。项目经理可以参考哪一项来证明变更请求是合理的？

A. 事业环境因素　　B. 更新的项目范围基准

C. 变更管理计划　　D. 范围管理计划

160. 虽然指导委员会的所有成员都在一个项目中享有利益，但他们对项目的了解程度有所不同。此外，在项目状态会议过程中，其中一些成员比另一些成员更有意愿参加项目会议。应该优化哪个过程？

A. 识别相关方　　B. 规划沟通管理

C. 制订相关方参与计划　　D. 监督相关方参与

161. 新团队成员加入一个高速运转的团队，由于一些新的团队成员缺乏执行必要任务所需的能力，缺陷数量明显增加。项目经理可以在下列哪一项中找到补救这个问题的主动应对措施？

A. 资源管理计划

B. 执行、负责、咨询和知情（RACI）矩阵

C. 活动资源需求

D. 资源日历

162. 一个全球性的施工项目，涉及来自不同国家的多个团队，必须在四个月内完成。由

于多地的政治因素影响，该项目已经延迟两个月了，在项目启动阶段，项目经理最好应事先完成下列哪一项？

A. 定义合理的进度计划

B. 识别出事业环境因素

C. 为项目准备足够的风险储备时间

D. 检查公司有利于开展项目的组织过程资产

163. 一家组织计划进入一个新型市场，然而组织在之前出现了几次项目提前中止的情况，为此你向发起人建议在公司引入商业分析师岗位，这样做的目的是？

A. 项目经理对项目管理的能力不足，需要商业分析师支持

B. 项目经理往往关注于项目目标，忽略了商业价值，商业分析师主要强调对商业价值的分析，应该让项目经理与商业分析师合作，在确保实现项目目标的同时符合组织的商业目标

C. 商业分析师能够有效地帮助项目经理管理项目目标，确保项目的成功

D. 商业分析师的职位权力比项目经理更高，能够确保项目资源的支持

164. 由于最近在产品使用期间发生的质量事故，一名极度不满的相关方对一个已经收尾的项目提出投诉。为帮助解决这个问题，项目经理应该怎么做？

A. 查阅相关方参与计划，监督相关方参与

B. 咨询项目发起人的意见，管理不满的相关方

C. 审查项目管理信息系统（PMIS）档案文件，确定问题原因

D. 通知 CEO，以处理投诉

165. 项目的工程设计经理基于标准输入制订了一份进度计划。项目发起人请求将某项活动的开始时间延迟一个季度，但这将影响资源的可用性。项目经理下一步应该怎么做？

A. 重新定义项目活动　　B. 识别风险并分析影响

C. 修订进度计划　　D. 从外部获得替代资源

166. 产品负责人表示竞争对手已经发布了一款新产品的版本，拥有不属于当前待办事项列表组成部分的功能。产品负责人建议重新审视产品待办列表，这可能导致计划发生重大变化并扰乱团队。团队应该怎么做？

A. 召开一次团队会议，并在团队达成一致同意的情况下接受这一建议

B. 在估算中创建一个缓冲以适应任何变更

C. 将新功能添加到产品待办列表中，然后重新确定待办事项列表的优先级，并根据新的优先级继续开发

D. 将新功能添加到待办列表中，并在所有高优先级事项均完成后再对其进行处理

167. 一个外部客户项目，为改进某个产品的最终价值，客户要求项目经理升级项目的现有技术。显然，这会超出项目的原始范围。项目经理应该怎么做？

A. 与客户会面，如果确实提升产品价值，则升级

B. 如果客户同意增加预算则接受该请求

C. 与团队开会，确定对项目可能的总体影响

D. 向发起人建议该请求，因为他能带来价值

168. 一名高级管理层在产品上线期间加入敏捷团队，在产品上线之后，该高管希望知道 Sprint 冲刺期间哪些进展顺利，以及哪些进展不顺利，该高管应该参加什么会议？

A. 回顾会议　　B. 每日 Scrum 会议

C. Sprint 评审会议　　D. 迭代规划会议

169. 一个项目是由位于 4 个国家的项目团队共同开发的。每个国家的团队将负责可交付成果的一个独立部分，项目经理意识到必须让所有的团队协同工作。为确保所有的团队遵循项目管理计划并对目标达成共识，项目经理应该怎么做？

A. 召开一次虚拟的项目开工大会（Kick-off Meeting）

B. 提供认可与奖励

C. 提供团队章程

D. 召开一次启动大会（Initiating Meeting）

170. 一个制作新产品的大型敏捷项目已经启动，几个团队正在同时开展新功能和增强功能方面的工作。项目经理面临严重的扩展挑战（多个产品特性彼此具有依赖关系的挑战，以确保不同功能的创建并协作），若要解决这种情况，项目经理应该做什么？

A. 通过大量协作进行交付

B. 使用相同的团队进行开发、集成和测试

C. 将工作划分为多个版本

D. 执行充分的前期规划以管理依赖关系

171. 项目经理正在团队过程中推行敏捷过程管理，尽管对任务进行了优先级管理，以价值作为导向分阶段开发并交付产品，但是在过程中还是出现了任务积压的情况，你应该建议他？

A. 采用传统瀑布模型管理开发过程，以确保过程顺畅

B. 采用基于精益开发的看板系统，以根据优化的待开发项来合理安排进度

C. 采用基于按需进度计划的看板系统，以根据团队的生产能力合理安排计划

D. 为积压的任务部分增加资源以提高整体效率

172. 你新加入了一个敏捷团队，在站会上，一个敏捷团队遇到了一些问题，会后他来向你求助，你给他的最好建议是？

A. 主动帮助团队解决问题，以获得团队的信任

B. 使用 5Why 法技术

C. 召开回顾会议分析问题

D. 将问题指派给其他团队成员

173. 一名支持型项目发起人职位发生变动，由一名反对型发起人替代。若要让项目继续向前进展，项目经理应该怎么做？
A. 搁置项目，直至获得新发起人的同意为止
B. 请求高层次经理开除该发起人
C. 请求即将离任的发起人干预
D. 请求高层次经理为新发起人制定一份战略

174. 项目经理正在创建一份月度进度报告。提供的信息显示实际成本（AC）为 20 万美元，成本绩效指数（CPI）为 0.85，计划价值（PV）为 23 万美元。这说明了什么？
A. 资源可能已被安排到另一个项目上了
B. 资源已经通过赶工提高了生产率
C. 资源所面临的范围存在挑战性
D. 资源的工作比预期更有效率

175. 鉴于产品的特殊性，需要快速推出市场并得到市场验证，为此，你选择了敏捷方法管理项目，以下哪个方法是不合适的？
A. 通过动态优化的需求池管理所有的待开发项，同时在每个迭代开始时定义当前的产品范围
B. 每个迭代结束时，你通过召开回顾会议来发现上一个迭代的问题，并可能在下一个迭代中做出调整
C. 对当前迭代，你计算出所有的故事点，根据团队的开发速度生成迭代燃尽图，用于跟踪开发过程的进度
D. 在迭代计划会议上，团队与 PO 确定了当前迭代的待办事项列表，你指导团队进行任务分解，并将任务按成员的技能水平分配给团队成员

176. 客户称他们未收到更新的项目文档及状态信息。项目经理分析沟通管理计划是合理的，但客户坚称他们一定需要得到相应的信息，你应该？
A. 查阅相关方参与计划指导管理相关方参与过程
B. 确认相关方的信息需求，更新沟通管理计划
C. 向客户发送更新的项目信息
D. 将客户的无理需求上报给管理层

177. 在一件已经获得相关方签字的设备交付到项目现场之后，最终用户投诉产品与预期不同，项目团队确认是按正确的标准交付且有充足的证据，但相关方坚称不能就此结束，为避免这种情况，项目经理应该怎样？
A. 在产品交付前加强检查
B. 合理地管理相关方的期望
C. 要求发起人与对方的高层接洽
D. 交付前获得相关方正式的验收文件

178. 在一个固定总价合同中途遇到缺少当地资源的问题。这迫使项目经理以较高的成本使用来自全球的团队资源，这会导致成本增加，所以一名内部经理拒绝支持项目。

由于项目经理已经承诺在预期的成本内实现客户的交付日期要求，此时应该怎么做？

A. 创建变更请求，并与客户协商一个新价格

B. 探讨解决方案，谈判并寻求共同点

C. 延迟项目，直至当地资源可用为止

D. 考虑经理的担忧，寻求低成本低质量的资源完成项目

179. 项目经理必须为一家初创公司的新产品开发项目创建一份切合实际的预算。在生成工作分解结构（WBS）后，项目经理可以考虑使用下列哪一项来制定成本预算？

A. 参数估算 B. 三点估算 C. 自下而上估算 D. 类比估算

180. 一家全球性公司推出一个新项目，在其各分支机构中交付一个质量体系。项目关键相关方担心位于公司总部之外的人员的参与程度。若要解决这个问题，项目经理应该怎么做？

A. 为位于公司总部的人员举行面对面会议，并向所有团队成员发送电子邮件会议纪要

B. 与所有团队成员分享主要成就，并根据需要安排后续追踪电话

C. 使用电子邮件向所有团队成员发送项目相关主题

D. 安排适合所有参与者参加的虚拟会议，并向所有团队成员发送电子邮件会议纪要

答案及解析

1	2	3	4	5	6	7	8	9	10
C	B	C	B	B	C	A	A	A、B	A、B
11	12	13	14	15	16	17	18	19	20
B、D	B、C	B	A	A、D	D	B、D	A	C	B
21	22	23	24	25	26	27	28	29	30
A、B	B	A	B	B	B	C	B、E	A	A
31	32	33	34	35	36	37	38	39	40
A	C、D	A	B、D	B、D	A、C	A、E	B、C	B、C	A、D
41	42	43	44	45	46	47	48	49	50
A、C	A、C、E	A、D	A	D	A	B	B	B	D
51	52	53	54	55	56	57	58	59	60
B	C	A、D	C	A	C	D	A	D	C
61	62	63	64	65	66	67	68	69	70
D	A	D	C	D	B	D	C	C	A
71	72	73	74	75	76	77	78	79	80
D	D	B	B	A	C	C	C	B	A
81	82	83	84	85	86	87	88	89	90
C	B	D	C	D	D	D	C	D	D

续表

91	92	93	94	95	96	97	98	99	100
A、E	B、D	C	B、C、D	B	B	A、B	A	D	B
101	102	103	104	105	106	107	108	109	110
A	A	C	A	D	A、E	A	D	C	B
111	112	113	114	115	116	117	118	119	120
C	D	B	D	B	A	A	D	D	A
121	122	123	124	125	126	127	128	129	130
D	C	A	D	C	B、E	C	B	D	B
131	132	133	134	135	136	137	138	139	140
A	D	B	A、C	C	C	D	A	C	B
141	142	143	144	145	146	147	148	149	150
B	D	C	B	B	C	D	D	B	C
151	152	153	154	155	156	157	158	159	160
C	B	D	C	C	C	A	D	B	C
161	162	163	164	165	166	167	168	169	170
A	B	B	C	B	C	C	A	A	D
171	172	173	174	175	176	177	178	179	180
C	B	D	C	D	A	B	B	C	D

1. 解析：答案C。考点“Scrum工件—产品待办事项列表”。C选项，与客户确认价值优先级，符合对待办事项列表优化的原则；A选项未回答题干的问题，敏捷中的需求会变化，可能需要调整；B选项是确保对下一次迭代有价值不妥，应该是为客户产生价值；D选项关键字是“创建”，客户可以确认和给排序提供建议，但是不能创建，创建是PO的职责。

2. 解析：答案B。考点“沟通管理—监督沟通”。题干虽然描述了风险及影响，但是这均为信息传递不到位导致，也就是沟通不畅，故B选项符合题意；D选项，题干没有体现出CEO提出无理要求或者对项目造成不利影响的特征，所以不需要考虑如何引导相关方参与的问题。

3. 解析：答案C。考点“Kick-off会议”。主要目的是发布项目管理计划，宣告项目进行执行过程，题干说的资源未到位，并不影响Kick-off会议，因为获取资源本就是执行过程中要考虑的问题，而现在还只是在规划结束，通过Kick-off会议过渡到执行阶段。

4. 解析：答案B。考点“敏捷的理念：价值驱动，快速交付可用产品”。敏捷首先强调尽快交付商业价值。A选项，敏捷项目中具有不确定性发起人不指导上市日期，由产品经理确定产品路线图；C、D选项属于迭代运作过程的事，在B选项之后考虑。

5. 解析：答案B。考点“敏捷仪式—迭代评审会”。针对当前的结果，通过迭代审查会来发现问题并提出改进意见，这些意见会成为PB列表的输入，在后续迭代进行改进，故 B 选项符合；A 选项是预测生命周期的概念；C 选项，每日例会主要是同步项目状态，与题意不符；D 选项与题意无关且不符合敏捷流程。

6. 解析：答案 C。考点“敏捷的理念”。敏捷方法强调基于资源和时间快速交付可用产品，寻求最小可行性产品，故 C 选项符合；A 选项，直接减少成果不合理；B 选项不如 C 选项对需求池排优先级那么贴切，而且后半句也不太合适，这样很有可能会导致资源耗尽而无法交付可用产品；D 选项解决不了问题。

7. 解析：答案 A。考点“商业环境—合规性”。团队自组织，哪些事情要做应由团队来完成，而且要考虑合规，故 A 选项正确。B 选项中仅聚焦于功能不妥，限制因素是需要考虑的风险之一；C 选项，题干中并没有管理层的要求，即使没有管理层要求项目也要保证合规性；D 选项中发起人不会负责具体的执行细节。

8. 解析：答案 A。考点“质量管理的原则”。预防胜于检查，首先定义质量标准及管理方法论，故 A 选项合适；B 选项属于检查的特征，按原则在 A 选项之后。C 选项应该包含在 A 选项之中；D 选项，按政策正常来讲是管理层制定，在政策的基础上规划质量，故 A 选项更合适。

9. 解析：答案 A、B。考点“沟通管理—沟通方法”。C 选项属于拉式沟通，效果不如 A 选项的交互式沟通好；D 选项，现在是居民抵制，不是市长抵制，沟通对象错误；E 选项本来属于规避的措施，但是这种政府项目，不是团队可以决策的，站在可行性的角度，不符合。

10. 解析：答案 A、B。考点“敏捷四大仪式—迭代计划会议”。题干分析即将举行迭代计划会议，此会议的目的是明确接下来的迭代（Sprint）需要交付的产品增量及完成增量的方式。A 选项是此会议的输入，基于产品待办事项列表来确定当前迭代的任务；B 选项，需要基于产品发布计划确定整体的迭代规划，也是本过程要参考的依据；C 选项，应该是定义产品路线图的输入；D 选项是本会议的输出；E 选项是迭代过程中的工作输出。

11. 解析：答案 B、D。考点“资源管理—建设团队”。从题干分析，新成员未融入团队，故应该开展与团队建设相关活动来提升对团队的信任感，B、D 符合特征；A 选项，自组织团队中由团队自主解决问题，而不是上报经理；C 选项，强迫不符合 PMI 理念；E 选项，题干强调的并非不遵守规则。

12. 解析：答案 B、C。考点“敏捷运作流程”。A 选项描述了资源在等待工作，采取的措施应该是主动沟通或认领其他任务；B 选项正确，与验收标准相关的工作是 PO 负责；C 选项正确，PO 是需求的输入方，所以要联系 PO 确认需求的价值；D 选项错误，故事无法验收，不是升级问题，而是联系 PO 找出原因及解决方案。

13. 解析：答案 B。考点“成本管理—估算成本”。本过程输出成本估算的同时应该输出估算依据来证明估算的合理性，而且项目与历史项目类似，故 B 选项符合题意；A 选项不如 B 选项的说服力充分；C 选项题干没有体现 WBS 或任务分解的特征，无法进行自下而上估算；D 选项与题意没有直接关系。

14. 解析：答案 A。考点“问题解决流程（定义—分析—方案—执行—总结）”。A 选项，针对问题，了解原因，并确定职责，符合题意；B 选项属于强制性的特征，不符合 PMI 理念，而且不应该用项目章程做 RACI 矩阵；C 选项并未解决分歧；D 选项，分歧并不只是范围，还有方法，而且 D 选项是直接进入解决方案。

15. 解析：答案 A、D。考点“资源管理—管理团队”。A 选项属于冲突管理中的撤退；B 选项管控别人的情绪属于情商；C 选项描绘愿景属于领导力；D 选项属于与人打交道，即人际交往。

16. 解析：答案 D。考点“整合管理—制订项目管理计划”。题干强调的是如何制订项目管理计划，计划中应该要明确项目的目标，故 D 选项合理；A、B 选项强调的是测试，属于检查监控方面的作用；C 选项，效益与价值属于启动过程论证可行性的作用。

17. 解析：答案 B、D。考点“敏捷方法与预测方法的区别”。A 选项，敏捷教练主要强调的是保护团队，具体工作上以身作则不符合敏捷的原则；C 选项，变更管理流程属于预测生命周期的特性，而且敏捷强调快速交付可用产品，与原型或返工不相关；B 选项，敏捷团队一般强调集中办公，跨部门的协作会对团队模式产生阻碍，涉及组织变革问题，故合理；D 选项，敏捷团队强调自组织，与传统团队管理不同，故符合。

18. 解析：答案 A。考点“合规性与迭代运作”。B 选项，题干强调的是有新的需求，首先此选项与题意没有直接关系，另外等待也不是积极做法；C 选项前半句可以但后半句错误；D 选项与 A 选项比，A 选项强调分析审查该需求的优先级，而 D 选项是直接包含在当前冲刺，故 A 选项更符合流程。

19. 解析：答案 C。考点“资源管理—问题解决流程”。资源冲突问题出现，遵循问题解决流程解决问题，故 C 选项符合；A 选项，加班一般不符合 PMI 理念；B 选项，如果问题解决不了可以考虑与客户协商，但先要主动解决；D 选项不符合 PMI 的理念（职业道德问题）。

20. 解析：答案 B。考点“风险管理—流程”。从题干分析，风险发生，故应该评估影响并制定措施，故 B 选项合理；A 选项与题意相悖；C、D 选项属于风险应对措施，包含在 B 选项当中，而且是风险评估后的措施。

21. 解析：答案 A、B。考点“资源管理—冲突管理”。A 选项是冲突处理的策略；B 选项是问题解决的流程，都符合题意；C、D、E 选项属于问题解决的措施，而且均为消极措施，不符合 PMI 理念。

22. 解析：答案 B。考点“相关方管理—问题解决”。B 选项，与客户分析问题并协商，符合问题解决流程；A 选项不顾客户反对，不符合 PMI 理念；C 选项不顾项目目标，不符合 PMI 理念；D 选项过于强势，会破坏客户关系，不符合 PMI 理念。

23. 解析：答案 A。考点“资源管理—建设团队”。题干描述士气低落，需要激励与认可，而低落的原因是人员的离开，故需要情感激励，A 选项符合；B、C 选项强调的是项目目标，与题意不匹配；D 选项与题意的相关性不如 A。

24. 解析：答案 B。考点“项目经理的角色与职责”。A 选项，项目经理是领导团队做事的人，不应该帮别人完成工作；B 选项，从题意分析主题专家应该是技术专家，属于团队成员，应该由自己执行经验总结；C 选项，知识管理应该实时进行，不能等待；D 选项，理论上讲，谁的工作谁执行，而不是推给别人。

25. 解析：答案 B。考点“问题解决流程”。B 选项属于定义问题；A 选项属于解决方案，在 B 选项之后；C 选项与题意无关；D 选项题干没有强调风险。

26. 解析：答案 B。考点“敏捷原则—价值驱动”。敏捷强调价值驱动，而题目没有给出交付时间的要求，所以按价值优先级排序的原则，B 选项的价值为 10，价值最高，优先交付。

27. 解析：答案 C。考点“成本管理—挣值”。从题干分析，成本节约，进度落后，所以 B、D 选项可以排除；而可以通过节省的成本增加资源来加快进度，故 C 选项合理且符合题干的要求；A 选项本身是正确的，但是体现不出题干要求的“强调项目处于受控状态”，故也排除。

28. 解析：答案 B、E。考点“沟通管理—沟通方法”。题干强调获得反馈，遵循沟通管理计划、发送问卷都能满足题干要求，故选项 B、E 合理；A 选项没有主动开展调查；C、D 选项与题意无关。

29. 解析：答案 A。考点“资源管理—建设团队”。从题干分析出现两个问题，一个是任务复杂，另一个是对团队不满。A 选项团队建设可以解决团队不满的问题，符合题意；B 选项题干没有进度延误的特征；C 选项未解决团队不满及任务复杂的问题；D 选项应该帮团队去解决问题（譬如提供培训），而不是要求他克服挑战。

30. 解析：答案 A。考点“变更管理流程”。题干提到范围变更，走变更流程，另外，进度出现问题，在解决问题时也可以提出变更请求，故 A 选项合理；B 选项团队开会只能分析影响，无法决定是否做出变更，而且按流程 B 选项在 A 选项的后面；C 解决不了问题；D 选项分析影响也是在 A 选项的流程之后。

31. 解析：答案 A。考点“沟通管理—监督沟通”。大家对系统并没有正确的认知，在流传非官方消息，故属于沟通问题。A 选项，更新沟通计划，并及时向部门成员发布项目状态信息，可以解决问题；B、C、D 选项都在讲变更，题干并未出现变更的特征。

32. 解析：答案 C、D。考点“敏捷方法—信息发射源”。信息发射源可以提高效率，让项目过程透明，减少团队打扰，C、D 选项均是在站会过程中更新看板后的内容，可以实时反映项目状态；A、E 选项是预测方法的工具；B 选项是迭代结束的时候交付的工作，不符合题意要求。

33. 解析：答案 A。考点“敏捷需求变更流程”。重要的已识别需求未满足，可能是在价值优先级排序上出了问题，需要调整待办事项列表，优先满足该需求，所以选 A。B 选项是 PO 的责任而不是团队；C 选项并不是没有识别到需求的价值，而是团队未满足；D 选项与题意无关。

34. 解析：答案 B、D。考点“整合管理—结束项目或阶段”。如果项目在完工前提前终止，则需要在正式的收尾文件中说明终止的原因也形成经验教训的一部分，并按规定的正式程序，移交可交付成果，并完成行政收尾，故 B、D 选项合适；A 选项没有意义；C 选项缺少行政收尾环节不符合流程。

35. 解析：答案 B、D。考点“项目经理的 14 种权力类型”。A 选项强调的是专家权力；C 选项强调的是信息权力；D 选项，项目的特征决定了正式权力并不会很强，而且发号施令的方式也不是 PMI 推崇的领导方式。

36. 解析：答案 A、C。考点“敏捷规划—估算”。估算的准确度取决于任务的分解、成员的能力及工具的选择，故 A 选项合适；当没有太多数据可参考时，C 选项这种方式是敏捷中常用的做法；B 选项类比不准确，且与题意不符合；D、E 选项与敏捷自组织团队的原则不符合，应该由团队开展估算。

37. 解析：答案 A、E。考点“敏捷变更管理”。当出现新的需求，应该由 PO 判断价值并通过产品待办事项列表进行优先级排序，故 A、E 选项符合流程。B 选项敏捷过程虽然强调拥抱变更，但在当前迭代一般不建议变更；C 选项目的是总结经验教训，而且也不由团队批准故事；D 选项敏捷强调自组织，敏捷教练起保护团队的作用，不应该帮助团队干活。

38. 解析：答案 B、C。考点“敏捷方法与预测方法的区别”。A 选项敏捷方法中项目经理要打造跨职能的团队，能力要求不比预测生命周期低，只是他的管理模式发生变化；D 选项敏捷快速交付快速验证及持续过程改进的机制，让产品的质量比预测生命周期更有优势。

39. 解析：答案 B、C。考点“管理团队—建设团队”。敏捷强调以人为本，因为该成员比较安静，可能是性格问题，单独私下沟通以了解他对反馈的感受，故 B 选项合理；C 选项，团队可能没有凝聚力，可以考虑团队建设活动；A 选项未考虑到成员的感受；D、E 选项均为消极做法。

40. 解析：答案 A、D。考点“商业环境—商业分析过程”。首先要确定商业目标制定商业论证以作为项目章程的输入，另外要考虑项目的合规性，故 A、D 选项正确；B、C 选项均是项目规划阶段项目经理的工作；E 选项是项目管理过程中项目经理的工作。

41. 解析：答案 A、C。考点“敏捷变更流程”。敏捷强调拥抱变更，但当前迭代，原则上不允许变更，故 C 选项的帮 PO 去宣导和普及敏捷知识是合理的；A 选项，当出现新需求时，由 PO 确定价值并调整待办列表的优先级，合理；B 选项不符合时间盒的原则；D 选项没有这样的权力而且是消极做法；E 选项敏捷不强调加班，应该用可持续的速度开发产品，不能透支明天的精力。

42. 解析：答案 A、C、E。考点“敏捷四大仪式—站会”。在敏捷团队中，敏捷教练只是团队保护者，不是管理者，所以 D 选项是正确的做法；另外，在站会上只是同步信息不是解决问题，问题应该会后解决，故 B 选项是正确做法而 C 选项是错误做法；A 选项站会应该简洁明了，控制时间不要说废话；E 选项，站会不是向敏捷教练汇报进度，而是团队同步信息，故应该定时定点开始。

43. 解析：答案 A、D。考点“敏捷方法—迭代运作”。从题干描述，没有遵守敏捷流程，迭代评审会的作用被忽略，故 D 选项合理；A 选项符合问题解决流程；B 选项不是 PO 的职责；C 选项，题干要转型敏捷，现在回退，不符合 PMI 理念；E 选项与增加测试人员无关。

44. 解析：答案 A。考点“敏捷变更流程”。当相关方提出新需求的时候，需要将新需求放入待办事项列表并调整待办事项列表的优先级，故 A 选项正确；B 选项敏捷强调拥抱变化，不能拒绝；C 选项，添加新需求后，要调整所有的优先级，不能保持原有的优先级；D 选项，一个变更，不至于影响产品路线图，题干中也没有体现出对产品路线图的变更。

45. 解析：答案 D。考点“沟通管理—监督沟通”。根据题干应该是沟通出现问题，故首先应该检查沟通管理计划，如果确定是计划问题导致的效率低下，则需要更新沟通计划，故 D 选项正确，B 选项应在 D 选项之后；A 选项不符合 PMI 的理念；C 选项，题干导致进度问题的原因在沟通。

46. 解析：答案 A。考点“风险管理—监督风险—工具”。从题干来看，识别的风险影响超过预期，出现了风险变异，可通过风险审查会来评估风险的影响变化，并根据评估结果做出决策。A 选项为风险审查会的工作；B 选项因为影响超预期，应急储备解决不了问题；C 选项可能是可行的策略，但应该在分析之后再开展，即在 A 选项之后；D 选项接受风险相对消极，同时也应该在 A 选项分析之后。

47. 解析：答案 B。考点“质量管理—管理质量”。从题干分析，相关方对项目的质量没有信心，而管理质量（又称实施质量保证）中就包含提升客户信心的工作，故 B 选项正确；A、D 选项不符合 PMI 理念，可直接排除；C 选项，题干中相关方并不是不配合项目工作或无理取闹。

48. 解析：答案 B。考点“风险管理—监督风险”。新的风险发生，应该记录风险，分析影响，通知相关方并制定措施；B 选项相对来讲符合流程；C 选项可以排除，外部事件责任不需要团队承担；A、D 选项均是风险接受的策略，具体措施应该在 B 选项之后。

49. 解析：答案 B。考点“风险管理—定性风险分析”。关键词：相互关联的低影响风险、本应该。在定性风险分析中，可以通过对其他风险指标的分析（紧迫性、临近性、可管理性、连通性等）来进一步了解风险，以便制定有效的应对策略，而相互关联性属于连通性的特征，故 B 选项符合；A 选项属于分析之后的策略；C 选项题干并不是没有识别到风险；D 选项，定量分析只针对严重的单个风险或整体风险，而且题干中没有体现出需要所有风险分析出现问题的特征。

50. 解析：答案 D。考点“相关方管理—管理相关方参与”。从题干来判断，项目不在启动阶段，故 C 选项重新确认章程的目的可以排除，而且在执行过程中章程一般不轻易调整；A 选项应该先找当事人解决，而不是找他们的主管；B 选项是直接由专家给他们做决策，有点类似强制或独裁的意思，不如 D 选项的引导技术效果好；D 选项，审查相关方参与计划，开会引导达成一致，符合引导式研讨会（协调跨职能的需求冲突）的特征。

51. 解析：答案 B。考点“敏捷—变更流程”。当识别到新需求时，应该判断需求的价值并与 PB 列表中的需求进行优先级排序，故 B 选项正确；A 选项，可能新的需求比计划的事项优先级高；C 选项，需要排完优先级再做决定；D 选项不符合敏捷流程。

52. 解析：答案 C。考点“探刺（Spike）的概念”。当对需求不明确、用户故事无法分解、实现的技术不明确时，可以用一个小规模的探刺来试错或探索，故 C 选项正确；A、D 选项与题意中的描述不符合，而且敏捷无法获得所有需求；B 选项，迭代评审会是每个迭代结束后的工作。

53. 解析：答案 A、D。考点“敏捷—迭代运作流程”。A、D 选项分别为评审会和站会的作用，符合流程；B、C 选项不符合敏捷流程；E 选项，不会主动邀请客户参加站会，意见应该在评审会提供。

54. 解析：答案 C。考点“敏捷—迭代运作流程”。从题干分析，一个新的迭代要开始，所以可以在站会上提出问题加入问题待办列表并在会后解决，故 C 选项合理，同时排除 A 选项；D 选项不符合敏捷原则；B 选项，故事应该放入待办列表，而不是风险登记册。

55. 解析：答案 A。考点“资源管理—管理团队—冲突管理”。一起针对问题研究出不同的解决方案，属于合作与解决问题的特征，故 A 选项正确；B 选项强调各退一步；C 选项强调求同存异；D 选项强调通过权力压制一方。

56. 解析：答案 C。考点“成本管理—估算成本”。从题干来分析，项目范围还不太清楚，也就是说还没有准确的估算数据，故直接去考虑减少估算是没有意义的，B、D 选项可排除；另外，即使在我们提交准确预算给管理层，管理层直接要求削减预算的无理请求我们也可以不接受，所以我们需要提供估算依据（也是估算成本的输出），故 C 选项正确；A 选项与题干的问题没有直接的关系。

57. 解析：答案 D。考点“整合管理—制定项目章程”。从题干分析，项目章程并没有批准，也就是项目并未正式启动，对项目经理而言：无章程不做项目；必须要有章程才能正式地开展项目。如果章程没有编制，需要推进章程的制定过程，故 D 选项正确；A、C 选项属于规划中要干的工作，需要在项目启动之后；B 选项描述不如 D 选项完整，也未体现出章程的特征。

58. 解析：答案 A。考点“采购管理—控制采购”。供应商不能履约，参见合同规定来协商提前终止合同，故 A 选项正确；B 选项应该在终止之后再考虑；C 选项采购过程出现争议应优选谈判协商，以维护关系为主，走法律手段是最后的策略；D 选项，遇事找发起人是消极做法，先主动解决问题。

59. 解析：答案 D。考点“合规性与问题解决”。从题干分析这是一个多阶段项目，现阶段成果已按要求完成，即将转入下一个阶段。A 选项不符合规性的特征；B 选项是消极做法，有问题应及时反馈；C 选项，从题干分析本阶段产品符合当前的验收过程，不需要在此过程处理；D 选项符合问题解决流程（记录问题—分析问题—制订方案—执行方案—总结经验教训）。

60. 解析：答案 C。考点“沟通管理—规划沟通管理”。原则或常识：敏感信息不能公开传递；A 选项，直接剔除可能无法实现项目沟通的要求；B 选项不符合 PMI 处理沟通的原则；D 选项，应该主动解决问题，不是什么事情都找发起人（超出能力范围的才找领导）。

61. 解析：答案 D。考点“进度管理—制订进度计划—输入”。资源日历识别了每种具体资源可用时的工作日、班次、正常上下班时间、周末和公共假期。在规划活动期间，潜在的可用资源信息（如团队资源、设备和材料）用于估算资源可用性。资源日历还规定了在项目期间确定的团队和实物资源何时可用、可用多久；A 选项强调的是对项目资源的分类与分等级展示的层级图；B 选项强调的是对项目各活动的不同情况做假设分析，以模拟出工期的概率分布；C 选项强调的是为风险准备额外的时间或成本储备。

62. 解析：答案 A。考点“控制进度—工具—资源平衡”。从题干分析，出现资源过度分配，可以通过资源平衡来解决问题，并同步解决当前团队成员的进度问题，故 A 选项正确；B 选项，超负荷的成员并不是团队内部的人，故需要项目经理协调；C 选项，遇事要积极解决，而不是直接汇报；D 选项，损害成员利益，不符合 PMI 理念。

63. 解析：答案 D。考点“整合管理—制定项目章程”。在此过程，需要根据业务需要、组织战略方向、市场前景、项目收益等各方面来宏观分析项目的可行性，故 D 选项正确；B 选项属于规划质量管理过程的输出，项目还未正式启动，首先排除；A、C 选项描述上并没有错，但与题干描述的业务方向不相关。

64. 解析：答案 C。考点“项目管理流程”。即 49 个过程的顺序。项目启动后首先应该是确定目标与需求。A 选项属于规划沟通管理；B 选项属于规划资源管理；C 选项属于识别相关方＋收集需求；D 选项属于实施采购。按流程顺序应该是 C—B—A—D。

65. 解析：答案 D。考点“敏捷方法的原则”。题干强调需求不明确，全新的领域，可以通过敏捷方法响应变化，D 选项符合题意；A、B 选项中，题意已经说明客户无法定义需求；C 选项需求不明确，变更避免不了。

66. 解析：答案 B。考点“沟通渠道计算公式”。潜在沟通渠道的总量为 $n(n-1)/2$。其中，n 代表相关方的数量。12 名团队＋新识别的 2 名相关方，总共 14 名，故渠道总数为：14×13/2＝91。注意此类题一定要看清楚是问渠道总数还是问增量。

67. 解析：答案 D。考点“采购管理—控制采购”。A、C 选项与变更及题意无关；B 选项变更已经发生，故支持初始合同没有意义；D 选项变更已经发生了，按整体变更控制的流程，变更应该遵循流程，故 D 选项正确。

68. 解析：答案 C。考点“管理沟通—沟通技术”。A、B 选项，重要的工作口头沟通效果不好；C 选项强调正式书面的沟通，符合题意；D 选项对客户制定奖惩措施这种做法不合理。

69. 解析：答案 C。考点“整合管理—管理项目知识”。项目每一个阶段或迭代结束都应该更新组织过程资产，而题干有关键词，出现在上个迭代中遇到的问题，应该查阅经验教训文档解决，故 C 正确；A 选项不合适，一是别人离职后没有义务帮你，二是经验教训应该存档而不是随着成员的离开而丢失；B、D 选项本身没错，但与题干强调的关键词没有直接关系。

70. 解析：答案 A。考点“质量管理原则—预防胜于检查”。DoD（Definition of Done），敏捷中的迭代完成的定义，即验收标准、完成条件、成功标准。要想确保质量，必须得到一致认可的验收标准，故 A 选项正确；B、C、D 选项都应该在质量标准定义好后考虑。

71. 解析：答案 D。考点“资源管理—管理团队—冲突管理”。从选项分析，A 选项属于强迫；B、C 选项属于撤退；D 选项属于妥协（双方各退一步，在某一种程度上达成一致），故 D 选项才是真正有效解决问题的策略。

72. 解析：答案 D。考点“整合管理—制定项目章程—工具—引导”。A 选项强调的是收集需求，可以排除；B 选项强调的是对相关方分类，不是在强调章程，可以排除；C 选项与 D 选项对比，从题干分析，需求出现冲突，应该引导达成一致，而不是直接加入新需求，故 D 选项相对更合理。

73. 解析：答案 B。考点“进度管理—排列活动顺序—工具”。紧前关系绘图法要充分地考虑到依赖关系：内部、外部、强制、选择。从题干来看，项目的成功受制于政府部门的影响，属于外部依赖关系，而批示过程可能需要等待，因此可能需要考虑滞后时间，故 B 选项符合题意；A 选项与活动排序没有直接关系；C 选项题干强调的应该是强制依赖关系，而非选择性依赖关系；D 选项可以作为识别风险的条件，但不符合题意。

74. 解析：答案 B。考点“成本管理—估算成本—工具—备选方案分析”。从题干分析，目前面临成本和进度两个问题，B 选项通过备选方案分析重新审查任务符合题意；A 选项只解决了进度问题，而且题干说的是在做成本计划，故排除；C 选项只解决了成本问题，而且此时也不应该直接找发起人调整章程；D 选项，挣值分析应该属于执行或监控过程组考虑，而此时成本基准都没有确定，无法使用挣值。

75. 解析：答案 A。考点“资源管理—团队管理”。团队出现问题，强调与当事人当面私下解决，实在沟通无果才考虑更正式或极端的方案，故 A 选项符合流程；B、C 选项属消极做法，属于实在无法解决的次选方案；D 选项，应该首先与成员私下解决，公开讨论并分发记录不符合 PMI 理念。

76. 解析：答案 C。考点“整合管理—制定项目章程”。项目经理可以起草，但章程必须得到审批才能开展项目，而且项目经理应该尽量积极地参与章程起草或制定的过程，以便于理解章程及组织的战略目标，最终确保能通过项目实现组织的战略目标。

77. 解析：答案 C。考点“沟通管理—规划沟通管理—沟通需求分析”。通过沟通需求分析，确定项目相关方的信息需求，使用潜在沟通渠道或路径的数量，来反映项目沟通的复杂程度，以制订有效的项目沟通管理计划，故C选项正确；A选项，沟通渠道数量与使用正式或非正式的沟通方法没有关系；B选项，沟通渠道无法消除噪声，噪声可以通过有效的媒介或积极的反馈来减轻；D选项，应该是沟通管理的复杂性随沟通渠道数量的增加而增大。

78. 解析：答案C。考点“质量管理三大过程的区别”。题干属于定义质量标准和制订质量管理计划的内容，故C选项符合；A选项与D选项都是在强调管理质量过程；B选项强调的是控制质量过程。

79. 解析：答案B。考点“沟通管理—监督沟通”。关键词：没价值的信息、超出预算、客户又拒绝见面讨论。故A选项解决不了问题，而且相关方参与计划不会公示给客户；B选项，从题干分析，超出了项目经理自身的能力，可以求助于管理层，故B选项正确；C、D选项不符合项目管理的理念（没有价值的信息还导致预算超支，此类需求属于镀金行为，不能接受）。

80. 解析：答案A。考点“沟通管理—规划沟通管理—沟通技术与方法”。A选项属于口头交互式沟通，B、C、D选项属于书面推式沟通，按沟通效率来讲A选项更符合，而且交互式沟通更能有效地减少沟通过程中的误解。

81. 解析：答案C。考点“问题解决流程”。C选项属于定义和分析问题，符合流程；A选项不符合敏捷原则，敏捷的仪式不可以取消；B选项，即使与产品负责人沟通，也解决不了团队速度下降的问题；D选项，这种承诺没有意义，未从根本上解决团队效率下降的问题。

82. 解析：答案B。考点“敏捷流程及角色职责”。A选项不符合敏捷拥抱变更的原则；B选项符合敏捷原则，PO对需求或变更做价值决策评估；C选项是预测生命周期的做法；D选项，回顾会是为了总结经验教训而非讨论变更，而且敏捷中变更不由团队讨论。

83. 解析：答案D。考点“风险管理”。从题干分析，资源被占用，项目经理通过谈判的方式试图获取，但没有成功，从而出现资源不可得的风险，故D选项合理；A、B、C选项均是识别风险后的具体对策，应该是在D选项之后的流程。

84. 解析：答案C。考点“进度管理—制订进度计划—输入”。C选项完整地描述了这个过程的输入及工具，而且计划需要由团队来编制；A、B选项均没有C选项完整；D选项，使用暂定日期分发活动清单不符合流程。

85. 解析：答案D。考点“商业环境—合规性”。从题干分析系统涉嫌违规，属于紧急情况，在紧急情况下项目经理应该有权特殊处理，再补充流程，所以D选项合理；C选项不符合职业道德；A、B选项属于正常的流程，特殊情况可以特殊处理，但一定要补流程，项目管理强调流程化。

86. 解析：答案D。考点“采购管理—规划采购管理—合同类型”。因为成本类的合同的特点是成本实报实销，所以A、B选项在所有成本类的合同中都要关注；C选项，成本类的合同不需要完整的工作说明书，但是要写清楚你需要的物品信息以便于供应商评估是否有能力提供；D 选项，成本加固定费用合同买方是没有控制能力的，固定费用不论供应商绩效如何都得支付，所以绩效对此类合同没有意义。

87. 解析：答案 D。考点“风险管理—规划风险应对”。从题干分析，出现了一个环境相关的风险，风险管理按流程来讲应该是“记录风险—分析风险—制定应对策略”，故 D 选项符合流程；A、B、C 选项均属于规划风险应对的策略，应该在 D 选项之后考虑。

88. 解析：答案 C。考点“变更流程＋合规性”。从题干分析，通过降低质量标准来获得成本收益，此过程可能会存在不合规的嫌疑，故上升到与 PMO 去重新评估建议的可行性，相对合理，也符合变更流程。A 选项，此种口头的保证并没有实际的作用；B 选项直接执行调整，不符合流程，而且也没有考虑相关方的担忧；D 选项，遇到问题推给他人不符合 PMI 的理念。

89. 解析：答案 D。考点“变更流程”。从题干分析，没有合理的变更流程，需要解决。A、B 选项都不属于合理的变更流程，解决不了题干的问题；C 选项没有解决题干中要解决缺失变更流程的问题；D 选项缺少变更管理计划，而项目管理中变更无处不在，所有的变更都需要按流程来有效控制，故制定流程符合题意。

90. 解析：答案 D。考点“项目文件的概念”。项目章程是由项目发起人发布的，正式批准项目成立，并授权项目经理使用组织资源开展项目活动的文件，它记录了关于项目和项目预期交付的产品、服务或成果的高层级信息。注意，虽然 A 选项中的商业论证也有类似作用，但是项目章程才是正式经过批准的立项文件，所以章程才是优选，商业论证只能是次选；B 选项需求文档记录具体的需求，不记录项目启动的理由；C 选项解释同 B 选项。

91. 解析：答案 A、E。考点“制定项目章程”。题干关键词“项目应该启动、继续进行或终止”，这属于整体目标的考虑，也就是基于章程或商业论证的考虑，故 A、E 选项符合；B、C、D 选项均为规划过程中具体项目计划的内容。

92. 解析：答案 B、D。考点“项目经理的角色”。领导对人，强调激励、强调方向、强调团队主动跟随；管理对事，强调控制、强调方法。领导和管理有时候可以复用，有时候不可以复用。C 选项体现的不是团队自主自发的行为，是一种管理能力的体现。

93. 解析：答案 C。考点“收集需求—工具”。A 选项强调相关方多时使用；B 选项强调就相关方之间的需求达成一致；C 选项强调通过在正式产品开发前先开发原型以反复确认，有利于减少正式推出产品后的变更；D 选项强调工作跟踪，一般适用于说不清楚或不愿意说出需求的场景。

94. 解析：答案 B、C、D。考点“虚拟团队”。虚拟团队中，沟通及团队的凝聚力非常重要，故 C、D 选项正确；另外，无论是什么团队，团队的目标需要一致并明确，以及团队对自己的职责和要求也需要明确，故 B 选项正确而 A 选项错误；E 选项处罚并不符合 PMI 理念，虽然项目经理有这个权力，但是并不支持这种做法，要尽量发挥领导力技能。

95. 解析：答案 B。考点“变更管理流程”。题干中已经拒绝了客户的变更，按变更管理流程，应该通知客户变更请求过程中相关的决策结果，故 B 选项正确；A、C、D 选项不符合变更流程。

96. 解析：答案 B。考点“塔克曼五阶模型”。题干中“团队成员共同商定项目的状态会议议程”相当于团队成员之间已经开始按统一的规则协同工作，符合规范阶段的特征。A 选项特征为团队刚组建在一起，彼此独立工作；C 选项特征为团队出现冲突和摩擦，相互攻击；D 选项特征为形成共同体、高效工作、相互信任。

97. 解析：答案 A、B。考点“迭代运作流程”。迭代回顾会一般在每次迭代结束后召开，总结本次迭代的经验教训，由于之前出现的问题导致任务未完成，本身需要进行经验教训总结，以便避免未来出现同类事件，故 A 选项正确；另外，本次迭代未完成的任务，可能会成为后续迭代的输入，可以根据需要放入产品待办事项清单，B 选项正确；C 选项，迭代规划会的目的是确定当前迭代要完成的任务；D 选项，迭代已经结束，没有站会。

98. 解析：答案 A。考点“冲突解决”。项目经理不“理会”破坏性的团队成员，证明冲突还在继续，并没有得到解决，属于撤退/回避的特征。B 选项强调寻找共同点而忽略差异；C 选项强调双方作出让步；D 选项强调从根源寻找原因并制订解决方案以达成共识。

99. 解析：答案 D。考点“问题解决流程”。题干中所有的变更都要求经过 CCB，可能流程存在问题，现在相关方表示担忧，首先要做的就是记录该问题，遵循问题解决流程处理。A、C 选项不加分析直接处理不合适；B 选项，出现问题不解决而且冒着延期风险不合适。

100. 解析：答案 B。考点“关键路径法”。原本这条路径有 4 天总浮动时间，而该路径因为风险应对策略增加了 5 天的持续时间，抵消原有的 4 天浮动时间后出现了 1 天的负浮动时间，从而变成新的关键路径，所以工期会延误 1 天。

101. 解析：答案 A。考点“建设团队”。A 选项，通过增加面对面的沟通，了解团队成员的工作表现和情绪等，增加团队的凝聚力，符合题意缺少整体感的特征；B 选项与团队凝聚力无关；C 选项，敏捷团队强调激励而不是控制；D 选项没有错，但与题意中的整体感没有直接关系。

102. 解析：答案 A。考点“范围基准”。范围管理的原则是做且仅做完成项目所必须开展的全部工作，首先需要对范围基准共识并维护，故 A 选项正确；B、C 选项与题意说的本应怎么做无关；D 选项，项目经理往往无权拒绝变更，只能对变更施加影响，而且只要变更经过合理的流程控制，也不会出现镀金。

103. 解析：答案 C。考点“敏捷需求管理”。A 选项本身没有问题，但是题干说商业分析师开发的故事并没有满足相关方的期望，故 C 选项先明确相关方的期望再重新优化会更合理；B 选项的问题同 A 选项；D 选项在下一个迭代可以接受，重新启动一个项目无从谈起，而且行动前还是得先确认相关方的需求。

104. 解析：答案A。供应商未考虑到这项需求，应该重新调整范围，增加需求，估算工作量，故A选项合理；B选项本是执行组织遗漏了客户的需求，而非客户提的新需求；C选项，因为题干提到了未估算工作量，所以不增加成本不符合PMI的理念。D选项，无须再评估，因为需求本没有问题，只是定义完需求之后管理过程出现了遗漏。

105. 解析：答案D。考点“敏捷方法的原则”。拥抱变化、价值驱动、快速验证，均是敏捷的特征，故D选项正确；C选项，敏捷应该是根据迭代周期在计划会议时定义当前迭代的范围，而不是确定整体范围再迭代；A、B选项属于预测方法的特征。

106. 解析：答案A、E。考点“相关方管理＋商业环境”。题干强调不可能完成项目目标，说明项目的可行性分析出现问题，故E符合；而如果这种情况是组织已知的，则可能是相关方对项目的期望过高，故可以引导相关方的需求，A选项符合；B选项与变更无关；C选项，提升信心首先得是合理的启动项目后，对于执行过程的管理，与题意不匹配；D选项，上报属于比较消极的做法。

107. 解析：答案A。考点“管理相关方参与”。相关方参与计划确保相关方能有效地参与项目，A选项正确；B选项是识别相关方，虽然也重要，但题干问的是确保相关方参与；C选项与相关方合作需要通过沟通，但核心还是相关方参与计划；D选项本没有错，但题干未提到有经验教训的特征。

108. 解析：答案D。考点“规划相关方参与”。相关方分类矩阵是对相关方进行权力/利益/影响的分析，相关方参与度评估矩阵是评估相关方对项目是属于不知晓、中立、反对、支持或领导的矩阵，符合题意；A、B、C选项均与参与程度无关。

109. 解析：答案C。考点“敏捷站会”。从题干分析应该是团队沟通协作方式出现问题，通过每日站会同步项目信息，可以有效地保持团队间的协作，虚拟团队也可以用远程视频的方式开展站会；A选项是邀请相关方评审迭代中完成的产品功能并反馈；B选项强调总结迭代中的经验教训；D选项不符合敏捷中个体互动胜过流程与文档的原则。

110. 解析：答案B。考点“商业环境”。在多阶段项目中，可通过对商业论证的定期审核来确保项目能实现其商业利益。在项目生命周期的早期，项目发起组织对商业论证的定期审核也有助于确认项目是否仍然必要。题干关键词“项目不再符合组织上的业务需求”，表示与战略不匹配，属于商业论证的范畴。

111. 解析：答案C。考点“RACI的概念”。RACI矩阵主要确定团队成员的角色及其对应相关的活动的职责。A选项，组织图是为了了解组织的人员层级关系；B选项是可交付成果的层级分解；D选项是项目的人员清单，往往没有明确地划分职责关系。

112. 解析：答案D。考点“问题解决流程”。D选项符合分析“问题—制订解决方案(可能需要变更)”的流程；A选项，题干体现的是进度延期的问题，而不是风险，风险强调的是未发生的事件；B选项属于具体的措施，应该在D选项分析后才确定具体措施；C选项，解决完问题后再总结。

113. 解析：答案B。考点“敏捷变更管理”。敏捷项目管理强调拥抱变更，变更由PO

作出决定，故 B 选项符合，而 C、D 选项排除；A 选项，题干没有体现不一致的结果，要通知也应该是邀请相关方来对新的成果进行验收评审。

114. 解析：答案 D。考点“团队章程”。团队章程相当于团队成员之间一起工作的基本规则，团队就彼此的行为规范达成共识，以减少冲突，提升生产率，符合题意。注意 B 选项是一个迷惑选项，但是 B 选项强调的是提升团队的整体感和凝聚力，和冲突与行为一致的关系不如团队章程紧密。

115. 解析：答案 B。考点“获取资源—谈判”。题干已经明确表示因为其他项目团队的优先级更好，有一个关键资源项目无法获得，而组织内部又没有可替代资源，那么就只能从外部获得，故 C、D 选项排除，B 选项合理。获取资源的主要三个途径：内部资源部门、内部资源竞争者、外部资源供应商。

116. 解析：答案 A。考点“项目章程的作用”。其作用主要有两个：一是正式启动项目，二是正式授权项目经理动用组织资源的权力。项目正式开始之前必须获得项目章程，如果没有项目章程的发布，项目经理就无法获取需要的资源，项目也无法名正言顺地去实施，故 A 选项正确；B 选项，章程批准与否与合规性没有直接关系；C、D 选项不符合流程，如果没有章程，项目不应该被启动。

117. 解析：答案 A。考点“沟通方法：推式、拉式、交互式”。A 选项，敏捷中的每日站会属于交互式，团队的日常工作应该通过交互式沟通，及时反馈信息以保证信息的正确理解；B 选项属于拉式沟通；C、D 选项属于推式沟通。

118. 解析：答案 D。考点“相关方映射分析—权利/利益方格”。题干中描述的相关方权力很大，但是在项目中利益很低，根据权力/利益方格，针对这类相关方的管理策略是令其满意（执行高层次的汇报）。A 选项，重大事项与高层次的信息不同；B 选项，应该是对权力低/利益高的相关方；C 选项，应该是对权力高/利益高的相关方。

119. 解析：答案 D。考点“实施风险应对”。从题干分析，计划、应对措施都是有效的，这也从侧面反映出团队成员管理风险的经验不差，故 A、B、C 选项排除；D 选项，计划再好，也需要执行力，这也是实施风险应对过程被加入风险管理知识领域作为一个过程的原因。

120. 解析：答案 A。考点“风险管理”。题干中强调有优秀的人员可供项目使用，对进度利好，属于机会，可以更新风险登记册，A 选项符合；B、C、D 选项均应该是更新完风险登记册，评估和分析后的风险应对策略。

121. 解析：答案 D。考点“建设团队—培训”。新团队成员进入项目团队后，不熟悉团队的工作流程，可以通过培训解决问题，团队成员指导也是培训的一种形式，故 D 选项符合。A 选项，如果不懂团队的运作流程，也无法遵守，所以没有实际意义；B 选项，仅仅明确工作职责无法让新员工快速进入角色，最佳方式是培训；C 选项与绩效无关。

122. 解析：答案 C。考点“制订进度计划”。发起人批准的里程碑计划属于章程的内容，当确定制订的进度计划与项目章程中的总体里程碑进度计划不符时，就需要与发起人去探讨是否可以进行调整，以使之符合；A 选项，更现实的进度目标也需要发起人认可；B 选项过于极端；D 选项解释同 A 选项。

123. 解析：答案 A。考点“制定项目章程”。题干中的“项目启动大会”结合“高层描述”，证明这处于启动阶段，那么就应该选择制定项目章程。有考生会认为项目经理没有权力制定项目章程，但我们是站在项目经理的角度看问题，项目上的所有问题最终的责任点都在项目经理身上，所以需要推进章程的制定和批准过程，比较好的做法是项目经理在发起人的授权下起草章程，然后交发起人批准。B、C、D 选项均为规划阶段的工作。

124. 解析：答案 D。考点“规划风险应对”。积极风险处理的策略有：开拓、提高、接受、上报、分享。而题干中提到的方法只有接受与上报。

125. 解析：答案 C。考点“三点估算”。一般在没有特别说明，或者是没有参考信息的情况下，选择贝塔分布的计算公式：(P＋4M＋O)/6。由此可得：(1＋4×2＋4)/6＝2.17。

126. 解析：答案 B、E。考点“敏捷教练的职责与敏捷转型的思路”。敏捷教练需要向团队及组织相关方宣导敏捷知识，推进敏捷方法与理念，故 B 选项正确；E 选项是转型的最佳实践，通过复杂性适中的项目作为试点来推进转型；A、D 选项没有错，但与敏捷转型没有关系；C 选项，只辅导团队成员是错误的，要在组织层面做敏捷方法的普及和辅导。

127. 解析：答案 C。考点“商业环境”。商业论证是制定项目章程的输入，制定项目章程过程的主导人应该是项目发起人，对于这部分内容有需要澄清的，需要去找项目发起人；A、B 选项属于项目启动后的事；D 选项，历史项目的商业文件解决不了当前项目的问题，因为每个项目解决的组织业务问题不一样。

128. 解析：答案 B。考点“变更管理”。遇到变更后应该遵循变更管理流程，而团队在讨论如何处理变更的流程，说明项目中缺少变更计划。A 选项，题干未提及需求；C 选项，不管是否有经验，变更计划和流程在启动时应该定义；D 选项与题意无关。

129. 解析：答案 D。考点“规划风险应对”。发起人遇到风险时，未做任何应对工作，直接忽略风险，属于风险接受的特征。A 选项，从题干判断不了风险态度；B 选项，转移是把风险转给第三方；C 选项，规避是从根源上消除风险。

130. 解析：答案 B。考点“商业环境—合规性”。文物是受法律保护，且超出项目经理的权力范围，故 B 选项合理，排除 A 选项；C 选项，直接延长工期不合适；D 选项，项目经理应该积极主动地解决问题，不如 B 选项积极。

131. 解析：答案 A。考点“识别风险”。SWOT 分析是识别风险的工具，所以识别完风险之后需要在风险登记册中记录相关信息。B 选项，规划风险应对中的上报，在 A 选项之后；C 选项，规划风险应对中的分享，在 A 选项之后；D 选项，风险不应该记录到风险管理计划。

132. 解析：答案 D。考点“变更管理流程”。A、B 选项都已经完成，在审批或拒绝之前就应该完成记录和分析；C 选项，变更不管是批准或否决，都需要留下记录作为项目的工作绩效数据；D 选项，拒绝后需要把结果及拒绝的理由通知受影响的相关方。

133. 解析：答案 B。考点“配置管理系统”。配置管理系统属于变更管理的一部分，主要负责文档的版本控制与产品核心参数的控制，故符合题意中的版本控制混乱；A 选项主要强调对变更流程的定义；C 选项，团队协作的基本规则，与题意无关；D 选项，文档难以检查是因为版本控制的问题，而不是能力缺失的问题。

134. 解析：答案 A、C。考点“敏捷教练的职责”。敏捷方法强调仆人式领导，是一种为团队赋权的方法，通过为团队提供服务或帮助，并保护团队工作的正常开展来领导团队的实践，故 A 选项正确；B 选项，敏捷团队应该自主决策，而不是项目经理帮助决策；C 选项是 SM 在敏捷项目管理过程中对组织的主要职责；D 选项，治理框架不是由项目经理或 Scrum Master 制定，而是 PMO 或高层制定。

135. 解析：答案 C。考点“项目经理的角色—14 种权力类型”。A 选项属于魅力权力；B 选项属于参照权力；D 选项属于人身权力。

136. 解析：答案 C。考点“收集需求”。在项目工作执行的中后期才发现需求的不足，证明是在项目的早期阶段没有进行收集相关方的需求或需求收集不完整，故 C 选项合理；A 选项，题干并没有说遗漏了相关方，而在强调需求；B、D 选项只考虑这两个相关方的需求是不够的。

137. 解析：答案 D。考点“挣值管理”。题干中描述的项目状态是成本节约，进度落后，为了追赶回耽误的时间可以通过增加资源来赶工，故 D 选项合理；A 选项应对的是未知风险，与题意无关；B 选项，这样会导致成果交付的缺失，不符合项目管理原则；C 选项，如果内部没有资源处理则考虑外包。

138. 解析：答案 A。考点“商业环境”。为了降低反对型发起人对于项目的负面影响，只有 A 选项的做法比较合理，通过组织战略与项目的关系来让新发起人不再抵制项目；B 选项，项目经理没有此权力；C 选项，离任的发起人没有权力也没有义务；D 选项不符合题意的继续向前进展。

139. 解析：答案 C。考点“项目计划与项目文档”。计划文档是指导项目管理工作的依据，不能缺失，故 A、B 选项排除，C 选项正确；D 选项，计划文档应该由团队成员编写并达成一致意见。

140. 解析：答案 B。考点“风险管理流程”。题干描述的情景是已识别的风险发生，实施了应对措施之后效果不理想，这属于监督风险过程的工作，下一步应该是记录当前情况，然后再对残余风险进行分析，然后决定下一步的工作，故 B 选项合理；C 选项在 B 选项之后；A 选项，应急储备是用于已知风险，但题干说明实施了相应的措施，故不符合题意；D 选项，这是识别风险后的工作，而不是风险发生后的工作。

141. 解析：答案 B。考点“管理团队—人际关系技能”。题意意思应该是升迁后可能不受项目经理管控，选项中前半句强调通过人际关系技能来拉近关系，而后半句是通过成就动机来对该主管进行激励；A、D选项不符合主动原则；C选项，私下讨论一般用于解决冲突，而且从描述来看起不到题干说的作用。

142. 解析：答案D。考点“敏捷框架”。虽然《敏捷宣言》和十二条原则是所有敏捷方法都必须遵守的，但是不同的方法术语是有差异的，误解的原因是背景知识不一样，建立共同的术语表可解决问题；A选项与B选项解决不了多种敏捷方法冲突问题根本原因；C选项，敏捷方法并不是一个方法包治百病，敏捷强调的是一种精神，所以敏捷的本质也并不是要使用某种固定或统一的方法。

143. 解析：答案C。考点“问题解决流程”。C选项属于定义问题与分析问题，正确；A选项，定性、定量是对已识别的未发生的风险的分析，现在是一个已经发生的问题；B、D选项，直接解决不符合流程，应该在C选项之后考虑。

144. 解析：答案B。考点“管理团队—冲突管理”。B选项属于冲突解决的工具中包容的特点，合理；A选项，题干有相互敌对的特征，故公开讨论不合适，冲突强调私下或创造合适解决冲突的氛围；C选项，上报不够积极主动；D选项，题干并没有说范围定义有问题。

145. 解析：答案B。考点“问题解决流程”。出现问题先定义（记录）问题，故B选项合理；A选项属于分析问题，应该在B选项之后；C、D选项为解决方案，应该在A选项之后。

146. 解析：答案C。考点“估算成本—工具”。题干强调了类似项目，同时需要快速估算，故C选项符合；A选项，需要分解到WBS后才能进行，满足不了题意；B选项，题干中没有参数的特征；D选项，直接拒绝不合适，且不符合题意的特征。

147. 解析：答案D。考点“控制进度—工具”。SPI＝0.8，整体进度延期，说明肯定有任务没有按期完成，仅当期里程碑满足不能说明所有里程碑满足，因此排除B、C选项；另外，项目经理首先应该核实是否有逾期任务；A选项应该是在B选项之后进行。

148. 解析：答案D。考点“建设团队—工具”。培训是旨在提高项目团队成员能力的活动，当成员缺少能力时，应该给其安排培训；A、B选项，实在是努力后没有成效再考虑换岗；C选项，团队欠缺能力，与绩效考评没有直接关系。

149. 解析：答案B。考点“敏捷流程”。敏捷方法强调透明，一般通过信息发射源（看板、燃尽图）展示迭代的进展，看板对所有团队、客户、PO都是透明的，以便相关方及时了解进展，故B选项合理；A选项没有实际意义；C选项，卡诺分析把用户需求分成必须的、一般的、超期的，题干不是强调需求不明确；D选项，强调的是预测生命周期的做法，不符合敏捷轻文档的理念。

150. 解析：答案C。考点“管理项目知识”。管理项目知识强调创造适合知识分享的氛围，同时强调在整个项目生命周期中持续开展，A选项引导方法合理；B选项，创造适合的氛围合理；D选项可用于管理显性知识；C选项，项目结束时统一更新不符合知识管理原则。

151. 解析：答案 C。考点“控制采购”。在采购管理过程中，如果出现了需求变更，需要参考变更管理计划进入变更流程调整合同。A 选项是授予合同前的工作；B、D 选项，即使是固定总价合同，当出现需求变化时，也可以变更合同价格，不是管理层愿意与否的事情。

152. 解析：答案 B。考点“变更管理流程”。A 选项让法规适应流程是不合理的；C 选项属于变更批准后的流程，而且专家也没有批准资源的权力；D 选项不符合职业道德。

153. 解析：答案 D。考点“监督沟通”。发现在沟通中出现的偏差，要解决这个问题就需要更新修改沟通管理计划。A 选项，题干未体现相关方遗漏的特征；B 选项，题干未体现相关方管理不当的特征；C 选项，题干并未出现需求的遗漏。

154. 解析：答案 C。考点“控制质量”。可交付成果有问题，需要团队修正，故 C 选项合理；A 选项，收尾阶段不适合变更是指新需求，而不是因为质量不合格，质量不合格必须修正；B 选项，上报主管太消极；D 选项，手册本就是成果的组成部分，这种询问没有意义。

155. 解析：答案 C。考点“监督沟通”。沟通不畅，应该查阅或更新沟通计划，如果要更新则需要了解详细的沟通需求，故 C 选项合理；A 选项，回避问题过于消极；B 选项，不能确定相关方的沟通需求是否合理，不能直接执行；D 选项与题意无关，现在要解决的是沟通问题而不是相关方管理的问题。

156. 解析：答案 C。考点“控制进度—资源优化技术”。资源平衡属于资源优化技术的一种，在资源不足、资源被过度分配或者资源在不同的时间段分配不均匀导致管理工作无法开展时将资源的分配进行平衡（削峰填谷）的一种方法；题干强调解决资源问题，故 A、B、D 选项均不符合。

157. 解析：答案 A。考点“监督风险”。在执行阶段风险发生，应该更新风险登记册并展开风险应对，现在风险已经发生了，但大地震属于未知风险的特征，不会有预先准备的风险应对措施，故应该分析风险的影响并采用权变措施。A 选项符合；B 选项应对的是已知风险；C、D 选项应该是分析完影响后的措施。

158. 解析：答案 D。考点“整体变更流程”。从题干分析，变更已经发生，且未遵循流程，考试中特别强调遵循流程的原则，即使是前期流程未遵循，在问题发生后也需要补流程以保证项目过程的可追溯性，故 D 选项符合；A 选项，项目经理没有拒绝的权力；B、C 选项，需要遵循完流程再决定是否接受或更改项目目标。

159. 解析：答案 B。考点“变更管理流程”。从题干分析变更请求已经获得变更控制委员会的审批，而相关方认为变更超出了范围，项目经理应该根据已经批准的变更请求更新范围基准，然后用新的范围基准来确定范围目标，以应对相关方的质疑。A 选项与题意无关；C、D 选项是指导范围变更的流程，不能证明变更是否合理。

160. 解析：答案 C。考点“相关方管理”。从题干分析，有些相关方参与项目的意愿不佳，需要制订有效的相关方参与计划来引导相关方在项目中发挥积极影响，故 C 选项合理；A 选项，相关方并无遗漏；B 选项，题干并未出现沟通问题；D 选项，事后监督不如事前规划。

161. 解析：答案 A。考点“资源管理计划”。资源管理计划中包含资源的获取方式、激励方式、冲突处理及资源控制的方法等，团队成员技能不足，需要提供培训，可以查询资源管理计划中关于人员培训的方法。B 选项强调的是具体每个人在每项工作上的职责；C 选项强调的是每个项目活动需要的资源；D 选项强调的是资源在何时空闲，何时可用。

162. 解析：答案 B。考点“商业环境”。在项目启动阶段，应该充分地考虑组织系统，内部外部的环境因素，以确定项目的可行性，而且题干强调是因为政治因素影响了项目，故 B 选项正确；D 选项也是启动阶段要考虑的，但与题意无关；A、C 选项为规划阶段的工作。

163. 解析：答案 B。考点“商业环境”。项目经理以往的关注点在于带领团队实现项目目标，而项目最终的目的是为组织实现商业价值或战略目标，所以需要与商业分析师充分配合以识别出组织的商业目标。

164. 解析：答案 C。考点“项目收尾过程”。项目已经收尾，查询档案文件确定项目的问题所在并查明原因，需要使用项目管理信息系统（PMIS）；A 选项是项目过程中的工作，现在项目已经结束；B、D 选项太消极，即使是找发起人或领导，也需要在 C 选项之后先提出建议或方案。

165. 解析：答案 B。考点“变更＋风险”。因为推迟活动一个季度而带来了不确定性的影响，所以将这个事件视为一个风险，B 选项正确；A、C、D 选项应该是风险分析后的应对措施，即规划风险应对的结果，应该是在 B 选项之后。

166. 解析：答案 C。考点“PO 的职责与敏捷变更管理”。PO 是产品待办事项列表 PBI 的唯一责任人，PO 可以将新功能添加到 PBI，重新排优先级，团队需要按照新的优先级开展迭代并交付商业价值，故 C 选项合理；A 选项，调整 PBI 不是团队的职责；B 选项与题干要求增加功能不匹配；D 选项，需要重新排优先级，如果新的需求优先级高则应该优先开发。

167. 解析：答案 C。考点“整体变更控制流程”。客户的要求相当于是向项目团队提出变更请求，下一步应该是要团队分析以确定变更造成的影响，故 C 选项正确；A 选项，如果是敏捷项目则可选，当然前提是 PO 与客户会面确认价值；B、D 选项不符合变更流程。

168. 解析：答案 A。考点“敏捷的四大仪式”。回顾会可以对当前迭代过程中表现好的或有待改进的部分进行经验教训总结与回顾。B 选项，如果是在敏捷迭代中，可以通过站会来同步项目进展情况，但题干中产品已经上线，故不合理；C 选项，强调向客户演示迭代中完成的产品增量；D 选项，强调规划当前迭代要完成的功能及方法。

169. 解析：答案 A。考点“开工大会和启动大会”。开工大会是规划结束进入执行过程，发布项目管理计划获得团队对目标的共识与任务的承诺；启动大会是发布章程宣告项目正式启动并给项目经理授权的过程。B 选项与题意无关；C 选项强调的是团队彼此达成一致的行为规则，用于防止冲突，提升生产率。

170. 解析：答案 D。从题干中说的多个产品特性之间的依赖关系存在挑战入手分析。“充分的前期规划”是必要的，这也属于迭代计划会议上的工作之一，故 D 选项合理；A 选项是在规划合理的前提下协作；B 选项，大型敏捷中，这样的想法做不到，使用同一个团队也没有必要；C 选项与题意的依赖关系不符合。

171. 解析：答案 C。考点“敏捷方法—按需进度计划”。即精益开发的理念，常用于看板方法，团队成员根据自己能力和速率，以及可用时间来安排生产或开发，而不是根据任务量的多少来安排任务，从而有效防止生产过程的在制品积压，提升整体效率。A 选项解决不了积压问题；B 选项不是根据任务来排计划，而是根据资源可用性排计划；D 选项增加资源不是敏捷的最佳做法。

172. 解析：答案 B。考点“敏捷自组织团队”。团队遇到问题应该自己想办法解决，如果解决不了可以由 Scrum Master 协助解决，故 A、D 选项排除；B 选项，遇到问题分析原因合理；C 选项，回顾会不是说开就开，而是在迭代结束的时候召开。

173. 解析：答案 D。为了降低反对型发起人对于项目的负面影响，只有 D 选项的做法比较合理，通过组织战略与项目的关系来让新发起人不再反对抵制项目。A 选项不符合积极主动的原则；B 选项没有权利也不符合 PMI 原则；C 选项不合理。

174. 解析：答案 C。考点“挣值分析”。通过题干中的挣值管理数据可知，CPI=EV/AC<1，SPI=EV/PV<1，结论是成本超支、进度落后，那么在这样的绩效状态下完成原有范围具有挑战性。A 选项导致的结果应该是成本正常而进度落后；B 选项带来的结果应该是进度正常但成本超支；D 选项应该是进度、成本都正常。

175. 解析：答案 D。考点“敏捷运作流程”。A、B、C 选项均是敏捷流程；D 选项前半句符合敏捷流程，但后半句应该是团队自己的工作，包括任务也应该是由团队自己认领，这才符合自组织团队的特征。

176. 解析：答案 A。考点“相关方管理”。从题干分析，沟通计划是合理的，也就是相关方在提无理需求，相关方参与计划正是有效引导相关方参与项目的计划，故 A 选项正确；B、C 选项，沟通计划并没有问题；D 选项，先自行解决，当无法解决时可以考虑上报，即问题升级流程。

177. 解析：答案 B。考点“管理相关方参与”。根据题干分析，相关方已经签字且移交了，说明 A、D 选项已经完成；从题干分析相关方有无理取闹的特征，故应该制订有效的参与计划，并合理地管理相关方的期望，B 选项正确；C 选项不符合项目经理积极主动的原则。

178. 解析：答案 B。考点“冲突管理”。从题干分析，内部经理对成本的要求与外部客户对工期的要求出现冲突，故 B 选项符合；A 选项相当于支持内部经理而反对客户，不如 B 选项；C 选项会违背承诺客户的交期；D 选项，低质量的资源不符合职业道德。

179. 解析：答案 C。考点“制定预算—工具”。关键词为 WBS，在有了 WBS 之后，通过成本汇总的方式进行预算制定，自下而上的估算就是一种汇总的形式。A、B、D 选项均为估算成本的工具，题干强调的是制定预算。

180. 解析：答案 D。考点“虚拟团队”。虚拟团队是组建团队及建设团队的技术之一，对于不适合面对面沟通的团队可以采用虚拟团队来实现项目需求，故 D 选项合适；A、B、C 选项均没有抓住题干的需求，即要解决担心外部人员的参与程度的问题。

参考文献

［1］ Project Management Institute. 项目管理知识体系指南（PMBOK® 指南）［M］. 六版. 北京：电子工业出版社，2018.

［2］ Project Management Institute. A Guide to the Project Management Body of Knowledge（PMBOK® Guide）Seventh Edition［M］. PMI，2021.

［3］ Project Management Institute. 敏捷实践指南［M］. 北京：电子工业出版社，2018.

［4］ banq. 什么是 Cynefin 框架？［EB/OL］. https://www.jdon.com/56453,［2021-5-27］.

［5］ 胖胖的河马君 x.「实用干货」商业模式画布（Business canvas）［EB/OL］. https://baijiahao.baidu.com/s?id=1635780923744455073,［2019-06-09］.